普惠金融创新实践及发展研究

王云云　著

吉林科学技术出版社

图书在版编目（CIP）数据

普惠金融创新实践及发展研究 / 王云云著． -- 长春：
吉林科学技术出版社，2020.5
ISBN 978-7-5578-7217-5

Ⅰ．①普… Ⅱ．①王… Ⅲ．①金融体系－研究－中国
Ⅳ．① F832.1

中国版本图书馆 CIP 数据核字 (2020) 第 074914 号

普惠金融创新实践及发展研究

PUHUI JINRONG CHUANGXIN SHIJIAN JI FAZHAN YANJIU

著　　者	王云云
出 版 人	宛　霞
责任编辑	丁　硕
封面设计	李　宝
制　　版	张　凤
幅面尺寸	185mm×260mm
开　　本	16
字　　数	220 千字
页　　数	160
印　　张	10
版　　次	2020 年 5 月第 1 版
印　　次	2020 年 5 月第 1 次印刷
出　　版	吉林科学技术出版社
发　　行	吉林科学技术出版社
地　　址	长春市福祉大路 5788 号
邮　　编	130118

发行部电话 / 传真　0431—81629529　　81629530　　81629531
　　　　　　　　　　81629532　　81629533　　81629534

储运部电话　0431—86059116

编辑部电话　0431—81629520

印　　刷　北京宝莲鸿图科技有限公司

书　　号　ISBN 978-7-5578-7217-5

定　　价　50.00 元

版权所有　翻印必究　举报电话：0431—81629508

前　言

　　发展普惠金融已经作为我国金融改革和转型的重要方向之一。2013年互联网金融的迅猛发展为我国普惠金融体系的构建提供了新的思路。以余额宝为代表的互联网理财、以阿里贷款为代表的电商小贷、以宜信为代表的P2P贷款等互联网金融平台相继崛起，提供了与传统金融具有差异化的产品，服务了部分被传统金融所排斥的群体，与普惠金融显现出深度融合、相互促进的大趋势。中国人民银行发布的《2014年中国金融稳定报告》也指出，互联网金融有助于改善小微企业融资环境，优化金融资源配置，提高金融体系包容性，发展普惠金融。

　　大力发展普惠金融，是新时期下完善市场金融体系、加大民生惠及深度和广度、推动经济转型的重要内容。在学习借鉴别国普惠金融领域先进经验的基础上，针对我国的实际情况，本书提出了普惠金融的核心问题。首先介绍了普惠金融的概念、特征、发展目标、必要性以及在国内外的发展现状和趋势，然后分析了普惠金融的模式、普惠金融发展创新实践、中国农村普惠金融体系的发展、数字普惠金融发展与消费者保护，最后对新形势下我国发展普惠金融的政策进行总结和探讨。

　　另外，本书在撰写过程中借鉴了一些相关资料，引用了一些学者的观点，在文中和后文的参考资料中一一标出，未标出的请老师们见谅，并在此谨对他们表示最诚挚的感谢。由于作者水平有限，书中疏漏不足之处恐在所难免，诚恳期待读者和音乐界的专家、同人予以批评指正。

目 录

第一章　普惠金融概述 ……………………………………………… 1

第一节　普惠金融概念 ……………………………………… 1

第二节　普惠金融的特征 …………………………………… 2

第三节　普惠金融的发展目标及必要性 …………………… 4

第四节　普惠金融在国内外的发展现状和趋势 …………… 6

第五节　普惠金融在发展中存在的问题 …………………… 36

第二章　普惠金融的模式研究 …………………………………… 39

第一节　传统金融机构的普惠金融业务模式 ……………… 39

第二节　各类新型机构的普惠金融业务 …………………… 44

第三节　互联网企业、科技公司的普惠金融业务 ………… 55

第三章　普惠金融发展创新实践 ………………………………… 60

第一节　互联网对普惠金融发展的影响 …………………… 60

第二节　数字技术与普惠金融 ……………………………… 64

第三节　金融科技助力普惠金融的发展 …………………… 71

第四节　蚂蚁金服普惠性案例分析 ………………………… 76

第四章　中国农村普惠金融体系的发展研究 …………………… 85

第一节　现代农村金融体系的发展历程 …………………… 85

第二节　中国农村普惠金融体系发展的现状 ……………… 97

第三节　村镇银行在农村普惠金融发展中的运行研究 …… 107

第四节　农村普惠金融发展对策 …………………………… 113

第五章　数字普惠金融发展与消费者保护 ……………………… 116

第一节　数字普惠金融发展对消费者权益的影响 ………… 116

第二节　加强数字普惠金融发展中消费者保护的政策建议 ……… 120

第六章　新形势下我国发展普惠金融的政策 ……………………… 123

第一节　优化普惠金融体系发展的原则 ………………… 123

第二节　增强普惠金融服务的供给能力 ………………… 125

第三节　充分发挥市场机制的作用 ……………………… 134

第四节　大数据环境下个人征信体系的建设 …………… 140

第五节　以法律制度保障普惠金融体系的顺利运行 ……… 143

参考文献 ………………………………………………………… 154

第一章　普惠金融概述

第一节　普惠金融概念

一、普惠金融概念的提出

普惠金融（Inclusive finance）作为一种全新的金融发展理念最早由联合国提出。为实现"千年发展目标"中的"根除极度贫困和饥饿"分目标，联合国（2005）明确提出了"普惠金融"和"普惠金融体系（Inclusive Financial System"。世界银行的扶贫协商小组（Consultative Group to Assist the Poor，CGAP，2006）随后提出普惠金融体系的概念，一个能够有效地、全方位地为社会所有阶层和群体，尤其是贫困低收入人口，提供服务的金融体系。

2005 年，联合国通过组织专家、在线调查、专题访谈和研讨会等方式起草普惠金融体系蓝皮书，并在瑞士日内瓦举行普惠金融体系的启动大会。会议提出相关口号："每个发展中国家应该通过政策、立法和规章制度的支持，建立一个持续的、可以为人们提供合适产品和服务的金融体系。它将具有以下特征：一是家庭和企业可以用合理的价格获得各种金融服务，包括储蓄、信贷、租借、代理、保险、养老金、兑付、地区和国际汇兑等；二是健全的金融机构，应遵循有关内部管理制度，符合行业业绩标准，接受市场的监督，同时也需要健全的审慎监管；三是金融机构的可持续性指可提供长期的金融服务；四是要在金融领域形成竞争，为客户提供更高效和更多可供选择的金融服务"

《世界银行 2006 年度报告》把金融公平、金融安全与金融效率相提并论，指出通过促进金融公平的实现很有可能会有助于平衡金融安全与金融效率这两个看似难以兼得的目标。贝克等（Beck et al.，2007）则通过实证分析发现，融资权利不均等是导致金融体系不能有效地削减贫困并改善收入分配的重要原因。克莱森斯和佩罗蒂（Claessens and perotti，2007）认为，金融公平是市场公平的重要表现形式，因为金融公平能够让拥有好创意的穷人获得金融支持以创造财富。因此，普惠金融理念的提出及相关实践活动的开展将会有助于削弱金融排斥程度，提升金融公平，促进低收入群体和小微企业获得更多金融资源的支持，从而降低各国乃至整个世界的贫困化程度。

二、普惠金融的定义

目前，学术界对普惠金融并没有统一的定义。一般认为，普惠金融是以扶贫为目的，为广大的中低收入群体提供储蓄、保险、信贷和信托等金融产品和服务，即为那些难以从正规金融机构获得信贷支持而又具有一定的收入来源和偿付能力的群体提供信贷支持，这是一种在传统正规金融体系之外发展起来的一种金融方式。普惠金融是为社会所有人，特别是为低收入和贫困人口提供金融服务的金融服务体系，让所获得的金融服务体现出实惠的特点，而非救济和施舍。

普惠金融体现的是一种和谐金融的理念，体现了"金融权也是人权"的思想，所有人都能以可以承担的成本获得金融服务，有效地参加到社会经济活动中，进而实现全社会的均衡发展。普惠金融的核心理念在于强调一切有金融服务需求的群体都有享有金融服务的平等机会，而这个目标的实现有赖于各层次多元化的金融服务提供者。普惠金融的理念是所有对金融有需求的人都可以平等地享受金融服务，其实质是信贷获得权的公平以及金融融资和投资权的公平。因此，构建一个理想的金融服务体系在这个体系里，所有人群都可以持续性的享受不同金融服务机构所提供的一系列金融服务，这个理想的体系就是普惠金融体系。

当前的金融体系并不是"普惠"的，并不能为所有人群提供平等的金融服务。相对于富人的金融服务，穷人的金融需求没有得到很好地满足；相对于大型企业的资金供求状况，中小企业融资难问题一直没有得到很好的解决；相对于东部经济发达地区的金融业，西部地区金融发展较为落后；相对于城市金融的发展，农村金融发展严重滞后；在国际金融体系中，发达国家处于中心，发展中国家处于外围。此外，金融体系中还存在虚拟资本对实业资本的挤出和扭曲，消费金融与生产金融的矛盾，正规金融机构与民间非正规金融机构的关系，股票市场中大股东对小股东利益的侵害等。把传统金融体系中存在的问题贯穿起来看，都可以归结为广泛存在于现有金融体系中的元结构，金融缺失和金融歧视随处可见，金融抑制非常普遍，金融体系严重割裂，金融资源的配置不均衡，金融权利不公平，金融空洞产生，区域金融呈现荒漠化。基于以上认识，本文根据普惠金融的核心理念，从弥补金融体系二元结构的缺失角度，提出普惠金融的概念。

因此，普惠金融是各种金融机构共同参与，公平地在国家之间、地区之间、城乡之间、各种类型的企业和人群之间分配金融资源，提供全面的金融服务，满足所有人群的合理的金融需求，以实现金融业的均衡协调和可持续发展。

第二节　普惠金融的特征

普惠金融理论认为只有把低收入群体也纳入金融服务范围，并有机地融入金融体系中，才能使以前没有获得金融服务的大量弱势群体从中获益，并最终使普惠金融体系服务于社会中的绝大多数人。普惠金融概念一般具有以下基本特征。

一、普惠金融的服务对象更为广泛

金融不能仅仅服务于富人，而应该加强对弱势群体提供其所需的金融服务，也就是说，实现金融公平是普惠金融的首要特点之一。目前，小微企业、个体户、城市低收入群体和农户融资难的问题比较突出。这些弱势群体由于拥有资金少、居住的地方较为偏远、金融服务成本较高等原因，往往被排斥在传统金融机构之外。而在普惠金融体系辐射下，金融服务对象包括所有居民和企业，特别是低收入群体和小微型企业，都应该并且能够以合理的价格获得相同的金融服务和金融权利。

二、普惠金融的提供机构更加多元化，但主力军是正规金融机构

普惠金融业务的提供者数量充足，组织形式丰富，属于多元化和多层次的机构体系，包括商业性金融、政策性金融、合作性金融等正规金融组织和资金互助社、私人钱庄、民间借贷等非正规金融组织。这里的正规金融组织是有保障的、受监管层监管，并具有较强的风险防范能力的金融机构，其能够在任何可行的情况下，为客户提供具备成本效益且种类多样的金融服务。

小微企业、低收入群体等在纳入普惠金融体系之前，可通过各种形式的民间金融或者说是非正规金融得到部分满足，但存在以下不公平待遇：首先，非正规金融只能"部分满足"这些弱势群体的金融需求，因为非正规金融资源的供给本身往往就不充足。其次，为了实现风险抵减，非正规金融机构提供的金融服务和金融资源的价格较高，这就给相关资金的使用者带来了沉重的负担。最后，非正规金融机构的规模较小，风险防范能力较差，容易产生金融危机和社会问题，不利于经济和社会的稳定发展。因此，普惠金融体系特别强调由正规金融机构向小微企业、低收入群体等提供金融服务，同时接受金融监管部门的监管，这样才能大大降低金融体系所面临的风险，减少相关危机发生的可能性。

三、普惠金融的业务种类多样化

普惠金融与小额信贷不同，不仅仅局限于向客户提供短期、中期和长期贷款，还包括储蓄、保险、汇款、资金转账、代理、租赁、抵押、理财和养老金等全功能、多层次的金融服务，如图 1-1 所示。普惠金融的理念就是要在合理价格的前提下来满足各个阶层客户的基本金融需求。其中，面向低收入人群的自愿储蓄为人们提供了安全、方便、可细分的金融业务，目的是帮助穷人形成储蓄的习惯，而不是让他们由于无法储蓄而将所有收入都

消费掉；小额保险业务能够增强低收入人群对风险的防范意识和应对能力，特别是医疗保险和养老金保险，为其提供了面对疾病和衰老的必要资金；转账 / 支付服务也是许多低收入家庭不可或缺的金融服务，比如，许多贫困家庭依靠外出务工家庭成员的汇款；低收入群体同样存在对代理投资、抵押、理财等其他金融服务的需求，当然这些金融需求有区别于其他群体的鲜明特征。

为了满足客户日益个性化的金融需求，普惠金融可以通过金融创新，实现金融产品或服务的多样化；金融产品或服务质量的不断提升；相关成本的不断降低。

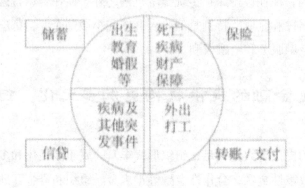

图 1-1　普惠金融的业务类型

四、普惠金融机构具备强大的可持续发展能力

普惠金融属于商业化的金融发展模式，缺乏合理盈利普惠金融也就丧失了持续存在的基石。而要获得持续稳定的盈利，普惠金融机构必须具备强大的以需求为导向的金融创新能力，不断推出符合各个阶层需求的金融产品或服务，有效解决成本与盈利之间的矛盾，同时建立较为完善的内部管理体系和内控机制，接受金融监管部门的监管，走可持续发展的道路。

第三节　普惠金融的发展目标及必要性

一、普惠金融的发展目标

联合国（2005）提出了小额信贷的五个关键目标。由于小额信贷是普惠金融的重要实践形式，所以这五个关键目标也可以近似视普惠金融的发展目标。

一是通过开展小额信贷服务，促进"千年发展目标"（Millennium Development Goals）的实现，即使世界赤贫人口到 2015 年减少一半。

二是通过开展小额信贷业务，促使公众加强对作为均衡发展重要组成部分的小额信贷的认识和理解。

三是推广面向各类客户群体的金融机构。

四是支持对金融服务可持续发展性评估。

五是鼓励创新，促进和支持新的战略合作伙伴关系，以建设伙伴关系、建设和扩大小额信贷、微型金融和普惠金融等的服务领域。

另外，周小川（2013）也对普惠金融（包容性金融）的发展提出了以下四个目标。

一是家庭和企业以合理的成本获取较广泛的金融服务，包括开户、存款、支付、信贷、保险等。

二是金融机构稳健，要求内控严密、接受市场监督以及健全的审慎监管。

三是金融业实现可持续发展，确保长期提供金融服务。

四是增强金融服务的竞争性，为消费者提供多与化的选择。

二、中国发展普惠金融的必要性

发展普惠金融体系，让社会各个阶层都能够以合理的价格获得所需要的金融服务和金融支持，有助于使金融市场和金融体系更加完善发展，符合科学发展观的核心要求，能够实现国民经济的长期、稳定、健康发展。具体如下：

（一）减轻信息不对称程度，降低交易成本

在发展中国家金融市场上，普遍存在信息不对称的问题，导致金融机构向低收入群体和小型微型企业等提供金融服务的成本和风险大大提高，因此，这些群体往往只能被排除在正规金融体系之外。普惠金融体系的发展和完善，能够减轻信息不对称的程度，降低庞大的交易成本，这正是普惠金融体系在发展中国家能够得以建立和发展的重要原因。

（二）消除贫困，实现社会公平和稳定

小额信贷和普惠金融能够使贫困者保护其有限的收入和财富，并增加多元化的收入来源，是其摆脱贫困和饥饿的基本途径。一个安全而便利的储蓄账户可以使贫困家庭积累足够的现金，用于小商贩进货、子女上学、支付卫生医疗费用、修缮漏雨房屋等；贷款、储蓄和保险能够帮助贫困人口减轻收入波动，降低低收入者的脆弱性，应对突如其来的失业、疾病、自然灾害甚至死亡。

（三）改善教育，促进知识的传播

当今时代是知识经济时代，教育对一个国家和地区的发展至关重要。然而在农村和一些贫困地区，很多孩子因为资金问题而辍学，不能接受学校教育，从而影响该国经济的持续发展。普惠金融主要服务于贫困和低收入群体，这些人群在获得来自普惠金融机构的资

金时，往往会将其中的一部分投入子女教育。国外调研发现，在接受小额信贷的家庭中，孩子的辍学率明显低于当地平均水平，孩子接受学校教育的时间明显长于当地平均水平。

（四）提高妇女儿童的健康水平和社会地位

普惠金融中的很多小额信贷项目以妇女为目标客户，她们一般能够表现出比男人更强的金融责任感，往往把增加的收入更多的投资在家庭和家庭福利上。另外，妇女通过获得金融服务，享受到了更多的权利，使其更加自信和决断，更有能力面对社会上的一些不公平。

疾病是贫困家庭最严重的危机，疾病使其无法工作，昂贵的医疗支出耗尽收入和储蓄，会使贫困家庭的生活雪上加霜，迫使他们变卖资产或陷入负债。伴随着普惠金融的发展，一些小额信贷机构开始向贫困家庭提供健康教育，包括免疫、安全饮用水、新生儿保健等内容，在此基础上，一些小额信贷机构还与保险提供者进行合作，提供健康保险。研究发现，使用小额信贷服务的客户家庭与未使用的家庭相比，表现出更高的营养水平、更好的保健措施和更佳的健康状况。

（五）改善公共基础设施建设

小额信贷、微型金融和普惠金融增加了贫困群体的收入，他们会将钱用于改善住房、饮水和卫生条件等方面。例如，印度的 SEWA 项目将微型金融与设施改造项目相联系，推动了社区基础设施建设，所用资金几乎全部来自微型金融机构提供的贷款。

总之，普惠金融体系将所有社会群体特别是贫困人口纳入金融服务系统中，降低了因信息不对称导致的高昂交易成本、消除了贫困，从而实现社会公平和稳定，促进教育、医疗和基础设施的发展，有利于实现国家（特别是发展中国家）经济的可持续发展。

第四节　普惠金融在国内外的发展现状和趋势

一、普惠金融在中国的发展

（一）中国普惠金融的发展历程

根据发展理念、服务对象及种类、金融产品、所依托平台的广度和深度等方面的差异，大致可以把我国普惠金融实践的发展历程划分为三个阶段：公益性小额信贷阶段、发展性微型金融阶段以及综合性普惠金融阶段。

1.公益性小额信贷阶段

我国小额信贷从 20 世纪 90 年代初期开始发展，最初目的是扶贫，具有公益性质。从提供主体方面来看，除国内 NGO 组织发起成立的小额信贷机构之外，国际机构也参与了公益性小额信贷机构的建设。从资金来源方面来看，主要集中于个人与国际机构的捐助及软贷款，例如，孟加拉乡村银行为扶贫经济合作社提供了低息贷款，同时福特基金会与我国台湾企业家杨麟对其进行了慈善资助。

1994年，国务院印发《国家八七扶贫攻坚计划》，此后公益性小额信贷开始在政府解决农村贫困问题中扮演重要角色。1996年，国务院颁布《中共中央国务院关于尽快解决农村人口温饱问题的决定》，倡导利用信贷支持扶贫工作。1998年，《中共中央关于农业和农村工作若干重大问题的决定》要求"总结推广小额信贷等扶贫资金到户的有效做法"，充分肯定了小额信贷作为一种公益性扶贫工具所发挥的作用。1999年，中央扶贫开发工作会议提出，"积极稳妥推广小额信贷办法"，大力推广公益性小额信贷支持扶贫工作。可以看出，公益性小额信贷致力于减缓农村贫困，契合了普惠金融的发展理念，是对扶贫方式及途径的重大创新。

2. 发展性微型金融阶段

20世纪90年代末，国有企业改革开始进入攻坚阶段，城市下岗职工再就业问题变得越来越突出，在这个过程中产生了大规模的资金需求。伴随经济的快速发展，90年代末我国绝对贫困状况已有所缓解，小康社会初步建成，而我国对金融服务的需求也日趋多元化与精细化。发展到这个阶段，公益性小额信贷模式已无法满足上述这些需求，旨在全面促进经济社会协调发展的发展性微型金融阶段随之到来。在发展性微型金融服务阶段，小额信贷不再以支持扶贫工作为主，还需要兼顾提高居民生活质量和促进城市就业的双重任务；从主体方面来看，正规金融机构开始全面介入小额信贷。和公益性小额信贷阶段相比，在该阶段，公益已不再是关注的重点，小额信贷也不再是国家扶贫的主要工具，而是提高农民收入与促进城市就业的重要手段；参与对象不再集中于非政府组织、半政府组织的小额信贷试点，正规金融机构也同样参与进来。发展性微型金融一方面有效缓解了农民及城市下岗职工等低收入群体的资金困难，另一方面还有力地促进了农村居民与城市失业人员收入及生活水平的提高。

3. 综合性普惠金融阶段

2005年，中央一号文件提出"有条件的地方，可以探索建立更加贴近农民和农村需要、由自然人或企业发起的小额信贷组织"，意味着我国小额信贷开始进入综合性普惠金融阶段。

从小额贷款公司的发展来看，2005年4月，中国人民银行决定进行"只贷不存"的商业性小额信贷组织试点工作，提供了政策空间以鼓励私人资本进入小额信贷市场。2006年，中央一号文件指出，应"大力培育由自然人、企业法人或社团法人发起的小额贷款组织"，自此更多的省份纷纷开启设立小额贷款公司的试点。2008年5月，中国银监会、中国人民银行联合发布《关于小额贷款公司试点的指导意见》，小额贷款司的试点工作全面开启。此后，我国小额信贷公司快速发展，小额信贷公司的数量由2008年的不到500家猛增到

2009 年的 1334 家，再到 2012 年年底的 6080 家。截至 2013 年 2 月，我国小额贷款公司数量达到 6416 家，从业人员 74470 人，注册资本金 5442.11 亿元，贷款余额 6160.55 亿元。

在商业银行方面，2005 年 7 月，为促进与指导银行进一步改善对小企业的金融服务，银监会发布《银行开展小企业贷款业务指导意见》，要求城市商业银行、城市信用社、农村商业银行和农村合作银行设立"专门部门负责小企业贷款工作"，为小型企业和个体经营户提供金融产品和服务。随后，许多银行业金融机构成立了专门的小微企业金融业务管理部门，有些银行甚至将小额信贷作为自己的战略定位之一。随着银行小额信贷的不断发展，商业银行不断创新针对小微客户的金融产品和服务，比如结算、汇款、支付、手机银行、网上银行等。

在村镇银行方面，2007 年 3 月，四川省仪陇惠民村镇银行开始营业，标志着我国村镇银行开始登上历史舞台。2009 年 6 月，银监会出台《关于小额贷款公司改制设立村镇银行暂行规定》，规定了小额贷款公司改制成为村镇银行的条件，这实际上表明设立村镇银行成为农村金融机构改革的核心内容之一。2011 年一季度末，全国已经开业村镇银行 400 家，村镇银行机构发展初具规模。2013 年 10 月，随着永登新华村镇银行挂牌成立，村镇银行数量达到 1000 家，截至 2013 年 8 月，已开业村镇银行资产为 5204 亿元，累计向 1119 万农户发放贷款 3097.5 亿元，向 28.9 万户小微企业发放贷款 53295 亿元。村镇银行已经成为服务"三农"、支持"小微"的生力军。

综上所述，在综合性普惠金融阶段，从资金的提供方角度来看，小额信贷组织不断设立，为民营资本进入金融市场创造了条件，村镇银行也随之迅速兴起。从资金需求方角度来看，在农村农民和城市低收入者资金需求问题依然没有根本缓解的同时，小微企业的资金需求不断引起社会的关注，银行的金融服务体系逐步将小微企业纳入服务范围之中。从金融产品创新角度来看，综合普惠金融已经不再停留在提供慈善性小额信贷或发展性小额贷款的阶段，而是进入了提供综合金融服务的阶段。与此同时，从所依托的工具来看，综合性普惠金融服务不断有网络化、移动化趋势。

4. 创新性互联网金融

随着我国互联网和移动互联网络以及使用人群的快速发展，互联网和移动互联网催生了人们对金融服务的大量新需求，我国传统金融领域正在发生一场由互联网技术催生的革命。

创新性互联网金融是综合性普惠金融阶段的重要内容，通过利用互联网平台，使更多的人享受到支付、借贷以及财富管理的便利。互联网金融平台显著地降低了信息不对称和交易成本，使更多的人自主参与到网上支付中来，从而使更多的人获得金融服务；使更多的借贷交易顺利发生，从而使传统上不能获得借贷资金的低收入者以及急需借贷资金者获得资金；使更多的人参与到财富管理中，降低了财富管理门槛，提高了财富管理的服务质量。

（二）当前中国普惠金融体系的框架

普惠金融绝不仅限于小额信贷，除此之外，还表现为各类抵押和担保、产业链融资及其最近炙手可热的互联网金融等形式，各种创新产品层出不穷。

1. 各类抵押、担保形式

提供有效的抵押或者担保，是解决金融机构与小微金融需求主体信息不对称的根本途径。在普惠金融的发展过程中，各类抵押、担保形式逐渐丰富起来。创新的抵押品种有"三权"抵押融资、大型农机具抵押贷款、农业科技专利质押融资、个人保单质押、应收账款抵押等。担保形式有政策性担保、商业性担保、互助性担保三类，其中政策性担保的代表是小额担保贷款，互助性担保形式多样，有联保、农村有威信人的担保、农村信用共同体、核心企业担保等形式。

（1）"三权"抵押融资

"三权"包括林权、土地承包经营权和宅基地使用权，是农民为数不多的能够抵押的资产。一旦"三权"能够抵押，将激活金融市场。目前土地承包经营权和宅基地使用权的抵押还存在法律上的限制，但是在金融服务改革创新政策的推导下，重庆于 2010 年 11 月、云南于 2012 年、贵州铜仁于 2013 年 6 月开始实施"三权"抵押融资试点。

2008 年，党的十七届三中全会上提出：加强土地承包经营权流转管理和服务，建立健全土地承包经营权流转市场，按照依法自愿有偿原则，允许农民以转包、出租、互换、转让、股份合作等形式流转土地承包经营权。2009 年 3 月，中国人民银行、银监会印发《关于加快推进农村金融产品和服务方式创新的意见》，只要没有违背现行法律、财产权益归属明晰、风险能被管控的各类动产和不动产，都可以尝试作为贷款担保，因此农村土地承包经营权、宅基地使用权等在实践中都开始试点进行抵押贷款，虽然法律还未明确进行规定。

林权抵押是指为担保债务的履行，林权人按照有关规定，将林业行政管理部门颁发的林权证载明的拥有或有权依法处分的林地承包经营权抵押给债权人，当债务人不履行到期债务或者发生当事人约定的实现抵押权的情形，债权人有权就该财产优先受偿。林权抵押在法律上并未受到限制。2013 年 7 月 18 日，中国银监会、国家林业局发布《关于林权抵押贷款的实施意见》，为市场餐方办理开展"林权抵押贷款"提供了政策上的依据和支持。

（2）小额担保贷款

小额担保贷款是指为了促进就业，对于那些符合贷款条件的创业人员在就业过程中，由各级政府设立小额担保贷款基金，经指定担保机构进行担保，通过银行等金融机构发放政策性贷款，并由政府给予一定贴息扶持，贷款常用于自谋职业、自主创业或合伙经营等。小额担保贷款采取市场化运作，由商业银行完全按照信贷原则，自主决定贷与不贷。

截至 2013 年，在小额担保贷款制度发展的这 10 多年间，早期发展比较缓慢，但是最近一两年发展迅速。原因如下：过去政府工作人员对小额担保贷款存在认识不足，政府包括银行可能认为从事这项业务会产生较多的坏账。这一方面是因为工作人员对金融业务缺乏了解；另一方面是因为从事金融业务的银行部门不愿意从事小额担保贷款业务，都愿意做大额贷款。而随着信用环境的好转，金融机构的技能和观念也在不断改变，这些因素推动了小额担保贷款的快速发展；此外，各地政府对小额担保贷款的关注程度也直接影响着小额担保贷款的发展速度。总体来看，小额担保贷款政策得到越来越多的认可和欢迎。2005—2013 年，中央财政累计投入资金 151 亿元，发放小额担保贷款 2528 亿元，扶持了 500 万乃至更多的人口实现了创业就业。

（3）信用共同体

信用共同体是一种将大量的农户、个体工商户和中小企业等的贷款需求集中起来，以团体形式完成与金融机构借贷活动的互助性担保组织，其作用是通过银企关系形成一个更具激励和约束力的制度安排，从而降低个体抵抗市场风险的能力，在一定程度上降低了信用风险。信用共同体成员之间互相监督，有利于维护农村金融秩序，改善了信用环境，弱化了信用贷款风险，有效满足了农村地区旺盛的金融需求。

（4）应收账款质押融资

应收账款质押融资在我国银行业中大量存在，但是直到 2007 年《物权法》实施应收账款质押融资才获得法律依据。同时，中国人民银行应收账款质押登记公示系统在 2007 年 10 月 1 日开始上线运行。应收账款质押要以 "公示系统" 的登记为生效要件。2017 年 10 月 31 日，央行发布了修订后的《应收账款质押登记办法》，为上市公司拓宽融资渠道。办法第十二条将应收账款的登记期限从 "1 年至 5 年" 扩展为 "0.5 年至 30 年"。应收账款融资是小微企业融资的重要融资工具，一般情况下，小微企业应收账款主要来自于大型企业，因此应收账款融资的坏账风险都较低。央行将应收账款质押登记期限延长，有利于小微企业获得低成本的长期融资。

2. 产业链融资

产业链融资是将视角从一个企业转向一个产业链。不只看单个企业的资质和财务报表，而是更加关注交易对手和合作货币，关注产业链是否稳固。根据产业链的性质，产业链融资也可以称作商圈融资、供应链融资等，产业链融资弱化了对单个企业的信用状况的要求，同时可以批量进行，非常适合大中型银行开展小微企业信贷。产业链融资的具体形式多种多样，例如，中国农业银行以 "惠农卡 + 小额农户贷款 + 企业担保" 为主要方式，对产业链条上的农户进行批量授信，具体来说，农业银行与农业产业化龙头企业合作，对龙头企业的订单农户发放贷款，由龙头企业提供担保。除此之外，还有 "仓单融资""回购协议""银行 + 合作组织 + 农户""银行 + 专业市场 + 农户" 等多种方式。

3. 场外交易资本市场

交易所市场设有特定的门槛，只有规模较大的企业才能在交易所上市，截至 2017 年年底，深、沪两个交易所有 3400 多家上市公司，这对于我国庞大的中小企业群体来说显然是不够的。那些处于起步阶段的小企业，尤其是科技型成长企业，由于规模小、风险大，难以被市场投资者接受，要想获得资本市场服务只能借助于场外市场。2003 年，在党的十六届三中全会上通过的《中共中央关于完善社会主义市场经济体制若干问题的决定》首次明确提出建立多层次的资本市场体系，完善资本市场结构。目前，我国的资本市场包括主板、中小企业板、创业板、全国中小企业股份转让系统以及区域性股权交易市场。主板、中小企业板、创业板为场内交易，全国中小企业股份转让系统（俗称"新三板"）以及区域性股权交易市场为场外市场（俗称"四板"），全国中小企业股份转让系统为全国性的场外交易市场。截至 2017 年年末，挂牌公司数量与总市值分别为 11630 家和 494 万亿元，分别是市场初建时的 33 倍和 90 倍，新三板市场目前已成为全球上市（挂牌）企业数量最多的证券交易场所。行业覆盖从初期的 12 个行业大类发展覆盖至全部 89 个行业大类，地域覆盖从四个高新园区扩大至境内所有省域，地级市覆盖也超过了 90%，部分挂牌公司成为县域经济发展的领头企业，为地方经济发展提供了重要支持。

4. 中小企业私募债

中小企业私募债是我国中小微企业在境内市场以非公开方式发行的，发行利率不超过同期银行贷款基准利率的 3 倍，期限在 1 年（含）以上，对发行人没有净资产和盈利能力的门槛要求，完全市场化的公司债券。中小企业私募债的发行审核采取备案制，审批周期更快；中小企业私募债募集资金用途相对灵活，期限较银行贷款长，般为两年；中小企业私募债综合融资成本比信托资金和民间借贷低，部分地区还能获得政策贴息。2012 年 6 月 8 日，上海证券交易所中小企业私募债第一单成功发行，由东吴证券承销的苏州华东镀膜玻璃有限公司 5000 万元中小企业私募债当天上午发行完毕。随后，6 月共有 24 只中小企业私募债完成发行，发行总额为 21.83 亿元。此后发行速度逐渐放缓。截至 2013 年 1 月，中小企业私募债共计发行 97 只，募集资金达到 103.87 亿元，发行的票面利率最低为 5.5%，最高为 13.5% 与刚开始的火热相比，目前企业发债热情不高。原因如下：第一，发债的成本较高，企业发债的综合成本一般在 12% 左右，其中包括 8%—10% 的票面利率，2%—3% 的担保费用，中介费 1%，成本较高、资质好的企业可以选择成本更低的方式融资；第二，私募债的发行周期短，但是随着市场持债热度大幅度降低，对发债人而言，若成功发行，需要等几个月后才能获得资金。

从投资者的角度看，很多投资者并不信任中小企业，这类企业本身的实力就弱，再加上高成本融资，进一步恶化了其经营状况，导致部分投资者并不热衷于此类私募债。

从承销商的角度看，中小企业给承销商的费用相对较低，但是承销商面临着企业债券销售不出去的较高风险，因此承销商热情不高。

5. 农业产业投资基金

农业产业投资基金是一种新的金融合约安排，坚持"共同投资、共同受益、共担风险"的基本原则，为农业现代化过程中的成长性企业提供股权融资，各交易主体经多次讨价还价之后达成一致。农业产业投资基金一般基于现代信托关系，通过发行基金券方式将投资者分散的资金集中在一起，并以股权形式直接投资于农业产业化龙头企业或者具有市场潜力的项目，目的是促进企业的专业化、规模化、集约化和商品化程度，从而给投资者以丰厚回报。

6. 互联网金融

近年来，P2P 网贷平台、阿里金融等新兴互联网金融机构，通过互联网、云计算大数据等技术，降低了交易成本和信息不对称程度，让那些无法享受传统金融体系服务的人群也可以通过网络获取金融服务，从而提高了金融的普惠程度。互联网金融通过以下几种渠道，促进普惠金融体系的发展和创新。

第一，创新信贷技术，降低信息不对称程度。传统的信贷技术包括财务报表类信贷技术、抵押担保类信贷技术、信用评分技术和关系类信贷技术等。而小微企业、农民等社会弱势群体，大多缺乏人民银行征信系统的信用记录，缺乏房地产等有效抵押物，难以采用传统的信贷技术。而互联网企业的优势是"大数据"，通过技术手段分析客户交易历史数据，了解客户需求和交易行为，从而降低了信息不对称程度。比如，阿里金融的小微信贷技术，通过自己平台所掌握的贷款客户过去的商品和货物的交易记录、账户数量、还款情况、行为习惯等，进行内部信用评级和风险计算，解决了传统银行很难解决的小微企业的信用评估问题。又如，P2P 网络借贷平台帮助资金的供需双方在平台上通过数据筛选实现直接交易，供需双方信息几乎完全对称，从而提高了交易成功的概率。

第二，降低交易成本。在互联网金融模式下，交易整个过程都在网络上完成，交易成本极低，从而创新了成本低廉的融资模式。早在 2000 年，欧洲银行业测算其单笔业务的成本，营业点为 1.07 美元，电话银行为 0.54 美元，ATM 为 0.27 美元，而通过互联网则只需 0.1 美元。阿里金融小额贷款的申贷、支用、还贷等在网上进行，单笔操作成本仅有 2.3 元，远远低于银行的操作成本。由于较低的交易成本，互联网金融获得了较快的发展。

第三，扩大覆盖范围。互联网金融依托全天候覆盖全球的模拟网点网络，可突破时空局限，覆盖到因偏远分散、信息太少而很难得到金融服务的弱势群体。根据中国互联网络信息中心（CNNC）数据，互联网在农村地区普及速度较快，这就为移动支付等互联网金融提供了新的市场空间和发展机遇。

第四，拓展金融服务边界。互联网金融机构通过信息技术进行金融产品创新，将网民的"碎片化资金"以某种方式整合起来，形成巨大的长尾市场，降低了服务门槛，为更多的人提供金融服务。2013 年 6 月 13 日，支付宝和天弘基金合作推出余额宝，规定最低投资额仅为 1 元，降低了理财产品的门槛，普通老百姓也可以参与，仅仅 17 天就吸引用户 251.56 万人，累计存量转入资金规模达 57 亿元，人均投资额仅 191267 元，远远低于传统基金的投资额。之后，活期宝、现金宝等产品不断推出，满足了普通老百姓的碎片化理财需求，拓展了金融服务的市场。

二、国际普惠金融的发展

2013 年，世界银行国际金融公司（IFC）与世界银行扶贫协商小组（CGAP）共同发布了《2012 年普惠金融：加深全面了解》。该报告指出，全球约 75% 的贫困人口无法获得正规的金融服务，各国应建立普惠金融体系，开发低成本、多样化的金融产品，支持金融基础设施建设，并出台政策措施保护和支持普惠金融发展。截至目前，二十国集团（G20）已经成立了普惠金融专家组（Financial Inclusion Experts Group，FIEG），推动成立了全球普惠金融合作伙伴组织（Global Partnership ofFinancial Inclusion，GPFI），在世界范围内还成立了金融包容联盟（Alliance for Financial Inclusion，AFI）等专门性国际组织，组织研究普惠金融指标体系，评估各国普惠金融推进程度和金融服务覆盖范围。

在联合国和 G20 国家领导人的积极推动下，目前已有越来越多的国家将普惠金融作为本国金融服务的改革发展目标，并积极采取多种措施同步推进，力求消除贫困，提高国民生活水平。其中，孟加拉国、墨西哥、巴西、肯尼亚和秘鲁的普惠金融发展模式独特，成效明显，对我国全面推进普惠金融发展有重要的借鉴意义。

（一）孟加拉国普惠金融发展

1. 孟加拉国普惠金融总体情况

普惠金融实践的发源地在亚洲，主要通过小额信贷方式推行。亚洲经济发展落后的国家普遍有丰富的小额信贷实践经验和制度经验，亚洲小额信贷机构相比于拉丁美洲等地的小额信贷机构，具有更强烈的社会责任感，大多以增加社会福利、扶贫助困作为机构发展目标。在实践操作中，亚洲小额信贷项目多在人口集中的农村地区开展金融服务，一般局限于贷款服务。通常认为，小额信贷项目的发源地是孟加拉国。

孟加拉人民共和国是全球经济最不发达的国家之一。它位于南亚次大陆东北部，总面积 14.8 万平方公里，人口 1.5 亿人，其中，农村人口占 67010，是全球人口密度最大的国家之一。国民经济以农业生产为主，辅以工业原材料生产和初级工业产品生产，矿产资源有限，2014 年人均 GDP 仅 1096.5 美元。孟加拉国常年遭受台风、洪水、干旱、地震等自然灾害，政局动荡不安，生产力受到很大破坏。但是近年来，孟加拉国在小额信贷项目和市场经济制度的共同促进下，经济增长速度很快，从 2003 年至今，每年 GDP 增长率均保持在 6010 以上。孟加拉国小额贷款项目主要由银行发放，国内民间小额信贷公司较少。近年来，孟加拉国随着银行信贷总量大幅上升，贫困人口比例逐年下降，国内贫困情况正在改善。

2. 孟加拉国普惠金融发展特点

一是孟加拉国的普惠金融实践集中于小额信贷领域。20 世纪 70 年代，孟加拉国穆罕默德，尤努斯开创了小额信贷项目，为农村等贫困地区人群提供小额无抵押贷款，并创建了以贷款小组为核心的风险控制模式，贷款小组成员间承担连带保证责任，减少了贷款风险。1977 年，尤努斯创建了全球首家专门向贫困人群发放小额贷款的乡村银行——格莱珉银行（Grameen Bank）。该银行主要发放无抵押的小额贷款，项目运作良好，用实践证明了贫困者有能力负担小额信贷的利息，且还款信誉不低于有抵押的贷款者，打破了"无恒产者无恒誉"的传统银行经营理念。格莱珉银行以足量、小额、价格合理的信贷，为传统金融制度下无法得到贷款的社会最贫困阶层人群提供了起步发展的资本，改善了低收入人群的经济状况和生活水平。截至 2011 年 10 月，格莱珉银行共有 834.9 万名贷款客户，其中 97% 是女性，有 2565 个分支机构，为孟加拉国 8.1 万个村庄提供贷款服务，覆盖孟加拉国村庄数量的 97 010 以上，还款率超过 95%。格莱珉银行凭借商业化的运作模式和良好的贷款管理方法，已经连续十年保持盈利，为世界各国小额信贷项目还款难、风险高、小额信贷机构难以自负盈亏等问题提供了成功经验和解决方案。目前，格莱珉银行的小额信贷项目模式是世界公认为最成功的信贷扶贫模式之一，帮助了孟加拉国数百万贫困人口尤其是妇女自主创业，促使贫困者自力更生，也为小额贷款业务融入银行传统业务做出了贡献。该银行的成功经验被墨西哥、巴西、秘鲁、中国等众多发展中国家复制，在全球范围内引起了巨大反响。

二是孟加拉国金融机构坚持公益性的普惠金融理念。孟加拉国小额贷款创始人尤努斯曾提出"贷款是一种人权"的普惠金融理念，反对金融排斥和金融歧视，力求通过发放无抵押小额贷款，实现孟加拉国金融公平。他认为，只要赋予穷人与富人相同的机会和权利，穷人就可以通过自己的努力摆脱贫困。这一促进社会公平的金融伦理思想也是孟加拉国最大的小额贷款公司——格莱珉银行的经营理念。其小额贷款项目在设立之初就相信贫困的贷款者不会恶意拖欠贷款。该银行在贷款人无法还款时，一般不采取法律强制措施，而是调查贷款人的真实经济情况，重新制订还款计划。近年来，全球小额信贷和微型金融机构普遍存在过度商业化、贷款利率高企等问题，而孟加拉国的小额信贷机构继续坚持服务贫穷人群，增进社会福利，不盲目追求企业高盈利，仅在企业盈利可以覆盖成本的基础上实行低于高利贷的贷款利率。

三是孟加拉国小额信贷项目逐渐发展为微型金融项目。20 世纪末，孟加拉国等发展中国家大力发展直接信贷项目，导致传统金融机构不能根据风险回报有效配置资源，信贷项目可持续性不稳定。进入 21 世纪后，孟加拉国小额信贷机构的金融产品和服务开始多元化发展，逐步进入微型金融领域。随着孟加拉国小额信贷机构业务范围不断扩大，机构开始扩张并尝试市场化运作，转型为专门提供普惠金融服务的微型金融机构。资金渠道的扩大，提高了机构抵御风险的能力，在一定程度上保证了普惠金融项目在财务上实现可持续发展。例如，孟加拉国最具有代表性的小额信贷公司——格莱珉银行进入 21 世纪后开始发展存款、保险、支付、汇款等业务，转变为微型金融机构。

四是孟加拉国政府大力支持普惠金融机构发展。早在 20 世纪 80 年代，孟加拉国政府就将国内第一家也是最大的小额信贷机构格莱珉银行认定为合法的民间金融机构。1983 年，孟加拉国政府专门为格莱珉银行制定了《乡村银行法》，将格莱珉银行由试点项目定位为非吸收存款的金融机构，在法律上允许其发放贷款。随后又以 4%—5% 的低利率、总计超过 50 亿塔卡的金额向格莱珉银行提供资金，并提供免税的优惠政策等。

五是孟加拉国非政府组织和非营利组织也提供微型金融服务。非政府组织（Non-Governmental Organizations，NGO）通常不受政治和利益因素影响，从慈善角度出发，探索专为贫困人群服务的微型金融模式，一般有较高的运营效率。孟加拉国非政府组织提供金融服务的典型代表是孟加拉乡村促进委员会（Bangladesh Rural Advancement Committee，BRAC）和孟加拉社会进步协会（Association for Social Advancement，ASA）等。孟加拉乡村促进委员会于 1972 年成立，目前是孟加拉国最大的非政府组织，其目标是减少贫困和提高穷人权利。目前，BRAC 在孟加拉的金融服务覆盖了近 7 万个村庄的 1.1 亿人口，并已注册成为国际性非政府组织，在斯里兰卡、坦桑尼亚、乌干达等地开展微型金融项目，具有很高的社会影响力。该组织将微型金融模式与教育、医疗、法律服务等公益项目相结合，不仅为贫困人群提供小额贷款，还鼓励贫困人群储蓄，为贫困地区儿童、妇女提供非正规教育，普及医疗卫生知识，进行妇女权益保护的法律咨询等。

3. 孟加拉国小额信贷机构典型案例——格莱珉银行

孟加拉国格莱珉银行是全球最早从事小额信贷业务的正规金融机构之一，也是延续时间最长、社会影响最大的小额信贷机构，是各国发展普惠金融的范例。该银行及其创立者穆罕默德·尤努斯凭借对世界贫困人群做出的突出贡献，于 2006 年获得诺贝尔和平奖。

（1）格莱珉银行的发展历程

1976 年起，经济学家穆罕默德·尤努斯开始以个人名义向银行担保大额贷款，将款项分散发给贫困人群，贷款范围超过 100 个村庄。1977 年，尤努斯将这个非正规的信贷项目挂靠于孟加拉国有大型银行，创建了孟加拉农业银行格莱珉分行，正式发放小额贷款。该小额信贷项目有如下特点：将传统信贷的全额一次性还款制度转变为小额分期还款制度，初始时要求贷款人每日还款；每 5 名贷款人形成一个自我管理的贷款小组，每 40 名贷款人形成一个贷款中心，若不能按期还款，组内、中心内所有贷款者承担连带责任；贷款无须抵押物，主要面向妇女发放。1979 年，格莱珉的小额信贷项目得到了孟加拉中央银行的支持，项目扩展到了全国 25 个分行。1983 年，孟加拉国政府批准了《特别格莱珉银行法令》，格莱珉银行由小额信贷项目试点转变成为独立的专门为穷人服务的银行，成为全球第一家小额信贷银行，资金主要来源于私人捐赠。此时，格莱珉银行已经拥有了 36 万名贷款者。20 世纪 80 年代，格莱珉银行先后接受了国际农业发展基金、挪威政府、瑞典政府、加拿大政府和德国政府的低息贷款援助，总数额超过一亿美元。格莱珉银行以每年新增近 100 个分支机构的速度飞速扩张，并在 20 世纪 90 年代初拥有超过 1000 家分支机构。

1991 年和 1992 年，孟加拉国政局动荡，又遭受飓风灾害袭击，国家面临严峻的经济困难。格莱珉银行主动调整经营策略，实行一些弹性政策，平稳走出困境，形成了第一代小额贷款运营模式。在贷款人群方面，贷款面向贫穷人群，尤其是妇女，而不是普通农民；重点资助生产者、创业者，尤其是可以产生收益家庭手工业或副业，而不是消费项目。在信用风险防控方面，无抵押品，无法律强制还款制度，由贷款小组共担风险；强制贷款人在组内存款，养成储蓄习惯，存款形成小组基金。在具体操作方面，贷款每日或每周分期偿还；贷款利率高于银行同期利率，低于高利贷利率；整个小组实行统一贷款上限；还清上一次贷款后，可申请更大规模的贷款等。1995 年，格莱珉银行由于经营运转情况良好，并且持续获得盈利，正式摆脱外来援助，开始了自收自支的经营方式。20 世纪末，格莱珉银行模式先后被马来西亚、中国，以及非洲、拉丁美洲的一些国家复制。

1998 年，孟加拉国发生特大洪涝灾害，全国三分之二的土地被淹没。贷款人由于遭受重大财产损失，拖欠小额贷款的现象严重，全国不良贷款率迅速上升。格莱珉银行针对原有小额贷款模式无法应对系统性风险的缺陷，改革原有信贷条款，创新金融产品，强化激励机制。2000 年，格莱珉银行形成了第二代小额信贷模式。在信用风险防控方面，要求贷款小组基金保留最低存款额，即形成贷款信用保险；根据借款人经营状况，制定灵活的还款期限和还款额度；贷款上限由小组统一上限转变为根据个人表现确定；每六个月检查贷款质量，进行早期风险预警。在创新方面，根据信贷需求的变化，允许发放大金额的贷款，比如房屋贷款等；允许贷款者持有银行股份、享受分红；推出贷款者保险制度，允许非贷款者储蓄，并推出养老金计划等储蓄金融产品，满足贫困客户的长期储蓄需求，扩充自身的资金来源，逐步进入微型金融领域。

（2）格莱珉银行的成功经验

小额贷款是孟加拉国传统银行业务不愿涉足的领域。一是小额贷款项目运作成本高昂。贫困人群可能将小额贷款投入多种经营项目，如手工编织、修理小家电、种植、加工食用油等。银行工作人员需要花费大量时间成本跟踪贷款项目，为可能低至十几美元的贷款项目做备案统计和还款调查。相比之下，大额有抵押的贷款项目运营成本低、收益高。二是放贷风险大。贫困人群缺少抵押品，银行放贷时无法覆盖贷款者不偿还贷款的风险，运营风险高。孟加拉格莱珉银行通过独特的风险控制措施和合理的利率水平，成功控制了贷款项目风险和银行经营成本，使小额贷款项目可持续发展。

首先，风险防控措施独特和有效。在还款风险方面，格莱珉银行实行了动态激励贷款机制。格莱珉银行小额贷款项目目标客户群与传统银行贷款完全相反，只贷款给极度贫困的人群，要求贷款者在申请贷款时证明其财产不能达到传统银行贷款的最低担保额度，但要在贷款后加入由 5 名贷款人组成的贷款小组和 40 名贷款人组成的贷款中心。每个小组成员都对其他成员的还款情况负责，如果所有成员按时还款，则都可以持续不断获得贷款；如果有一人违约，则全组成员都不可以再次贷款。这种小组内互相监督、承担连带责任的方式，促使贷款者认真挑选其他小组成员并自觉还款。利用微型金融人缘熟悉的优势，有效防范了道德风险，还将银行监督审查项目质量的成本转移到了贷款者的身上，有效降低了银行运营成本。在创新风险管理制度方面，格莱珉银行强制所有贷款者在贷款中心存款，在中心成员不能按时还款时，以存款基金偿还贷款，在一定程度上形成了存款保险制度。并且，格莱珉银行严控贷款数额，一般每笔贷款不超过130美元，将坏账风险分散化。

其次，利率标准由市场决定，稳定在高于银行贷款利率、低于高利贷利率的范围内。格莱珉银行坚持小额贷款市场化运作，由市场决定合理的贷款利率价格，在盈利能够覆盖运营成本、呆账损失的基础上，不人为设定极高利率，坚持为穷人服务、增进社会福利的设立初衷。贫困人群由于没有抵押物，没有机会从传统商业银行或其他正规金融机构获得贷款，在小额信贷出现之前，高利贷是贫困人群唯一的借款方式。这些贷款者更关心获得贷款的难易程度、还款方式、贷款使用范围，对贷款利率的要求反而不高，只要低于高利贷利率就可以被接受。格莱珉银行利率虽然高于银行贷款利率，会加大贷款人成本，但是无须财产抵押和信用保证，减少了贷款人的间接成本，还保证了非贫困人群不会来挤占小额贷款市场。同时，格莱珉银行小额贷款业务员工作负担重，格莱珉银行可以用高利息收入支付高工资，培养更高素质的工作人员，还可以将收益集中于开发新的更合理的普惠金融产品。

（二）墨西哥普惠金融发展

1. 墨西哥普惠金融总体情况

墨西哥合众国位于北美洲南部，国土面积196万平方公里，是拉丁美洲第三大国，是拉丁美洲重要经济体和世界重要的矿业生产国，银、铜、石墨、油气资源储量居世界前列。2014年，墨西哥总人口1.2亿人，GDP增长率为2.1%。拉丁美洲是全球贫富差距最大的地区，近年来，拉美贫困人口比例大幅下降。但墨西哥受到经济危机影响，家庭收入减少，农产品、能源、服务价格上涨，导致贫困人口数量不断上升，2012年成为拉美地区贫困人口增长最多的国家。拉美和加勒比经济委员会数据显示，截至2012年年底，拉丁美洲贫困人口总数1.67亿人，其中墨西哥贫困人口占三分之一。目前，墨西哥正在制定公共政策以解决国内严峻的贫穷和饥饿问题，并且已经开始加速推进普惠金融发展。通过加大金融服务覆盖范围，为墨西哥边远、贫穷地区的人民提供信贷服务，鼓励其自主创收，提高生活水平。

表1-1 墨西哥贫困人口情况[①]

	2008 年	2010 年	2012 年
贫困人口数量（万人）	4880	5200	5330
占当年总人口比例（%）	44.5	46.2	45.5
赤贫人口数量（万人）	1170	1330	1150

目前，墨西哥在金融深度、金融宽度等金融服务能力上与发达国家和其他发展中国家仍存在很大差距。私营部门的国内信贷占GDP的比例可作为金融深度的测量指标，据世

---

① 根据中国驻墨西哥大使馆经济商务参赞处网站公开数据整理。

界银行统计，2014 年墨西哥私营部门的国内信贷总量仅占墨西哥 GDP 的 31.4010[①]，在拉美九个最大经济体（阿根廷、巴西、智利、哥伦比亚、墨西哥、秘鲁、巴拉圭、乌拉圭和委内瑞拉）中排名第六位；在正规金融机构拥有账户人数占总人数比例可作为金融宽度的测量指标，全球普惠金融数据库发布的最新数据显示，2011 年墨西哥这一数据在拉美九个最大经济体中排名第六位。这两个指标显示，墨西哥金融体系服务能力不强。并且，在 2008 年至 2013 年间，墨西哥只有 100/0 的中小企业申请到了银行长期贷款，中小型企业的首选融资方式仍是向供应商、金融中介机构和亲友借款。据墨西哥中央银行统计，超过一半的企业认为银行贷款可获得性低，阻碍了企业的商业经营。普惠金融的核心内容是可获得性，可以看出，目前墨西哥银行体系渗透率低，金融体系并未发挥普惠的作用。墨西哥金融服务仍需拓展其深度和广度，普惠金融潜在市场广阔。

早在 20 世纪 90 年代，墨西哥政府就积极探索普惠金融的实践方式。但 2005 年后，墨西哥普惠金融才在政府的主导下呈现迅猛的发展态势。墨西哥政府由于国内银行类金融机构无法满足低收入人群对金融服务的需求，陆续制定了多项公共政策，并采用了多种创新方式，大力发展普惠金融。德国技术合作公司（GIZ）曾评估了来自 10 个国家的共 35 种普惠金融政策措施，认为代理银行、移动支付、金融服务主体多样化、国有银行改革、消费者保护和金融身份证明 6 类方案最有效，而墨西哥政府已经从这 6 类方式着手，多举措并行，推动国内普惠金融实践。

在选择普惠金融的服务对象方面，在 2014 年的包容性金融国际论坛上，国际货币基金组织总裁拉加德曾指出，墨西哥妇女被排除在金融服务之外的情况日益严重。墨西哥中央银行行长卡斯滕斯认为包容性金融是社会公正问题，是要使被市场经济遗弃的群体享受到金融服务。现在，墨西哥的金融机构尤其是小额信贷机构在政府的大力支持下，正在扩大金融服务范围，力争以无抵押小额贷款服务贫困人口，尤其是服务贫困妇女。墨西哥的一些小额信贷机构目前已经实现财政上收支平衡，并依靠特有的风险控制方式，保证了贷款资产质量和贷款者信用，使普惠金融在墨西哥可以稳定和快速可持续发展。

2. 墨西哥推进普惠金融发展的措施

首先，加强了顶层设计，将普惠金融纳入政府计划。2005 年以来，墨西哥政府积极推进政策和法律法规改革。在墨西哥中央银行、墨西哥国家财政和公共信贷部以及证券委员会的配合下，墨西哥政府制定了《2007—2012 年国家发展规划》和《2008—2012 年国家发展融资计划》，从国家金融体系发展的层面，进一步推进银行体系改革，要求银行率先为民众提供多元化的金融服务，并设立了在 2020 年前实现普惠金融的国家目标。2007 年，墨西哥中央银行与证券委员会将建立"健全的普惠银行体系"纳入职能范围，制定并实施了一系列相关措施，例如，通过电子支付来发放社会福利、免费开设移动支付存款账户和办理公司业务等。并且，直接推动了银行法律法规改革，允许非金融机构（如银行代理商

---

① 数据来源：世界银行网站公开数据（2014 年）

等）在农村地区提供金融服务，允许专业型银行实行差别监管，根据目标服务人群的不同，提供多样化服务。还将小型信贷机构纳入正规吸收存款机构管理，保证风险可控，扶持小型金融机构发展。

其次，加强了金融监管，保护消费者权益。在金融风险监管方面，墨西哥实行严格的资本充足率监管，并在《墨西哥银行法》中加入快速修正体系，使银行和监管者可以在银行资本低于最低法定资本时迅速采取应对措施。墨西哥还设立了两个信用注册机构，收集和整理个人、企业的信用状况，帮助金融机构防范和监控风险。在规范市场纪律、加强信息披露方面，墨西哥政府对金融机构金融服务信息的披露格式、披露标准和价格政策提出了明确要求，促使金融市场、金融机构提高透明度，为消费者提供准确、全面的金融产品设计与销售过程，使消费者更理性地评估金融市场和金融产品。例如，要求银行公布每年信贷总成本，方便消费者比较各种金融产品的实际费用。在消费者保护方面，墨西哥对银行存款实行明确的存款保险制度，还设立了国家保护金融服务用户委员会，对各类金融机构和金融服务进行严格的监督和管理。同时，广泛普及金融知识，打造金融教育强国，使贫困地区人民了解并主动接触金融服务，提高其生活水平。墨西哥政府还成立了金融教育委员会，制定国家金融教育战略规划，每年举办"国家金融知识教育周"，并从小学金融教育抓起，由专职教师向小学生普及基本的金融知识。

最后，加强了金融产品和服务创新，提高金融服务便利性。墨西哥通过提升金融基础设施水平来加强金融服务的便利程度，在2000年到2011年间，墨西哥的银行分支机构数量增长超过60u/0，POS机数量增长四倍，ATM数量增长一倍。墨西哥还发展了代理银行业务。墨西哥银行分支机构数量不足，边际成本高，所以将各大城市的便利商店（如沃尔玛、7-11等）、药房、邮局、手机缴费店和彩票销售点设置为银行代理网点，代替银行分支机构进行存贷业务，成为银行分支机构的补充。目前，墨西哥近一半的代理银行网点设置于便利商店。在互联网金融方面，墨西哥中央银行建立了银行间电子支付系统，获得授权的金融机构之间可以进行任意数额的电子支付。

3. 墨西哥小额信贷机构典型案例——康帕图银行

普惠金融使金融服务人人可得、机会平等，是小额信贷和微型金融的衍生和发展。小额贷款起始于20世纪70年代，主要面向贫困地区、农村地区或边远地区，在发展中国家成长迅速，目前是发展中国家扶贫的重要渠道。但是，小额信贷业务往往存在严重的信息不对称、贷款人财产状况不佳、难以查找信用记录、缺少抵押物和稳定收入、难以评估家庭资产、贷款人群体高度分散等问题，导致传统金融机构不愿进入普惠金融这一潜在市场，不愿服务低收入人群，小额贷款业务发展只能依靠私营小额信贷机构。在墨西哥，政府不直接开办小额信贷机构或开展小额信贷业务，国内小额信贷业务完全由私营部门经营。近几年，墨西哥私营小额信贷机构发展迅速，成为墨西哥普惠金融发展的亮点，目前数量已经超过1000家，市场竞争激烈。墨西哥政府通过基金和信托机构为私营小额信贷机构注资，鼓励其以商业化形式运作并盈利，从而得到可持续发展。

墨西哥最大的小额贷款机构是康帕图银行（Compartamos Banco，也称为"让我们分享银行"），它在推动墨西哥普惠金融发展进程中发挥了重要作用，现已成功完成小额贷款公司到商业银行的转型并上市融资。康帕图银行是小额贷款公司成功商业化的典型范例，其商业化过程可以为包括我国在内的发展中国家普惠金融实践提供参考和借鉴。

（1）康帕图银行的转型过程

康帕图银行的前身是1982年成立的一个青年组织。该组织致力于通过社会行动和卫生、食品计划改善墨西哥贫困地区的生活质量。1990年，该组织试点乡村银行模式，为贫困地区的微型企业和家庭提供资金，帮助贫困人民自主创业，获得收益。随着乡村银行项目不断扩大，该机构的盈利能力逐步提高。1997年，该机构从青年组织中分离，成为独立的非政府组织性质的小额信贷公司。非政府组织性质的小额贷款公司以扶贫为宗旨和目标，可以便利地接受国内外机构的捐赠，但在融资、业务拓展、盈利能力、服务客户能力方面受到墨西哥法律法规的多方面限制，尤其是不允许吸收公众存款，其经常出现资金短缺。并且，盲目推行低利率，存在较高的道德风险和逆向选择风险。2000年，康帕图转型为受管制的金融机构。、转型后，康帕图可以获得商业银行等商业资本融资，总共取得了来自世界银行国际金融公司（IFC）、安信永小额贷款公司（ACCION）、墨西哥私人投资者的共600万美元的股权投资，还获得自由发放农业贷款和其他抵押贷款的资格。转型为金融机构后，康帕土的应力能力和客户覆盖面大幅提高，2002年发行了第一只债券，获得2000万美元的融资，随后又在主板市场陆续融资7000万美元。[①] 其小额信贷业务也迅速扩张，2005年客户数已达到45万户。但康帕图作为受管制的金融机构，不能吸收存款或提供除贷款以外的金融产品。为扩展资金来源渠道，满足客户日益增长的金融产品创新的需求，2006年，康帕图又申请银行牌照，经墨西哥财政部批准，正式成为商业银行，获得吸收存款、经营保险等金融服务资格。2007年，康帕图银行成功上市。

经过两次成功转型，康帕图由传统的乡村扶贫项目转变为真正的商业银行，并成长为墨西哥最大的微型金融银行，也是世界上盈利能力最强的小额贷款银行之一。自2000年以来，康帕图银行贷款余额年增长率超过50%，还款率超过90%。客户数也由2000年的6万户增长到2012年的258万户，已为墨西哥约一半家庭提供金融服务。康帕图银行资金来源也更加合理和多样化，约四成来源于股本和投资人，四成来源于债券，其他部分来源于国内开发银行、普通商业银行和社会存款等。

（2）康帕图银行的运作模式

在细分市场方面，康帕图银行主要为个人尤其是妇女提供小额无担保贷款，客户中超过九成为妇女。康帕图银行认为，妇女流动性差，贷款大多用于家庭生产投资，并且自尊心强，有强烈的还款意愿。在控制小额贷款风险方面，康帕图银行学习孟加拉格莱珉银行的风险控制模式，要求贷款人结为贷款小组，采取风险共担的激励机制，小组内如有成员

---

① 数据来源：墨西哥国力调查局公开数据（2013年）

未能还款，其他成员也将失去贷款机会。这种内化的监督方式大大减少了银行审查和评估信用的工作时间，降低了运营成本，提高了运营效率。还款则采取整贷零还的方式，促使银行紧密追踪贷款，确保贷款人收入来源稳定，约束贷款人日常开支，降低业务风险。康帕图银行凭借良好的经营方式和多元化的产品服务，得到了墨西哥政府的大力支持和大量信用融资，迅速成为墨西哥市场份额最大的小额信贷机构。

但是，康帕图银行的商业模式也引起了社会公众和学术界的广泛争议。康帕图银行储蓄业务占资金来源比例不足 5%，将上市作为筹措资金的最重要途径。2007 年 4 月，康帕图银行在美国和墨西哥分别上市，成为全球第一家上市的小额信贷机构和微型金融银行，上市筹资目标约 4 亿美元，获得了 13 倍的超额认购回报。康帕图银行为了迎合投资者的资金回报需求，向贷款客户收取超过 80% 的高利率，引起了社会公众对小额信贷机构经营宗旨的激烈争论。以孟加拉格莱珉银行创始人、诺贝尔和平奖得主尤努斯教授为代表的一些学者认为，小额信贷机构应以增进社会福利、改善民生为目标，贷款利率定价覆盖成本即可，财务自负盈亏，以低利率、低盈利实现机构可持续发展。而康帕图银行严重背离了普惠金融实践的社会目标和扶贫助困的设立初衷，转变为单纯追求盈利的商业机构。也有一些学者认为，随着金融市场深化，小额信贷机构发展不应再依靠政府补贴和私人捐助，其扶贫的方式难以支持小额信贷机构的长久和可持续发展。小额信贷机构应当遵循自主定价的商业原则，自行决定利率水平以覆盖风险，即实现贷款利率市场化，促进资本积累和经济增长。康帕图银行正是由于追求利润最大化，大幅削减运营成本，有效使用动态激励机制，从而占领市场。在小额信贷市场发展初期，应当通过较高的利率和收益回报率，吸引大量的投资者和机构加入市场竞争，在竞争中逐渐降低利率，达到供需平衡。

（三）巴西普惠金融发展

1. 巴西普惠金融总体情况

巴西联邦共和国是世界第六大经济体，是南美洲国土面积和国内生产总值最大的国家。巴西国土面积 854.7 万平方公里，人口超过 2 亿人，是"金砖国家"之一，也是世界上最重要的发展中国家之一。

巴西的金融服务能力可以用该国的金融宽度和金融深度来衡量。以私营部门国内信贷占 GDP 的百分比衡量金融深度，以 15 岁以上在正规金融机构拥有账户人数占 15, 岁以上总人数的百分比衡量金融宽度，可以看出，巴西金融服务能力在拉丁美洲九个最大的经济体中位列第一。从每 10 万成年人拥有的商业银行分支机构数量来看，2011 年巴西每 10 万成年人有超过 47 个银行分支机构提供金融服务，该数值在世界所有国家和地区中占第 14 位，在拉丁美洲九个最大的经济体中仅次于秘鲁。由此可见，目前，巴西金融体系服务能力和金融可获得性在拉丁美洲居于绝对领先的地位。

20 世纪 70 年代至 90 年代，巴西主要依靠国有银行及其分支机构为国民提供金融服务。国有银行资金充裕，但对农村和低收入群体服务不足。加之巴西人口分布极不均衡，东南部沿海地区人口稠密，全国共 26 个州，其中 4 个位于巴西高原的行政州聚集了全国 44010 的人口，而其他亚马孙平原地区行政州则是世界人口密度最小的区域之一，每平方千米人口数量不足一人。① 巴西的地理位置、人口分布使巴西国有银行在边远地区设立银行分支机构非常困难，并且边际成本高昂。20 世纪末期，巴西边远、贫困或农村地区金融服务存在大量空白。因此，巴西从金融创新、与其他国家加强合作、大量发放小额信贷等多个方面同步推进普惠金融。

2. 巴西推进普惠金融发展的措施

首先，巴西注重利用金融创新，扩大金融覆盖人群，其中最著名的创新举措是创建了代理银行业务模式。20 世纪 70 年代，巴西首创代理银行业务模式。巴西中央银行将其定义为在银行无法设立分支机构的地区为客户提供金融服务的渠道和手段，可以令银行和非银行机构在金融领域达成合作，以扩大金融服务范围。代理银行模式的内容是银行与非银行机构（如药店、零售店、邮局、彩票销售点等）签署协议，将非银行机构发展为银行代理机构，通过分解和外包银行功能，在非银行机构的商业网点为客户进行基础的金融服务，如开立和管理金融账户、调查贷款人信用等。代理银行模式可以以最小成本令大范围人群享受到金融服务，秘鲁银行保险基金监管局研究数据显示，建立 40 家代理银行所需的成本仅相当于建立 1 家银行金融机构的成本。但巴西的代理银行模式在 1999 年巴西政府出台新法规扩大其营业范围后，才进入快速发展阶段。巴西政府同时出台了一系列政策措施，降低代理银行运营成本，鼓励代理银行在更大范围内提供更多元化的服务。进入 21 世纪后，巴西代理银行迅速扩张，2002 年就完成了在巴西共 5560 个城市中每个城市至少设立一个金融服务网点的突破。截至 2010 年，巴西共有约 15 万家代理银行机构，占巴西全部金融机构网点的 62%。巴西代理银行模式经过十余年的实践和发展，在提高金融覆盖率、服务低收入人群方面取得了显著成效。拉丁美洲其他国家如墨西哥、秘鲁、哥伦比亚等也开始借鉴巴西的经验，建设代理银行。除创建代理银行模式外，巴西的普惠金融实践还有其他创新举措。例如，推出了一种农业远期融资债券——农业信贷票据（Cedula de Produto Rural，CPR），吸引大量私有资金流入农业融资市场，促使农民和农业企业通过发行债券，提前获得资金，规避农业融资季节性借贷压力，便于企业进行大规模农业生产。

其次，巴西政府引导国内各个部门参与普惠金融发展，并积极与其他国家展开合作。发展普惠金融需要中央银行、金融机构、金融消费者等多个利益相关者共同参与。巴西政府在普惠金融的发展中起到了引导和辅助作用，将推进普惠金融发展纳入国家职能范围，尊重金融市场的发展规律，鼓励并协调各部门间的合作。巴西作为二十国集团（G20）的成员国，积极发起并参与二十国集团成立的普惠金融专家组（Finan-cial Inclusion Experts Group，FIEG）的讨论，还与金融包容联盟（Alli-ance Financial for Inclusion，AFI）和世界银行扶贫协商小组（Consulta-tive Group to Assist the Poor，CGAP）开展合作，共享信息，

①　数据来源：康帕图银行网站。

研究和实践推行普惠金融的新方法、新观点。2011 年，巴西政府还强制要求商业银行拿出 2% 的银行存款，向小微企业、创业者提供无抵押的小额贷款，贷款年利率为 8%，远低于巴西在 2011 年 43.9% 的市场商业贷款 3 利率，为巴西 340 万个小型企业和个人提供了生产和投资的周转资金。[①] 巴西中央银行也将发展普惠金融作为战略目标和建立完善、高效金融体系的重要方式，通过举办普惠金融论坛，引导普惠金融各参与方展开讨论，共同制定国家普惠金融发展计划，还定期发布普惠金融报告。巴西中央银行也与巴西财政部、社会发展部在普惠金融制度建设等方面开展了广泛合作。

最后，商业银行秉承"平民银行"的理念，发放低息小额信贷，帮扶小微企业和创业者。大量发放低息小额信贷是推行普惠金融的核心渠道，也是弱势群体最急需的金融服务形式，巴西在普惠金融实践中主要依靠商业银行发放小额信贷。全球商业银行发放小额信贷的方式可以分为内部业务单元模式和子公司模式，巴西商业银行一般选择前者，即在商业银行内设立一个专门的微型金融业务部门，用来发放消费信贷等普惠金融产品，部门接受银行统一管理。近十年来，巴西有越来越多的商业银行以"平民银行"为发展理念，参与普惠金融建设，为大型银行分支机构少的城镇居民提供金融服务。一般以社区为单位，为中低收入的居民和小微企业提供小额现金交易、代收账款、小额贷款发放、刷卡消费等服务，手续费标准为一般银行标准的一半。既扩大了银行的普惠金融业务范围，也带动了巴西消费贷款市场繁荣。例如，巴西最大的平民商业银行——巴西东北银行为贫困地区的企业和个人提供金额低至几十雷亚尔（1 雷亚尔约合 0.35 美元）的生产性小额贷款，帮助贫困地区人民创业和再就业。2009 年，巴西东北银行与巴西里约热内卢市政府合作推出国内最大的生产性小额贷款项目，以最低 2% 的贷款利率和最长 36 个月的贷款期限，向信贷市场通常不能覆盖的极低收入者提供 100-10000 雷亚尔的贷款，要求贷款用于购买生产资料等，惠及国内数百万贫困人口。[②]

巴西普惠金融经过十余年的快速发展，有效降低了巴西贫困人口比例，减少了贫民窟现象，缓解了巨大的城乡差距和贫富差距。巴西贫困人口比例已经从 2001 年的 24.7 010 降到了 2013 年的 8.9%，基尼系数也呈现下降趋势。总的来说，普惠金融为巴西经济和社会平稳发展坚定了坚实的基础。

3. 巴西代理银行模式典型案例——巴西联邦储蓄银行

巴西创建了银行业务代理商模式，商业银行通过与代理商签订合约，推进无网点银行业务，利用零售商店、加油站、邮政网点等零售代理点，为缺少传统银行网点的边远、贫困地区居民提供存款、取款、电子资金转账、信息传输等金融服务。这是一种新型普惠金融模式，是目前世界各国提升金融可获得性的典型做法之一，能够在控制银行运营成本的基础上，迅速提高银行的金融服务覆盖范围。进入 21 世纪后，该模式在巴西得到快速发展，

---

① 数据来源：世界银行全球普惠金融数据库公开数据（2012 年）
② 数据来源：中国驻巴西大使馆经济商务参赞处网站。

为其他发展中国家推行普惠金融提供了重要借鉴。相比于传统普惠金融方式，代理银行制度最大的优势是节省了银行的扩张成本，发展一个代理商所需的成本仅是新建一个银行机构网点成本的 0.5%。代理银行制度可以减轻银行的财政负担，使银行将资源、资金集中于发展核心业务或创新金融产品，是银行以最低成本推广金融服务、拓展客户范围的渠道。此外，代理银行机构网点密集，服务速度快，节约了边远地区客户去银行分支机构办理业务的时间成本。

巴西联邦储蓄银行（Caixa Economica Federal）成立于 1861 年，是巴西第二大银行和巴西第三大国有企业，2013 年品牌价值 64 亿美元，吸收储蓄数额全国第一。巴西联邦储蓄银行代理商超过 15000 万家，主要以彩票销售网点为代理点，利用拨号或高速连接的 POS 机、条形码扫描仪、电脑、ATM 等设备来管理代理点的业务。该银行网点业务遍布巴西 5500 多个行政区，现已做到每个客户与最近的银行网点或代理商距离不超过 3 公里，是巴西代理银行制度的范例。

在金融产品和服务创新方面，巴西联邦储蓄银行创设了一种简化的货币账户 -CaixaAqui，客户只凭身份证、纳税档案号、居住证明即可在该银行任一网点或代理商处开设这种账户，无须像开设其他类型账户一样经历烦琐的审批手续。开设账户后，客户可以在代理商处将货币转换为账户中的虚拟数值，或进行提现、转账等。

在风险监管方面，商业银行在选择代理商时要求严格，在代理协议中即列明代理商的服务种类、收费标准、客户信息保密要求、交易记录保存标准和现金持有限额，确保代理商提供金融服务时操作规范，为客户提供安全、可靠的金融服务。具体措施有：由于代理商通常每日现金流入大于现金流出，单日可能有高达 20000 美元的现金流入余额，银行为确保现金安全，要求代理商不得接受 3000 美元以上的现金付款；当代理商的现金流入达到一定限度时，必须立即到银行分支机构办理结算手续，或通过发放政府福利、支付工资等方式平衡其现金余额；银行还建立了远程交易监控系统，对代理商的服务和交易过程进行严格审查，并提供消费者投诉热线电话，提高代理商服务质量。

在国家监管环境方面，巴西政府对代理银行模式的监管措施比较宽松，银行和代理商在交易中拥有较大的灵活性。比如，巴西对代理商不设置市场准入标准；授权中央银行抽查商业银行选择代理商的工作流程；不需要代理商适时进行交易结算，可在 48 小时之内进行；一家代理商可以为多家银行进行代理服务等。但巴西政府要求商业银行对其代理商的行为负全部责任，增加商业银行监督代理商的自觉性，降低代理业务的风险。

（四）肯尼亚普惠金融发展

1. 肯尼亚普惠金融总体情况

肯尼亚共和国位于非洲东部高原，跨越赤道，国土面积 56.9 万平方公里，总人口 4555 万人，是世界银行评定的低收入国家。肯尼亚的经济结构以农业为主，咖啡、茶叶、花卉、蔬果等农产品出口和旅游业是收入的重要来源；工业相对较发达，简单工业用品可以自给自足；公路、铁路、港口、水电设施等基础设施落后。肯尼亚结构性矛盾突出，失业问题严重，社会贫困差距大，2013年人均GDP仅1246美元，估计失业率和贫困人口比例均超过40%。但是，肯尼亚的经济基础和发展速度在非洲中东部十几个国家中仍处于领先地位，被誉为"东非经济的火车头"。世界银行发布的《2015全球经济展望》认为，非洲经济虽然面临埃博拉疫情新一轮扩散、暴力冲突、商品价格下跌等不利因素影响，但2015年和2016年经济增长前景良好，预计2015年非洲经济增长率为4.60/0，2016年可达5%，均高于2014年4.5%的增长水平。其中，肯尼亚经济增长率预计可达到非洲领先水平，2015年经济增长率有望达到6010，2016年将继续提高，进入快速发展阶段。

肯尼亚的贫困人口比例约四成，普惠金融发展需求强烈，目前其普惠金融最重要的特色是手机银行的快速发展。肯尼亚受经济发展水平的限制，金融市场、金融机构发达程度均与发达国家存在较大差距。2014年肯尼亚中央银行金融行业调查数据显示，仅有77 010的肯尼亚人口位于金融服务的5公里覆盖范围内，每10万人仅拥有162个金融站点，贫困和偏远成为肯尼亚扩大金融覆盖范围的最大阻碍。由于肯尼亚缺少信息传播技术基础设施，加之宽带使用费用昂贵，众多肯尼亚人民选择通过手机等移动终端访问互联网，互联网公司和手机银行有广阔的发展空间。目前，肯尼亚手机普及率远远高于银行账户普及率，肯尼亚先进的移动金融支付体系弥补了全国基础设施建设落后、金融机构物理网点不足、边远地区人民无法享受银行服务的不足。未来，手机银行和移动支付可能取代银行卡和信用卡，成为非洲最普及的付款方式。

手机银行是高风险的金融创新技术，肯尼亚移动金融支付体系的迅速发展得益于金融监管部门允许统一开发手机银行，并授权肯尼亚最大通信运营商Safaricom公司于2007年推出手机银行系统M-Pesa。目前，M-Pesa已经成为肯尼亚最大的手机转账和支付平台。在肯尼亚的边远、贫穷地区，M-Pesa用户可以用移动电话将货币保存在虚拟的储存账户中，从账户中进行存取货币业务，也可以通过账户将货币发送给其他移动电话用户。电信运营商将客户储存在虚拟账户的资金汇集到统一的账户，委托商业银行来集中管理。现在；肯尼亚主要移动金融服务平台还包括非洲商业银行与Safaricom公司联合推出的可转账和存贷款的M-Shwari平台、肯尼亚公平银行向其客户提供的手机银行服务等。移动支付是新的金融监管领域，要求银行业、通信业、电子支付系统等不同行业和部门共同合作，这也对肯尼亚金融业未来的监管水平提出了更高要求。

2. 肯尼亚普惠金融发展特点

首先，肯尼亚银行业发展迅速，但是在小额贷款领域贡献不足。2013年，肯尼亚银行业税前利润总额14.5亿美元，同比增长了15.40/0，肯尼亚公平银行和肯尼亚商业银行资产回报率分别为6.840/0和5.14%，居非洲银行业资产回报率的第一位和第三位。肯尼亚银行业的快速发展带动了金融服务的普及，2011年肯尼亚15岁以上成年人中有42.3 010拥有正规银行账户，每10万人有5.5个银行分支机构提供服务，在非洲国家和地区中位居前列。但目前，肯尼亚发放小额信贷的主体不是商业银行，而是信用合作社和非政府组织，银行对普惠金融实践的贡献力度不足，直到最近肯尼亚才有肯尼亚公平银行等几家大型商业银行进入小额信贷领域。近几年，肯尼亚在环境保护和经济发展方面取得了一些成就，预计未来几年，肯尼亚将成为世界小额信贷的焦点地区，将有大量小额信贷资金进入肯尼亚，届时肯尼亚可能涌现出更多的商业银行和小额信贷机构共同竞争普惠金融市场。

其次，肯尼亚手机银行业务正在改变肯尼亚金融业。肯尼亚以非传统方式获得金融服务的能力位于世界先进水平。2013 年，全球手机金融平均人口覆盖率仅为 2%，非洲为 6010。[①] 但早在 2011 年，肯尼亚 15 岁以上成年人中就有 66.7% 通过手机收款，有 60.5% 通过手机发款给他人。[②] 截至 2013 年年底，肯尼亚手机银行共有用户 3120 万人，2013 年肯尼亚交通和通信业也成为全国 GDP 增长速度最快的行业，全年通过手机支付的总金额达到 106 亿美元。目前，肯尼亚手机金融服务平台包括 M-Pesa、M- Shwari、Airtel Money 等，其中 M-Pesa 平台的市场份额最大，用户为 1820 万人，占肯尼亚手机金融用户总数的六成。此外，肯尼亚手机银行运营情况和资产质量优于商业银行。非洲商业银行的报告显示，肯尼亚手机银行贷款坏账率远远低于商业银行发放的贷款。以手机银行平台 M-Shwari 为例，截至 2013 年底，非洲商业银行通过 M-Shwari 发放的贷款约 9176 万美元，坏账率仅为 1.7%；而 2013 年肯尼亚全国商业贷款约 333 亿美元，坏账率高达 30.9010。[③]

最后，肯尼亚政府注重普惠金融顶层设计和法律制度建设。与非洲其他大部分国家和地区相比，肯尼亚拥有较成熟和正规的金融体系，并且重视制定法律法规，保障贫困人群的利益，力求实现金融公平。肯尼亚政府于 2009 年颁布了《2030 年远景规划》，正式提出要发展普惠金融，为贫困人口、低收入家庭和中小微企业提供价格合理的金融服务和产品。肯尼亚中央银行也推出多项法案服务低收入人群：2008 年开始实施《小微金融法案》，增加了大量金融机构，为不能享受银行服务的人群提供金融产品和服务；2009 年修订《银行法》、2010 年修订《小微金融法案》，允许金融机构设置代理机构，为偏远地区顾客提供基础的金融服务；2009 年开始实施《银行业监管准则》，增加贷款特别是无抵押贷款的可获得性，增强信贷市场、银行间良性竞争，促进信用信息共享。

3. 肯尼亚移动金融典型案例 –M–Pesa 手机银行

2007 年 3 月，肯尼亚最大移动运营商 Safaricom 首先推出手机支付平台，称为"M-Pesa"，开肯尼亚手机银行服务的先河。由于手机在肯尼亚的普及率高于银行账户，该产品得到迅速推广。M-Pesa 在肯尼亚推出三个月后就拥有了 17.5 万用户和 577 家服务代理商，目前已成为肯尼亚境内市场份额最大的移动金融服务平台。

---

① 数据来源：中国驻巴西大使馆经济商务参赞处网站。
② 数据来源：世界银行《2015 全球经济展望》。
③ 数据来源：中国驻肯尼亚大使馆经济商务参赞处网站。

表 1-2 肯尼亚 M- Pesa 手机业务用户数量

	2009 年	2010 年	2011 年	2012 年	2013 年	2014 年
M-Pesa 用户数（万人）	618	948	1401	1409	1710	1820
占总人口比例（%）	15. 52	23.17	33.34	32. 63	38.55	41.03

M-Pesa 平台有存取款和转账功能。客户首先需在 M- Pesa 代理商网点录入个人基本信息，免费注册 M-Pesa 电子虚拟账户，并在代理商网点将现金转换为电子货币。客户可以用发送短信和代码的方式交换电子货币或转账给其他账户，收款人则可凭借短信和代码，去附近的代理商网点将电子货币兑换为现金。M-Pesa 平台满足了没有银行账户的汇款人、收款人的转账需求，操作简单，使用方便，在推出后就得到了迅速发展。

代理商是 M-Pesa 的重要组成部分，是 M- Pesa 拓展客户群、进行存取款等基础金融服务、业务宣传的重要载体。M-Pesa 的代理商一般包括三类：一是有多个实体经营网点的授权经销商；二是分布在肯尼亚各个地区的小型店铺、零售商、加油站等；三是部分银行或小微金融机构。代理商与 Safaricom 公司签约后可成为 M- Pesa 代理机构，负责为客户注册账户、存取现金或提供其他增值服务。为了保证全国众多代理商网点服务统一、及时兑付、风险可控，Safaricom 公司采取以主代理机构为基础的分层级管理架构体系，对全国 3 万多代理网点实施组织管理，架构模式大致可以分为三种：第一种是分组管理模式。将代理网点分为数组，组内机构分布在三个不同区域，每组有一个主机构管理组内其他机构。主机构与 M-Pesa 进行直接交易，其他机构与组内主机构进行电子货币和现金交易，保证货币流动性。第二种是分组合作模式。与第一种模式类似，在组内也有一个主机构，对组内业务进行清算和汇总，保证组内现金和电子货币平衡，但组内其他机构与主机构非隶属关系，而是合作关系。第三种是与银行网点合作形成的超级代理模式，也是目前 M-Pesa 平台运营的主要模式。将一个银行网点作为超级代理商，在普通代理商和 Safaricom 运营商之间进行现金和电子货币的交易结算，是货币交易的中转站，不能直接服务于 M-Pesa 终端的用户。

M-Pesa 的业务范围正在不断扩大。M-Pesa 在推出时只有存取款、汇款、手机充值等基本金融服务功能。2010 年，M-Pesa 增加了超市付款的功能，用户可以用 M…: …Pesa 账户中的虚拟货币在超市付款结算。2011 年，M-Pesa 与西联汇款（Western Union）合作，用户可以用 M-Pesa 账户接受来自美国、加拿大、英国等 45 个国家和地区的国际汇款，还可以从 M-Pesa 账户向国际预付费 Visa 卡转账。2012 年，M-Pesa 与肯尼亚公平银行和肯尼亚钻石信托银行合作，用户可以凭借 M-Pesa 账户，在两个银行的 ATM 上取款。目前，M- Pesa 的业务范围还在围绕居民日常生活的基础上逐步扩大。

M-Pesa 手机银行业务的普及为肯尼亚带来了许多积极影响。首先，为用户提供了便捷的支付方式，提高了社会的支付效率。用户在支付时只需使用手机，避免了携带现金的不便。其次，M-Pesa 账户有类似银行账户的储蓄功能，为附近无银行网点覆盖的低收入群体提供了相对安全的储蓄资金的方式。再次，M-Pesa 还有价格便宜的远程转账业务，汇款方式便捷使得偏远地区的劳动力愿意离开家乡寻找就业机会，促进了社会人力资源的分配。最后，M-Pesa 手机银行在发展中国家的成功经验，也为各国移动金融服务普惠金融提供了可行的方案。

（五）秘鲁普惠金融发展

1. 秘鲁普惠金融总体情况

秘鲁共和国位于南美洲西部，国土面积 128 万平方公里，人口 3076.9 万人。秘鲁是传统的农矿业国，矿产资源丰富，是世界 12 大矿产国之一，其中铜储量居世界第三位。农业尤其是渔业发达，农业人口占总人口的三分之一。秘鲁 GDP 连续 15 年持续增长，2013 年贫困人口占全部人口的 23.9%，是世界银行评定的中高等收入国家。

秘鲁被认为是过去十年间拉丁美洲经济增长速度最快的国家之一，也是降低贫困人口比例最有成绩的国家之一。秘鲁贫困人口比例在 2005 年时超过 55%，2013 年降低至 23.9%；GDP 增长率除 2009 年受经济危机影响大幅下降外，十年来保持着平均 6010 的高速增长。秘鲁虽然在发展经济和消除贫困方面取得了很大成绩，但目前仍面临着严重的贫富差距和城乡差距问题，2013 年仍有 4.7% 的居民处于极度贫困状态。在平等享受社会服务机会方面，秘鲁在拉丁美洲的 17 个国家中仅排名第 13 位。[①] 秘鲁经济迅速发展并没有缓解严重的区域差异、贫富差距等不公平现象，仍然需要在基础设施建设、教育和卫生方面加大公共投资，实施有效的公共管理措施，保障全国居民享受同样的机遇和经济增长带来的福利。

发展普惠金融是增加贫困人群收入、实现金融公平的重要途径。近年来，秘鲁政府不断改革金融体系，金融市场环境不断优化，国内金融机构运营稳定，目前已经形成以秘鲁中央银行宏观引导、私人金融机构及外资金融机构自主经营、进行市场公平竞争的金融业格局。世界经济论坛发布的《2014 年全球国家竞争力研究报告》显示，秘鲁金融发展指标排名全球第 40 位，比 2013 年上升 5 位，贷款可获得性和金融系统稳定性等指标均有提升。其中，可以判断普惠金融情况的贷款可获得性指标位于拉丁美洲第 4 位。

最近几年，秘鲁大力发展普惠金融，尤其重视普及金融知识和平等保护金融消费者权益。秘鲁银行保险和养老金监管局（SBS）是秘鲁国家金融监管机构，它倡导增加金融信息公开透明程度，促使偏远、贫困或农村地区较少使用传统金融服务的人群更加信任金融机构，鼓励金融机构开展金融知识普及服务，使低收入人群更加理智地使用金融产品和服务。秘鲁政府不仅鼓励各类金融机构为贫困人群尤其是妇女提供小额贷款等金融支持，还重视盘活农村、偏远地区资本存量，鼓励居民借助自有资本和小微贷款自主创业，仅 2013 年，

---

① 数据来源：中国驻秘鲁大使馆经济商务参赞处网站。

秘鲁新注册的小微企业就有 171.3 万家，其中 33.8% 的企业由妇女领导，58.2% 注册企业的女性从非银行金融机构获取了贷款。此外，秘鲁还大力开拓移动金融领域。2014 年，秘鲁银行协会（ASBANC）与爱立信合作开发秘鲁最大的普惠金融私人计划——移动支付项目，将于 2015 年起在秘鲁金融市场推广。预计 2019 年将有 210 万秘鲁居民拥有自己的手机钱包，这将大大改善偏远地区居民没有银行账户、不能享受或有效利用金融服务的情况。

2. 秘鲁注重保护金融消费者

（1）设立多个机构保护金融消费者权益

秘鲁有较为完善的金融监管框架和消费者保护体系。在机构设置方面，具体设有四个机构。

一是设有银行保险和养老金监管局（Superintendercia de Banca, Se-guros YAFP, SBS）。秘鲁国家金融监管当局是 SBS，负责监管银行业、保险业、微型金融机构、养老金机构等金融部门，执行银行业、保险业、养老基金的各项法律法规。SBS 下设金融消费者保护部和养老金监管部，金融消费者保护部负责保护银行业金融消费者、监管金融市场、披露金融机构信息、普及金融知识和制定普惠金融措施等事项，养老金监管部负责保护养老金和保险业的金融消费者。

二是设有国家保护竞争与知识产权机构（Instituto Nacional de De-fensa de la Cometencia y de la Proteccion de la Propiedad Intelectual，INDE-COPI）。INDECOPI 专门负责执行 1992 年颁布的《国家保护竞争与知识产权机构法》和 2010 年颁布的《消费者保护法》，处理消费者投诉，对所有经济部门有无拘束的行政处罚权力。

SBS 和 INDECOPI 的机构监管职责有重叠之处，但具体职责被严格区分，二者间建立了良好的沟通合作和信息共享机制。SBS 的消费者保护机制有事前预警性，只监督金融机构的信息透明程度、服务公平程度等，不具体处理消费者和金融机构的争议。INDECOPI 则有事后纠错性，负责具体处理金融机构竞争问题和知识产权争议，保护消费者权益。

三是设有全国储贷信用社联合会（Peruvian National Federation ofSaving and Credit Cooperative）和证券业监管局（Superintendency of Secu-rities Market）。前者负责监管所有信用社，后者负责监管证券业机构。秘鲁金融监管和消费者保护机构银行保险和养老金监管局国家保护竞争与知识产权机全国储贷信用社联合会证券业监管局资料来源：作者根据相关资料整理。

（2）加强金融消费者教育

首先，重视在校园内普及金融知识。2006-2013 年，秘鲁 SBS 与秘鲁教育部合作，对约 5000 名学校教师进行金融知识培训，要求教师教授给学生，并于 2012 年开展针对校园金融教育效果的调查。

其次，通过网站普及金融知识。秘鲁 SBS 下设的金融消费者保护部创建了综合性的金融教育网站，为金融消费者提供金融知识普及材料，材料设有文字材料、录像、连环画等不同形式，以迎合各个年龄段和不同受教育程度的消费者的需要。2012年，网站增添了一般金融产品价格比较工具RETASAS和保险产品价格比较工具REPRIMAS。2013年，SBS又专门设置了电子学习平台。此外，INDECOPI也通过网站向消费者普及银行卡的正确使用方法、法律禁止的收债方法等，并提供金融咨询服务。

最后，通过抽样调查了解国民金融知识普及情况。2011年，SBS在一些地区开展了消费者金融知识素养调查，并于2013年扩大了样本地区。2014年，SBS开展了全国性问卷调查，全面了解金融可获得性和使用情况，掌握国内不同地区的普惠金融水平，对金融服务中的障碍和困难，有针对性地提出解决措施，改善秘鲁金融教育情况。

（3）要求金融机构遵循两个原则

秘鲁要求金融机构增加透明度和信息披露程度。秘鲁不设置金融机构利率和其他费用上限，但法律要求详尽披露利率和收费项目。例如，秘鲁《银行法（26702号）》要求金融机构必须向消费者披露年化利率、年化实际利率和年化实际收益率，鼓励民众监督金融费用，加速金融价格公平。随着信息披露逐步充分，秘鲁消费信贷利率正在下降。秘鲁SBS也要求金融机构对其产品和服务的主要特点进行清晰和公正的披露。金融机构必须在网站公布所有收费项目目录清单，并每季度向SBS报送价格等基本信息，再由SBS定期在网站或报纸上公开，方便消费者进行价格比较。SBS还特别要求存款保险基金（Fondo de Segurosde Deposit，FSD）的成员机构在门户网站列明成员标识，以便金融消费者了解其存款是否被存款保险覆盖。

禁止合同条款滥用。合同条款滥用是指金融机构违反相关法律法规的规定，将未与客户协商的条款强加于客户，并对客户造成实质性伤害的行为。例如，未经客户同意，单方面中止或终止合同、增收费用等。SBS要求金融机构只可使用经过SBS批准的格式合同，合同中需列明与贷款有关的重要信息，包括贷款数额、实际利率、总还款金额和相关权益等。SBS还设立了专门的机构审查和处理合同条款滥用问题，一经发现，即确认合同无效，并责令金融机构整改。

3. 秘鲁小微金融监管体制较为完善

近年来，秘鲁小微金融业务蓬勃发展。秘鲁小微金融业务的信贷总量不断扩大，资产质量逐步稳定，贷款利率在市场化操作下开始下降，服务面覆盖了国家大部分城市和农村地区，惠及了偏远地区不能获得传统金融服务的人群，成为秘鲁普惠金融的重要组成部分。

（1）秘鲁小微金融业务特征

兼顾福利性与商业性。20世纪90年代，秘鲁允许小额信贷机构和正规金融机构经营小微金融业务，服务于不同的客户群体。其中，小额信贷机构可以跨地区经营，客户目标群体最广泛。秘鲁的小微金融机构兼顾增进社会福利的公益性与增加盈利的商业性，既具有孟加拉乡村银行坚持服务贫困人群的特征，也有墨西哥康帕图银行注重贷款投资回报率的特征。

小微金融机构通过两种方式开展普惠金融业务。一方面，秘鲁的商业银行开展小额贷款业务有多种可行模式，其中比较普遍的是商业银行等正规金融机构设立独立于机构母体的子公司，专门经营小额贷款业务。例如，秘鲁最大的民间银行——秘鲁信贷银行（Banco de Credito）设立了信用解决方案子公司（Solucion Finaniera de Credito），专门发放小额贷款。另一方面，秘鲁一些发放小额贷款的非营利组织转型升级为正规商业银行，从事小微金融业务。例如，秘鲁的秘必罗银行（MiBan-co）前身是一个非营利组织，现已成为专门提供小微金融服务的商业银行。

政府放宽资金来源，保障小微金融机构可持续发展。小微金融机构的放贷资金来源一般为公众存款、外部援助和第三方贷款。但秘鲁法律规定，小额信贷公司不能吸纳公众存款，其资金来源只有商业银行和国家开发银行的贷款，资金来源渠道受限。于是，秘鲁政府将小额贷款公司外部融资上限放宽至自有资本的10倍，保障了小型金融机构的可持续发展，还允许小额信贷公司申请成为可吸纳存款的正规金融机构，鼓励小额贷款公司提升金融服务的核心竞争力。

（2）秘鲁小微金融审慎监管

SBS是秘鲁小微金融领域的监管机构，负责监督小微金融机构间市场竞争及小微金融产品和服务，并督促各机构及时披露产品信息。SBS对秘鲁小微金融领域实施审慎监管，监管内容主要有四个方面。一是最低资本和资本充足率。小微金融机构的最低资本要求为27万美元，远低于商业银行的520万美元、其他金融机构的260万美元的最低资本要求。小微金融机构的资本充足率要求为9010，与商业银行一致。二是不良贷款。秘鲁将不良贷款按照逾期天数划分为五个等级，分别是小于8天、9至30天、31至60天、61至120天和120天以上。要求小微金融机构在客户不能按期偿还全部或部分贷款的当天，就将该笔贷款的全部余额而非拖欠额度认定为不良贷款，不再计算利息收入，并计提拨备金。三是贷款损失准备金。按照不良贷款的五级分类，贷款损失准备金比例分别为10.10、5%、25.010、60.010和100%。在不良贷款被确认为最高级别并计提100%损失准备金后，贷款全额冲销。小微金融机构需每个月进行贷款冲销核准，冲销后及时将客户情况反馈至征信机构系统。四是关联贷款。小微金融机构不得向董事、主要股东、管理层成员及其亲属提供贷款。对雇员和小股东，小微金融机构单一客户关联贷款额不得超过机构净资产的0.35.010，关联贷款总额不得超过机构净资产的37.010，关联方获得贷款的难易程度不得与其他客户有区别。

秘鲁还建立了较为完善的征信体系，帮助小微金融机构防范贷款风险。秘鲁共有4家征信机构，包括SBS下设的1家国有征信机构和3家私有征信机构。国有征信机构的信用信息系统可以连接秘鲁身份证系统和税务管理系统，其信用信息主要来源于小微金融机构的债务信息。该系统将债务人分为一般债务人和特定债务人（非零售信用组合占总信用组合25%以上的债务人）两类。针对一般债务人，记录其信用额度、债务余额、贷款转让情况和担保情况；针对特殊债务人，更加细致地记录其信用设立、退出、风险模式、担保和转让情况。

（六）国际普惠金融发展的比较分析与历史借鉴

普惠金融发展在促进金融改革、维护金融体系平稳发展、减少贫困现象等方面均有积极作用。亚洲的孟加拉国、印度，美洲的墨西哥、巴西、秘鲁，非洲的肯尼亚、南非等国家和地区的普惠金融实践经验都对我国推进普惠金融发展有重要的借鉴意义。我国需要客观评估国内金融服务的可获得性和普惠金融的发展现状，与国际经验开展比较研究，寻找差距和不足，进而有针对性地提出改进方法和政策措施。

1. 各国普惠金融发展的成功经验和比较分析

（1）孟加拉国以发放小额信贷为途径的普惠金融实践经验

孟加拉国是无抵押小额贷款的发源地，其普惠金融实践的成功之处是提出了小额信贷机构要秉承福利性和财务可持续发展的理念，并实施了贷款小组制的风险控制措施。

无抵押小额贷款模式的创始人尤努斯提出了新的普惠金融理念，即小额信贷项目应是福利主义的，以消除贫困和促进社会进步为最终目的，兼顾信贷机构自身可持续发展。他认为穷人和富人信用平等，反对"富人比穷人更讲信用"的传统借贷观点。基于这一理念，尤努斯设立了孟加拉乡村银行（Grameen Bank，又称格莱珉银行），向孟加拉最贫困的人群提供无抵押的小额贷款。孟加拉乡村银行经过 30 余年的发展，取得了巨大的社会效益和经济效益，其小额贷款模式已成为国际社会公认最成功的信贷扶贫模式之一。孟加拉乡村银行证明了小额贷款的制度设计可以提高贫困人群的还款率，实行略低于高利贷的较高贷款利率，以覆盖运营成本，不依靠外部援助，维持机构自身可持续发展。孟加拉乡村银行使金融机构对穷人和小微企业惜贷的现象得到缓解，改变了社会底层群体的命运，提高了贫困人群尤其是贫困妇女的社会地位。该银行还通过设立教育基金、对贷款人进行技能培训等方式为贷款人提供持续的多方面的支持，避免了贷款脱贫后再返贫的恶性循环。

孟加拉国无抵押小额信贷模式的成功还在于独特、有效的风险控制方法。孟加拉乡村银行将稳健作为发展原则，在设立最初阶段，当每家分行客户超过 100 人并且运营情况均良好时，才可以设立下一家分行，以将银行整体风险置于可控范围内，避免因追求商业利润而出现的盲目扩张情况。孟加拉乡村银行在发放无抵押小额贷款时，针对孟加拉国贫穷地区的现实情况，建立了有共同利益的贷款小组制度，使贷款人在熟人环境中相互制约和监督。将有相似经济和社会背景的贷款人分为 5 人一组，每组选出 1 个组长，采用"2-2-1"的贷款方式，即最初只有 2 名组员可以贷款，在 2 名组员开始还款以及全部组员均按规定每周存款满一个月后，小组另外 2 名组员可以贷款，组长需最晚贷款。只要有 1 名组员不能按时还款，整组成员均取消贷款资格。连带责任制度促使组员互相帮助和监督，将小额信贷机构的贷款项目追踪成本转嫁于各贷款小组，降低金融机构运营成本，大大降低了由于信息不对称和抵押担保不足带来的贷款项目风险，孟加拉乡村银行也因此保持了 95% 以上的还款率。

（2）墨西哥以政府为主导的普惠金融实践经验

墨西哥普惠金融的迅速发展源于墨西哥政府的重视和积极推动，具体措施可以归纳为以下三个方面。

一是墨西哥政府将普惠金融纳入政府和中央银行的职能范围。墨西哥政府确立了2020年全面实现普惠金融的目标，制定了一系列普惠金融量化监测指标，建立公共数据库，定期发布普惠金融报告。二是墨西哥政府为普惠金融发展提供了全面的政策扶持，在国家层面制定政策，监督各利益相关者将目标具体化并及时实施，强调部门间协作。墨西哥政府根据本国国情有针对性地制定政策措施，并对政策效果进行持续监测、评估，调整监管政策，鼓励金融市场开放竞争。加强了顶层设计，由国家财政和公共信贷部发起，中央银行和证券业委员会配合，共同制定了多个"国家发展计划"，推动银行体系改革，要求商业银行率先提供小微金融服务，提高贫困地区金融服务的可得性。尤其注重金融基础设施建设，鼓励偏远地区的零售商成为代理银行，弥补银行分支机构不足的缺陷，并建立了安全、高效的银行间电子支付系统。三是墨西哥政府允许普惠金融机构以商业化形式运作。墨西哥允许和鼓励小额信贷机构以上市的方式筹资，通过商业运作模式实现可持续发展。因此，墨西哥小额信贷机构迅速扩张，在金融市场自由竞争，但也造成了小额贷款利率高企，部分小额信贷机构如康帕图银行贷款利率甚至高于高利贷，严重偏离了帮助弱势群体的社会目标。

（3）巴西以代理银行为核心模式的普惠金融实践经验

21世纪以来，巴西代理银行制度成为巴西普惠金融发展的重要推动力，在以低成本拓展金融覆盖率、提高偏远地区资金可获得性方面取得显著成效。

巴西充分利用各类零售商业网点作为代理银行，弥补农村和边远贫穷地区金融服务空白。巴西是处于发展中的新兴市场经济体，存在边远或农村地区金融覆盖率低、贫困人口金融服务不足的问题。近年来，随着巴西经济持续快速发展，社会对金融服务的需求大幅增长，原有银行分支机构网络不能满足边远地区客户基本金融服务的需要。但开办银行分支机构的成本过高，商业银行无法负担拓展全国分支机构网络的费用。代理银行模式有效弥补了边远或农村地区的金融服务空白，将银行基础金融服务与遍布全国的各零售商业网点结合，节约了营业场所和人工成本支出，将大量小额账户的存贷款、交易业务分担给各地零售商，在降低金融服务成本、解决银行柜台业务量过于集中问题的同时，增强了低收入群体的金融服务可得性。

推行代理银行模式需要政府的政策支持、适宜的法律环境和完善的监管措施，这对巴西原有的金融监管体系提出了挑战。巴西金融监管部门在代理银行模式出现的初期，为控制支付结算风险和代理银行运营风险，禁止非银行金融机构经营部分银行业务。随着金融机构和代理银行间合同不断完善，业务运作不断熟练，巴西金融监管部门放开了对非银行金融机构、代理银行不能从事部分金融业务的管制，对不同类别的代理金融服务实行差别化监管，推动代理银行模式在宽松的监管环境下健康有序地发展。

（4）肯尼亚以手机银行为重要媒介的普惠金融实践经验

肯尼亚利用国内手机普及率远高于银行账户普及率的优势，借助手机银行这一现代创新技术，为边远、农村地区人群提供效率高、成本低、操作简单的移动金融服务。

肯尼亚移动金融的成功之处在于肯尼亚的企业抓住了国内移动支付的需求，适时创设了手机银行业务。进入 21 世纪后，肯尼亚政府大力推动城市化进程，农村地区的劳动力进入城市寻找就业机会，这些外出务工人员需要向家乡汇款，因此肯尼亚在金融服务不发达地区存在巨大的移动支付需求。同时，肯尼亚移动电话用户迅速增长，移动金融业务已经有了广泛的受众基础，移动金融市场空间广阔。肯尼亚最大的移动运营商 Safaricom 率先推出手机银行平台 -M-Pesa，将移动技术和家庭汇款需求紧密结合起来，充分整合利用现有资源，开发了原有移动业务的零售商如手机充值网点作为手机银行的代理网点，使手机银行账户里的货币可以在代理点提现，优化了用户体验，也为移动支付业务在全国的快速扩张提供了有效、经济上可行的发展思路。

肯尼亚政府制定了宽松、自主性强的监管政策，推动移动支付业发展。移动金融的支付风险问题是制约其推广的重要因素，肯尼亚的移动运营商 Safaricom 虽然有肯尼亚最高的手机市场占有率和运营良好的电子货币渠道，但在金融风险防范和管理方面的经验不足。手机银行的风险监管仍需要运营商、银行和金融监管部门相互协调，共同完善市场准入标准、技术标准和业务规则。Safaricom 推出的移动金融平台采用 SIM 卡做安全认证和加密，辅以手机银行金融服务记录和追踪，目前还未出现大规模信息泄露等高风险事件，这从侧面证明了全面、科学的监管方式可以控制移动金融风险。肯尼亚政府也为移动金融业务发展提供了较为宽松的外部环境，允许手机银行业务不受肯尼亚商业银行业务代理监管规定的约束，移动运营商可以自行选择代理商，为业务发展提供有效支撑。

（5）秘鲁以保护金融消费者为主要目标的普惠金融实践经验

秘鲁重视建立全面、统一的小微金融监管制度，规范小微金融发展，保护普惠金融中的众多消费者。

秘鲁从国家层面制定了法律法规和监管标准。秘鲁金融监管部门建立了统一的小微金融监管标准，避免监管套利，促进公平竞争。监管形式由机构监管逐步转变为行为监管，根据小微信贷业务特征，构建了相适应的法律法规框架。并且，放开小微金融机构利率管制，通过市场竞争使利率稳定在合理范围内，发挥市场在资源配置中的决定性作用。同时，培育民间评级中介机构，完善小微金融机构的设立和监测程序，建立了系统性的小微金融机构评级标准，便于监管部门直接通过评级结果实施差异化监管，提升监管效率，降低监管成本。

秘鲁还通过建立多个监管机构、制定部门规章制度及监管指引，逐步细化金融消费者权益保护的框架。除国家金融监管部门外，秘鲁设立了保护竞争与知识产权机构等多个部门，互相合作和监督，共同保障消费者利益。建立多个规章制度，要求金融机构定期披露产品和服务信息，提高金融产品透明度，使消费者更加理智地选择金融产品和服务，减少信息不对称引起的消费者权益受损。加大合同的审查和监管力度，严格禁止小微金融机构滥用合同条款，损害客户利益。并且，加大国民金融知识教育力度，通过校园、金融监管部门网站等多种渠道为国民普及金融知识，定期利用调查问卷检查金融教育情况并做出改进。

2. 国际经验对我国的借鉴意义

（1）真正做到以穷人为主体，为弱势群体服务

我国可以学习孟加拉乡村银行的经验，将小额贷款真正用于支持弱势群体，扶贫济困，建立福利性兼顾可持续发展的小额贷款机构。小额贷款要发放给真正贫困的人群，不以是否能够提供抵押物为贷款发放标准，可以由小额信贷机构指导贷款者投资和理财，要求其定期、少量储蓄，树立金融观念。小额信贷机构可以逐步开展吸收存款、发放保险、进行金融教育和技术咨询等综合业务，在提高贷款者还款意识和能力的同时，扩大小额信贷机构的资金来源。贫困妇女是弱势群体中最难得到信贷支持的群体，我国要重视贫困妇女的贷款可得性，利用小额信贷解决其在金融服务中被边缘化的问题，使其成为小额信贷的重点支持对象。

（2）建立市场化经营的小额信贷机构

国际经验表明，小额信贷机构的运作和管理应遵循市场化原则，不由政府或国有商业银行通过行政手段控制，不应模糊小额信贷项目与政府扶贫措施的界限。孟加拉国、墨西哥等国的经验表明，目前小额信贷的最优模式是由非政府组织发起小额信贷项目或成立小额信贷机构，通过市场化运营和政府支持，共同组成商业化可持续发展的普惠金融运行体系。国际经验表明，小额信贷机构具备盈利的能力，资金来源可以不完全依靠外部援助。市场决定的小额信贷机构贷款利率一般高于商业银行利率，可以保证一定的盈利性，也有助于机构实现财务的可持续发展。我国可以继续推进利率市场化改革，逐步取消贷款利率定价机制，允许小额信贷机构在法律监管下自主确定利率，充分激发小额信贷机构的市场竞争意识和贷款人的生产积极性，提高还款率。

（3）政府充分发挥职能作用，为普惠金融发展提供更多支持

我国政府可以借鉴墨西哥、秘鲁的实践经验，在普惠金融发展过程中充分发挥引导和支持作用。我国应该引导和鼓励小额贷款机构积极参与市场竞争，在竞争中创新业务模式，细分客户市场。并积极制定和调整坏账准备金率、资本充足率等防控小额贷款风险的监管标准，维护国家金融运行安全。政府可以从法律法规、税收优惠和资金支持等多方面着手，为小额信贷机构稳定和可持续发展创造外部条件，中央银行也要积极为小额信贷机构设计可行的发展计划。例如，通过免税和贴息贷款为小额信贷机构提供资金支持，逐步放开对小额信贷机构从事吸收存款等金融活动的限制等。但是，政府要明确区分扶贫与小额信贷的功能，避免过多干预，不过度保护小额信贷机构，充分发挥金融市场的资源配置作用，实现政府扶贫与小额信贷机构分工协作，共同推进普惠金融服务低收入人群。小额贷款机

构也要与政府保持良好的沟通和密切的合作，主动争取政府的各方面支持，并通过市场竞争，加速产品和服务创新，培育机构核心竞争力。

（4）以需求为中心，进行普惠金融产品设计

国际社会上成功的普惠金融发展模式（如大力发展小额信贷项目、代理银行模式、移动金融模式等）普遍避开了竞争激烈的传统金融市场，在分析本国低收入人群的需求特点和偏好的基础上，进行金融创新，设计出新型普惠金融产品和服务。世界各国在推行普惠金融时没有固定的模式，我国可以借鉴巴西代理银行模式、肯尼亚移动金融服务等新金融服务形式的发展经验，深入调查和把握低收入人群独特的金融需求特点和偏好，在适应我国普惠金融发展现状的基础上，允许民间金融机构、非政府组织开发低收入人群需要的新产品与服务。

三、普惠金融的发展趋势

一是商业化倾向。国际范围内的小额信贷机构正由帮助贫穷弱势群体的性质向商业性转化。尽管目前小额信贷的发展存在福利主义和制度主义两种模式，但是两者的目标差异并不明显，制度主义小额信贷也关注穷人的经济和社会地位，福利主义也通过员工激励等途径实现可持续发展。从近几年的情况看，正由福利主义向制度主义演变，而福利主义之所以失败的原因在于，扶贫救助行为不是普惠金融的功能和最终选择。

二是从小额信贷向微型金融再向普惠金融发展。也就是说，由单一的信贷服务向为大众提供更为丰富的金融服务发展。

三是正规金融机构向小额信贷领域延伸。这是技术支持的完善市场条件下的自然选择，也是金融深化的标志。也就是说，在金融市场的广度和深度达到一定条件的情况下，普惠金融必将成为必然选择。

四是互联网技术的支撑、互联网金融产品的迅速发展，催生着普惠金融由线下转为线上，由分散转为集中，更加促进普惠金融的开放、高效、平等、共享特征的实现。

第五节　普惠金融在发展中存在的问题

一、整体普惠程度较低

新技术、新需求等因素促使近年来我国基于互联网的金融机构与业务飞速发展，针对弱势群体的金融支持政策也相继推出，普惠金融取得了巨大发展。但从整体上看，我国普惠金融体系在金融服务的覆盖率及渗透率等方面仍然有很大的发展空间，金融体系的普惠程度仍然不够。例如，农村金融基础薄弱的现状并没有得到根本性改善，小型社区类金融

机构等网点比较少，小微企业与农户融资难、融资贵的问题仍然存在，金融消费者合法权益保护与金融宣传教育还需加强等。

二、农村金融仍是金融服务的薄弱环节

一是农村金融业务效益低、风险高，金融机构服务农村的内生动力不足。农业比较效益较低导致农村金融资本回报率也比较低，另外在农村地区提供金融服务的成本比较高，一些地区在不同限度上存在资金外流的现象。农村金融相关的配套政策措施不完善，投资环境、信用环境、司法环境以及公共基础设施等建设还没有完全到位，担保公司、资产评估公司、信用评级公司等中介服务型机构比较缺乏，在一定限度上制约了农村金融的改革与创新。二是农村抵押担保品比较少，农村地区"贷款难"和难贷款"的问题并存。在当前土地管理制度下，金融机构只可以将法律法规不禁止产权归属清晰的资产作为抵押物。农村产权改革、农村资源信息登记、资产评估以及市场流转等相关配套条件仍不完善，制约了农村金融的发展规模与发展速度。三是农村基础金融服务广度与深度不够，无法完全满足农村居民的需求。农村金融机构的网点布局不够合理，支付结算品种与渠道比较单一，农村居民很难享受与城市居民同等便利的存取款与支付结算等基础金融服务。

三、小微企业融资仍面临诸多困境和约束

一是小微企业融资面临信息不透明、交易不经济与风险不确定因素的制约。我国现阶段仍处于转轨期，经济结构不断改变，小微企业自身也承担着结构转型压力。银行对大企业、大项目的偏好，使信贷市场对小微企业资金供给的挤出效应更加突出。特别是在宏观环境变化与政策偏紧时期，小微企业信贷供求矛盾也变得更加突出，获得资金的难度进一步增加，此时会更加依赖高风险的非正规金融，而利率也会进一步提高。二是面向小微企业的金融机构仍然比较缺乏，资本市场、风险投资等直接融资渠道不够通畅。银行对小微企业提供金融服务的动力仍然不足，直接为小微企业服务的场外市场建设缓慢，直接债务融资渠道仍比较狭窄。三是政策配套措施还需完善。相关法律法规体系、财税扶持政策、风险分担机制与信用体系建设等配套政策方面仍存在不足，缺乏与《中小企业促进法》相对应的高层次协调机制，财税扶持政策与风险分担机制需要进一步落实；中小企业信用信息分散，很难进行全面归集；抵押担保手续较烦琐、费用较高。

四、普惠金融产品与服务的供给不足

方面，金融机构数量仍无法满足普惠金融需求。在为普惠金融服务的机构体系中，近年来农业银行在县域与广大农村的机构网点数量正在相对减少，农业银行业务范围单一的问题仍没有得到改善，作为服务"三农"主力军的部分农村信用社也纷纷"弃农从商"。

尽管近年来小额贷款公司、村镇银行和农村资金互助合作社等机构发展较快，机构数量增加，但总体金融供给量和快速增长的金融需求间的矛盾仍比较突出。另一方面，金融机构提供金融产品与服务的能力严重不足。涉农金融机构资金外流比较严重，很难为当地提供成本低廉的信贷支持；从业人员业务素养与创新能力不高，无法提供满足普惠金融需求的金融产品与服务。

五、普惠金融监管面临更大挑战

随着金融的创新与飞速发展，普惠金融新模式层出不穷，其和传统金融服务不同的风险特征，对金融监管提出了新的挑战。现阶段，我国还没有与普惠金融相关的全面规划设计及实施方案，政策导向不够清晰，政策框架没有形成体系，相关政策落实不到位，国家层面针对普惠金融业务的专项监管法规仍然缺位。由于缺乏制度保障，互联网金融有可能导致市场风险失控或投资者保护缺失。因此，在全球互联网金融模式还未定型之时，如何加强监管亟待研究与探索。

第二章 普惠金融的模式研究

第一节 传统金融机构的普惠金融业务模式

一、商业银行的普惠金融业务

（一）商业银行普惠金融服务的现状分析

普惠金融服务的相关概念在我国引入的时间比较短，相应工作开展的时间较少，就目前我国商业银行进行普惠金融服务的现状来看，普惠金融服务的模式以及覆盖的区域还比较有限。就当前我国商业银行普惠金融服务的现状来看，对于普惠服务的对象、服务体系的建设还存在着一些实际的问题。近些年来，我国对于商业银行普惠金融服务的相关政策已经陆续出台，并且对于商业银行的普惠金融服务也越来越重视。并且，在政府的工作报告中就明确指出，在未来的商业银行发展中，我们要推动大型商业银行的普惠金融信贷服务为发展的重要目标，在实际的普惠金融服务中，我们需要不断的优化金融服务的政策扶持力度，加强普惠金融服务标准的科学性，更好地为当前小微型企业以及弱势群体提供他们所切实需要的金融服务。在当前我国政府报告的指导作用下，相关的商业银行也逐渐开始积极地响应当前的政策，积极开展商业银行的普惠金融服务，展开了多项普惠金融服务的尝试。例如，目前我国很多大型的商业银行都推出了针对社会上弱势群体而产生的国家担保基金政策，在此基础之上，很多大型的商业银行还根据社会上不同弱势群体的实际需求，而提供了更加具有针对性的贷款服务，加强了对于小微企业的帮扶力度，适当地降低了银行商业服务的收费标准，各项银行普惠金融服务的措施和改进正在初步的落实和发展。与此同时，我国商业银行的普惠金融服务在经历了各种各样的政策指导与扶持之后，近些年来商业银行的普惠金融服务正在逐渐的进行服务体系的构建。根据实际的商业银行发展现状与布局来看，目前我国的大型商业银行基本都已经开始进行普惠金融服务的体系构建，并且开设和增添了新型的普惠金融服务的相关窗口和服务部门。在此基础之上，我国大型商业银行已经逐步地开始进行服务范围的扩展，并且拓宽了相应的服务渠道，面向更多的人群，便利了人们寻求普惠金融服务的过程。随着近些年来，商业银行在普惠金融服务上进行的多种多样尝试，总的来看，目前我国商业银行的普惠金融服务正处于一个不断完善与加强的过程中，商业银行的普惠金融服务体系也正处于初步构建的过程中，相关的普惠金融产品以及服务的标准具有了初步的统一，但还需要不断地完善，相关的产品也需要根据当前我国的国情和人们的需求来进行相应的改进。

（二）当前我国普惠金融服务业务所面临的困难与挑战

随着当前我国社会经济的不断发展，普惠金融服务对于经济的调控以及发展有着很好的促进作用，并且能在很大程度上帮助我们达到相应的市场经济调控的效果。就当前我国商业银行普惠金融服务的现状来看，我国普惠金融服务已经实现了从无到有的重要过程，初步构成了当前的商业银行普惠金融服务体系。但是，从当前商业银行普惠金融服务的整体层面上来看，由于普惠服务发展时间较短，还存在着一些不完善的问题，造成了我国当前的普惠金融服务的一些缺陷与不足。

1. 普惠金融服务缺乏地域性的改变

从我国市场经济的发展特点来看，市场经济在我国的发展过程中，存在着十分明显的区域性特征。换言之，就是我国的市场经济在不同的地区有着不同的一些特征，这就导致了不同区域的经济发展以及人们对于普惠金融服务的需求是各不相同的。在此过程中，我国大部分的商业银行分布的区域十分广泛，但是大部分的大型商业银行在针对普惠金融服务业务开展的过程中，没有根据实际地区的不同而做出相应的改变。大部分的商业银行普惠金融服务业务都遵循着统一的标准，对于服务的对象之间的要求也比较具有局限性。这就导致了普惠金融服务很难达到理想的标准，对于社会上的弱势群体帮助有限。

2. 商业银行普惠金融服务监督管理机制不完善

就目前我国商业银行普惠金融服务的现状来看，在普惠金融服务的监督管理机制上面还存在着一定的缺失和不完善的情况。在实际的商业银行普惠金融服务的过程来看，大部分的商业银行对于小微型企业以及工商个体户等这些经济基础相对较差的弱势群体来说，帮扶力度还不足，没有起到有效的帮助作用。从整体的普惠金融服务上来看，大部分的商业银行普惠金融服务所采取的标准还是传统的金融服务标准，对于企业或者个体的经济要求比较高，而小微型企业以及商业个体户在由于规模较小、资金不充分，在实际的经营中所承受的风险更大，这就导致了银行在给这些群体提供金融服务业务时，所承受的风险会更大。因此，就目前商业银行普惠金融服务的现状来看，很多商业银行会更加倾向于提供普通的商业服务，并且对于普惠金融服务的审核更加的严格，这就导致了很多社会弱势的经济群体无法有效地得到金融服务，失去了普惠金融服务的初衷。

（三）商业银行普惠金融服务的意义

根据银行的发展以及社会经济的发展总体情况来说，发展商业银行的普惠服务不仅有助于促进当前社会经济的健康发展，在很大程度上还有助于帮助银行的健康发展，对于商业银行的长远利益来说有着十分重要的影响。

1. 有助于促进社会经济的健康发展

通过商业银行普惠金融业务的有效开展与落实，能够在很大程度上帮助社会上的弱势群体以及低收入人群正当的获取金融服务。这样既有助于帮助金融市场的积极竞争和改善金融市场的环境，又有利于国家经济整体的发展，从而实现互利互惠的共赢局面。

2. 有利于商业银行的长远发展

就商业银行的业务服务模式来看，大部分的商业银行都是以提供金融货币服务为主要的经营内容，合理地进行普惠金融业务的开展，加强相关的普惠金融服务有助于商业银行拓展自身的业务范围。并且，从长远上来看，商业银行提供普惠金融服务，有助于营造良好的银行形象，同时对于社会经济、企业以及客户之间能够形成较为良好的合作关系，提升社会的稳定性，促使整体社会经济的提升。商业银行开展相关的普惠金融服务，还有助于促进社会经济的稳定发展，促进银行与客户之间信任关系的建立，有利于商业银行的长远发展。

（四）商业银行普惠金融服务的对策

商业银行普惠金融服务的开展对于当前我国社会的经济发展以及社会的健康稳定有着十分重要的积极意义，为了进一步的促进当前商业银行普惠金融服务开展的科学性与有效性，就需要我们在针对现有的社会现状和问题，进行相应的服务提升以及相关措施的应对。

1. 加大政策扶持力度

就目前我国商业银行普惠金融服务的现状来看，相关普惠金融服务的业务开展还比较有限，银行所承受的风险还比较高，基于此，我们就需要加大当前对于商业银行相关普惠金融服务的政策支持力度。首先，我们可以广泛的采取多种各种有效的措施来增加对商业银行普惠金融服务的政策扶持力度。比如，为了达到有效控制农村金融机构风险防控的目的，可以有意识的采取税收优惠、财政贴息、财政补助等诸如此类的措施，这样做不但可以达到对农村金融机构的风险防控的目的，而且能够有效控制金融资源向普惠金融体系的流向；其次，因为普惠金融服务机构在客观上存在服务地区差异大、经营风险高、经营业务种类多样化等特点，所以从监管政策方面来着手，可以充分采取差异化监管，例如，在条件允许的情况下，将服务对象担保的范围和要求适当放宽松一些；又如，为了充分发挥担保机构的作用，可以提倡大力建立政策性信用担保机构，让信用担保机构的杠杆作用得到发挥。再如，针对对农村不动产、动产抵押登记机制不够完善的现状，需要及时对农村担保抵押评估机构的监管力度，从而保证农村担保业务能够健康发展。

2. 建立健全完善的普惠金融服务体系

目前，商业银行普惠金融服务领域的监督与管理机制还存在着欠缺，这就导致了我们的普惠金融服务无法切实的服务于需要的人群，削弱了普惠金融服务的优势。在此基础上，我们就需要建立健全完善的商业银行普惠金融服务体系。第一，为了达到增强商业银行信贷资金调控的作用，中国人民银行应该从政策角度为普惠金融服务提供更多的意见或建议；第二，为了加大各商业银行对普惠金融发展的重视程度，应不断强化监管部门监管力度；第三，为了实现商业银行普惠金融服务的多元化特点，应充分发挥各地商业银行的区域优势，因地施策。

3. 增强金融消费者对商业银行的信心

商业银行的健康发展离不开社会大众对其的信心，商业银行的普惠金融亦是如此。为增强消费者信心，各地金融监管部门结合实际制定细则，规范交易程序，维护消费双方权益。针对金融纠纷，可以采取多种解决方案供双方商议解决，最大限度地保障好消费者的金融权益。另外，由于金融风险不可避免，因此平时应该加大宣传力度，向消费者普及和推广金融知识，增强消费者的风险识别意识和维权意识就尤为关键。

4. 结合新型理念创新普惠金融新服务模式

针对我国商业银行普惠金融服务业务的现状来看，普惠金融服务还存在着地域性的区别，并且针对当前时代发展的需要，商业银行的普惠金融服务还需要加以创新和开拓。商业银行普惠金融服务模式创新主要可以通过以下几个方面进行研究：首先，创造新型供应链融资服务。供应链融资实际上指的就是对供应过程中，所有的供应方信息数据以及资金流进行整体性研究，并且为参与方提供信贷服务。而全新的供应量融资服务具有更突出的便捷性，商业银行可以第一时间快速地完成参与方信息的核对和监督管理；其次，要积极的探索当前的区块链技术融资服务，以创新驱动发展。所谓的区块链技术，指的就是以时间连接数据的技术，其能够以加密算法及时完成数据更新，同时确保信息的安全性和准确性。利用区块链技术具备的各种特征，金融交易的边界和信任机制得以完善，金融市场制度也不断朝着更加科学合理的方向发展，这能够从根本上改变普惠金融信贷服务的现状。

二、保险公司的普惠金融业务

保险公司是世界各国最重要的非银行金融机构。在美国等西方国家保险资金是风险投资最重要的资金来源之一。从保险业务自身来看，它并不属于金融活动，但因其获得的保费收入大大超出其保费支出，从而可以获得稳定的货币资金用于投资与信贷。就这点而言，保险公司又是重要的金融企业。保险资金及保险机构渐入企业投融资业务已成为世界各国金融保险业务的一种新趋势。

保险公司按险种划分，可有多种形式，如财产保险公司、人寿保险公司、灾害与事故保险公司、存款保险公司等。这里只介绍较为重要的两类保险公司。

1. 财产与灾害保险公司

财产与灾害保险公司对由于火灾、盗窃、意外事故或疏忽而引起的财产损失进行保险，保险公司资金主要来源是保险费收入，也有部分是留存的收益与出售股票的收入。财产与灾害保险单没有现金退保值，不能作为资产进行流动。

财产与灾害保险公司的保费收入除部分用在赔偿支付外，其资金主要用于各种投资，如国债、地方政府债券、公司债券与股票等。由于财产损失的预测很困难，故其在流动性资产的投资方面往往比其他保险公司要高，持有的流动性资产主要为短期国库券与证券回购协议。

保险公司以国营的保险公司和私营股份制保险公司为其存在的两种方式。此外，还有合作性的保险公司及公司内部自我保险公司等形式。

2. 人寿保险公司

人寿保险公司是发达国家中最大的非存款类金融机构。人寿保险公司出售的保单有两种性质：一种为定期保险单，不具有储蓄性质，如投保人在保单期内死亡，公司按保单上的面值付给受益人，如投保人在保单期满后活着，则须另外购买保单；另外一种为非定期保险单，保单经常不断地积累现金，属投保人所有，投保人可以以此为抵押取得借款，也可在需要时进行提款，因而它又具有储蓄的性质。

人寿保险公司对资产的流动性要求不高，因为保险公司可较准确地预计下年度需支付的死亡保险金，人寿保险单的提现量比较小，其资金稳定性较高。人寿保险公司绝大部分资产可以用于长期投资和不动产的长期抵押贷款，如购买公司的股票、长期债券，也可以购买流动性较高的短期政府债券。人寿保险公司由此具有稳定且较强的投资能力。

一般情况，除保险公司外其他一些保险组织（如退休养老基金组织、社会保障基金组织）并未积累大量的金融资产。但是到了战后，这种组织获得迅猛发展，在金融体系中担任了越来越重要的角色。在我国，退休养老基金、社会保障基金的投资领域还受到一定限制，但由于其保值增值的客观要求，扩大投资领域是一种趋势，有待我国保险政策措施做出调整。

现阶段，各商业保险公司应针对高科技企业研发与成果转化过程中的技术、市场的不确定性，一是增设并推广高新技术险种，对高新技术的开发转化过程中的各项投入进行保险，以分散、减少、降低、防范高新技术企业贷款的投资风险；二是对金融部门的高新技术企业贷款实行贷款保险，分散银行贷款的风险，充分调动金融部门支持高新技术企业的积极性、主动性。

综上所述，保险公司涉足企业融资在以下几个方面：保险资金证券投资、债券投资涉足直接融资领域；保险资金投资产业投资基金、风险投资基金；各种保单抵押借款融资；非定期保险单的存取；保险公司开办企业融资保险业务，支持企业融资。

第二节　各类新型机构的普惠金融业务

一、小额贷款公司

小额贷款是普惠金融的重要形式，近年来中国的小额信贷业务取得了长足的进步，但是面临着许多问题，本节介绍国外开展小额信贷业务的主要技术，在此基础上，结合中国的具体环境，分析国外先进经验对中国的启示。

（一）小额信贷技术创新的动因分析

面向穷人，尤其是农村地区贫困人群的信贷市场发育迟缓、效率低下，是发展中国家普遍面临的难题。一方面，贫困人群限于各种主客观条件，很难依靠自身力量摆脱贫困陷阱，迫切需要信贷资金的支持。另一方面，贫困人群没有信用记录，缺乏有效的担保品，违约责任约束有限，使得现代商业银行的信贷风险管理技术难以实施。而货币资本的逐利本质，必然使其舍弃贫困人口，转而支持更能为其带来利润的部门，形成了所谓"抽水机"式的资金外流机制，农村地区原本较为匮乏的资金进一步流向城市和发达地区，加重了金融抑制。同时，由政府补贴引导正规金融机构对贫困地区的信贷支持也未取得预期成效，除了信息不对称和缺乏担保品等穷人"固有的"缺陷之外，面向贫困地区的优惠利率信贷资金往往由于腐败势力的攫取，难以起到应有的作用。至于民间自发形成的高利贷融资，由于其利率偏高，资源有限，加之时常行为失范，风险较大，难以形成长远的资金支持。

"扶贫"和"可持续发展"两大目标的矛盾，促使学术界和金融机构进行了长期的摸索与尝试。学术界的观点被归纳为"福利主义"与"制度主义"两大派别，前者主张不计成本对穷人进行扶持，以使其尽快摆脱贫困；后者强调金融机构收益对成本的覆盖，以实现财务与经济的可持续。随着各国扶贫实践的不断发展，目前后者的观点渐居上风，有关各方高度重视金融机构面向贫困人群的信贷业务的可持续性，并在实践中逐步摸索出一套虽然不够完善，然而行之有效的小额信贷技术创新体系。本节将对世界各国小额信贷技术创新的经验进行简要梳理，结合中国开展小额信贷的环境分析，探讨小额信贷技术创新的外国经验对中国的启示。

（二）国外小额信贷技术创新的经验介绍

（1）小额信贷技术创新所要解决的主要问题

鉴于上述贫困人群的固有缺陷，小额信贷技术创新需要重点突破的问题包含两个方面，即逆向选择和道德风险。

①逆向选择

逆向选择是信息经济学的常用术语，一般是指由于信息不对称而使市场资源配置出现扭曲的现象。具体到小额信贷领域，逆向选择的出现，是因为贷款客户不够诚实，隐瞒自己的不良信用记录，或者伪造担保物品，而金融机构又缺乏针对贫困人群的征信记录，无从区分贷款客户的风险类型，从而将贷款发放给了错误的对象，最终导致信贷的失败。

②道德风险

道德风险同样是信息经济学的常用术语，是指交易者违反承诺，不守信用，导致风险事件最终发生。在小额信贷业务中，如果贷款客户获得贷款后消极懈怠，或者改变资金用途，轻率选择投资项目，或是隐瞒项目成功后的真实收益，恶意拖欠还款，都是道德风险的具体表现。

逆向选择和道德风险破坏了市场经济中"诚信"的基本道德规范，前者"不诚实"，后者"不守信"，两者扰乱了市场秩序，导致效率损失。小额信贷业务中，如果贷款客户不能如实申告信用记录和担保物品状况，或不能在取得贷款后践行承诺，按时归还贷款，都会使信贷业务难以持续进行。因为贷款客户单笔贷款金额小、居住分散、信息不充分，金融机构将面临很大的监管成本。为解决这类难题，各国金融机构和理论界进行了持续的理论探索和实践创新。其中 Accion International 和 Opportunity International 等国际著名微型金融机构以及孟加拉国乡村银行以及印度尼西亚人民银行等，成功进行了小额信贷技术创新，并在扩大贷款覆盖面、提高还款率方面取得了突破，为我国政府和金融机构兼顾"扶贫"与"可持续发展"的目标，开拓农村信贷市场，提供了有益的借鉴。

（2）国外小额信贷技术创新的主要举措

从各国小额信贷技术创新的实施效果来看，孟加拉国乡村银行的模式影响最大。1976年8月，孟加拉国经济学家穆罕默德·尤努斯教授（Mohammed Yunus）以自己的财产作抵押，率领其学术团队从本地金融机构贷款，在吉大港大学附近的一个村庄开展小额信贷技术创新实验并获得成功。以此为基础，于1983年创立孟加拉国乡村银行，又称格莱珉银行（Gremeen Bank），主要从事面向贫困人群的小额信贷业务。其主要技术被称为格莱珉一代（Gremeen I），主要包括团队贷款、次第融资、分期偿还和小组基金等四种。1998年孟加拉国大水灾导致格莱珉银行不良贷款率猛增至30%，为适应现实环境，稳定客户基础，尤努斯及其团队于2000年开始推广格莱珉二代模式，对格莱珉一代模式中的一些做法进行了适当调整。经过三十余年的不断探索与创新，以格莱珉银行的实践为代表的小额信贷技术创新取得了丰硕的成果，尤努斯本人也于2006年获得诺贝尔和平奖。以下本书对国外小额信贷技术创新的主要做法进行简要梳理。

①格莱珉一代小额信贷技术

格莱珉一代技术的组织形式，是由银行委派的信贷员，以村庄为单位，将村民组成若干5人小组，全村的小组共同成立本村的贷款中心，选举中心的主任，由中心主任会同信贷员每周召集中心会议，交流项目实施情况，督促还贷，当众发放贷款，收取本金、利息和小组基金。

I 团队贷款

金融机构缺乏面向贫困人群的征信记录，对贷款客户的既往历史、行为习惯、风险类型和抵押品状况等，无法一一调查核实。而格莱珉一代的核心技术便是团队贷款，即让贷款客户按照亲属回避、相互扶持的原则，自愿结为5人小组，以小组为单位与银行签订贷款协议。一人违约，全组受罚，共同承担还款责任。团队贷款的首要功能，体现为小组成员相互之间的鉴别与选择。按照信息经济学的理论与小额信贷业务实践的规律，高风险、不诚信的成员难以获得低风险而诚信的成员的接纳，所以小组成员的自愿组合，实际上形成了同类成员的"类聚效应"，使得金融机构鉴别贷款客户诚信记录的调查成本大为减轻。

II 次第融资

次第融资技术按照服务对象分为两个层面，对小组而言，格莱珉一代规定只有当前两个成员开始还款之后，才对后两名成员发放贷款，直至最后一名成员。对个人而言，只有全部偿还首次贷款之后，才能享有第二笔贷款并获得更大授信额度。一旦拖欠乃至逃废债务，即取消个人贷款资格。这种次第融资的技术形成了同伴监督之下的动态激励机制，在整个贷款周期之内，从签订贷款协议之后的项目选择，到分期还款各阶段的努力程度，直至最后清偿全部贷款，所有小组成员的行动皆置于其他成员的严密监督之下。传统业务中金融机构不仅难以鉴别小贷客户的诚信状况，对其履行还款责任的约束手段也十分有限。而团队贷款安排之下的次第融资技术，可动员小组成员的社会资本，包括社会网络、行为规范、道德共识等，共同督促每个成员忠实履行还款责任。一旦某个小组成员恶意逃废债务，则其所处的社会网络造成的谴责乃至强迫还款的压力，远比金融机构有限的追偿手段更为有效。

III 分期偿付

格莱珉一代小额信贷技术中的小额贷款期限为一年，一年分为52周，前50周每周偿还本金的2%，最后两周收取利息和小组基金。定期还款有助于培育贫困人群的理财意识，增强其信用观念，发放贷款和收取本金和利息等活动通过中心会议当众举行，有助于加强监督效力。有研究表明，当众定期还款辅以团队贷款的株连责任制，可促使社会非正规力量的强势介入，制止恶意拖欠者的不道德行为。

IV 小组基金

格莱珉一代技术的最后一项主要内容，是设立小组基金，每个成员每周向自己所在的5人团队缴纳小额资金。小组基金的作用，一是用于成员之间的互助，以备不时之需。二是形成一种担保替代机制，在某个成员违约，而其他受株连的成员一时无法承担连带责任时，用于归还银行贷款。

格莱珉一代技术的主要特征是"株连制度"，即通过小组成员之间的相互选择、相互帮助、相互监督和相互担保，通过次第融资和分期偿付的动态激励机制，动员贷款客户所处环境的社会资本，强化监督和惩罚机制，降低了金融机构的信贷风险，提高了小额信贷的偿还比率。在孟加拉国其他国有银行坏账率居高不下的同时，专门面向贫困人群的格莱珉银行却取得了优异成绩，其还贷率较高。格莱珉银行的成功，鼓舞了其他国家金融机构开展小额信贷业务的信心，许多金融机构，仿效格莱珉一代技术，向贫困人群发放贷款，取得了不同程度的成功。如玻利维亚团结银行（BancoSOL）运用团队贷款技术，主要针对城市小型商户中的女性发放小额信贷，小组成员居住地相互接近，便于信息的沟通与彼此监督。

②格莱珉二代小额信贷技术

按照格莱珉一代技术，如果某个小组成员逃废债务，则不但这个成员将失去贷款资格，其他成员也将受到株连。一旦面临自然灾害等系统性风险，银行的客户基础将大受动摇。由于株连制度的严酷导致小组成员之间的关系紧张，同时也无法杜绝成员之间的合谋。为适应现实的需要，尤努斯对格莱珉一代技术进行了一些修正，于2000年开始推行格莱珉二代技术。主要内容有：淡化小组成员之间的联保关系，从株连责任制转变为个人责任制；取消过于严格的次第融资安排，小组成员可同时获得贷款资金；降低过于频繁的中心会议频率，把每周还款改为每月两次还款等。

③其他小额信贷技术

除了格莱珉银行的实践，其他金融机构对面向穷人的小额信贷技术创新也进行了许多有益的尝试。比如印度尼西亚人民银行对贷款客户的抵押物采取十分灵活的政策。对贫困客户不要求抵押物，对抵押物价值的评估以其对客户的使用价值而不是市场价值为判断标准，还可以要求贷款客户配合银行临时创造出金融资产用作抵押物，如孟加拉国首都达卡地区的 SafeSave Cooperative Ltd 要求贷款客户在取得第一笔贷款之前要进行三个月的规定数额储蓄，以证明其诚信和能力。此外，许多小额信贷机构对客户信息的搜集高度重视，对客户资信的审查绝不仅仅停留在客户提交的书面材料的审核，而是深入客户所处的环境进行仔细考察。如俄罗斯的小额信贷机构往往通过访问客户的家庭和所在公司鉴别客户的诚信程度，阿尔巴尼亚农村的贷款客户被要求由所在行政村的信贷委员会出具相关证明才能获取贷款等等。

（三）国外小额信贷技术创新实践对中国的启示

（1）中国小额信贷业务的环境

中国转型时期独特的政治经济和自然地理环境，与上述成功开展小额信贷技术创新的国家相比有很大不同。第一，中国的贫困人群主要集中在中西部边远山区的农村，居住地分散，信息的沟通相对困难，难以像印度尼西亚和孟加拉国等人口稠密的国家那样进行村民之间密切的监督；第二，中国小额信贷业务面临的主要人群是农业人口，玻利维亚团结银行的客户大多是城镇居民。农业收入受自然条件限制，有很大的不确定性，使得小额信贷的贷款机构面临较大风险；第三，转型时期中国农村大量的青壮年劳动力外出打工，农村地区留守人口多为老年和儿童。格莱珉一代技术中频繁的贷款中心会议未必适合中国农村社情；第四，各地基层政权的执行效力、宗族势力、风俗习惯千差万别，团体贷款的株连制度可能会人为地增加人际关系的紧张；第五，农村的土地和住宅资产并未实现市场化，无法成为贷款抵押物；第六，中国农村现行金融体系不利于小额信贷业务的开展。中国独特的二元经济结构形成的"抽水机"机制，使农村地区资金愈加匮乏，正规金融机构又难以承受小额贷款相对较高的管理成本，民间小贷公司在资金来源、利率设定等方面又受到诸多限制。凡此种种，均对中国开展小额信贷业务，帮助弱势人群摆脱贫困，实现可持续发展构成了较大约束。

（2）国外经验对中国的启示

以孟加拉国乡村银行和印度尼西亚人民银行等为代表的国外金融机构成功的小额信贷技术创新实践，给中国正规金融机构和民间小贷公司开展小额信贷业务带来了有益的启示。

首先，应坚持以市场化原则为导向。扶危济困是开展小额信贷的目标与宗旨，而金融机构的可持续发展是小额信贷得以延续的前提和保证。一味强调不计成本地扶贫，将使金融机构难以为继，小额信贷将会成为无源之水。纵观世界各国小额信贷技术创新的发展历程，可以看出小额信贷技术的每一次进步，都是着眼于化解逆向选择和道德风险难题，保障金融机构的财务与经济可持续。

其次，消化吸收国外小额信贷先进技术，应注重因地制宜，洋为中用。各国小额信贷技术创新实践的过程中，从格莱珉一代到格莱珉二代，乃至其他多种形式的技术方案，每一种组合的技术选择都是对目标客户所处环境综合考虑的结果。我国幅员辽阔，人口众多，风物民情千差万别，应紧密结合当地实际，有针对性地采用合适的技术组合，在保证可持续的前提下，尽量扩大小额信贷的覆盖面。比如应充分考虑各地基层政府的行政效率和民间非正式组织的影响力，综合运用株连制和个人责任制督促还款，适当调整定期还款的频率，灵活制定抵押物品政策，以适应各地农村地区的现实状况。

第三，优化小贷公司发展的政策环境。由于我国特有的历史条件和现实制约，正规金融机构在面临激烈市场竞争的同时，很难深入开展面向贫困人口的小额信贷业务。开展旨在扶贫的小额信贷业务，需要发展民间小贷公司这样的专业信贷组织。目前"只贷不存"的政策规定和相对较低的利率上限使小贷公司的发展面临诸多难题。首先，小贷公司只靠自有资本和银行批发资金难以满足民间对扶贫资金的巨大需求，迫切需要通过吸收存款来拓宽资金来源。其次，调查农村地区贫困人群中贷款客户的信用状况并定期督促其还款，需要耗费较大的人力资本，相对较低的利率上限不仅不利于小贷公司的业务开展，也无助于扭转农村地区资金流失的"抽水机"现象。优化小额公司发展的政策环境，是开展中国小额信贷技术创新，实现扶贫和金融机构可持续的当务之急。

二、民间金融

严格意义上说，民间金融并不是一个规范的定义。民间金融是相对于正规金融而言的，应当称为非正规金融，是正规金融的必要补充。在我国，由于长期存在的金融抑制，金融资源更多地配置到以国有企业为代表的体制内部门，而以小微企业为代表的非体制内部门难以获得来自正规金融的支持，形成了较为严重的配置失衡现象。在这种条件下，以民间借贷等形式存在的民间金融在改革开放后的中国取得了迅速发展，虽然良莠不齐，引致了诸多风险问题，但对于民营经济及至整个中国经济发展仍然起到了重要的推动作用

尽管目前国内有很多学者研究民间金融，但民间金融的概念在目前并未统一。查阅相关材料，对民间金融的定义有十几种之多。我们认为，民间金融是指主要由民间资本出资形成，为非公有制经济部门和个人提供资金融通、借贷等信用服务的金融行为。民间金融是最为初始的普惠金融组织形式，其类型的划分较为复杂。在国内对于民间金融划分较为详细和权威的观点中，我们倾向认同刘少军（2012）的分类，他把民间金融分为非募型民间金融、私募型民间金融以及公募型民间金融三类，具体每类又有着不同的形式。具体可见表2-1：

表2-1　非募型民间金融、私募型民间金融以及公募型民间金融发展模式

民间金融	非募型民间金融	个人借贷	友情借贷、资产借贷、高利借贷
		企业借贷	企业与个人间借贷；企业间借贷
	私募型民间金融	银行型	私人银行、私人钱庄、典当行
		基金型	基金会、互助会、储金会、合会
		项目型	企业内部集资、集资建房、私募投资基金
	公募型民间金融	开发行金融证券	公开发行股票、股权证书、债券或债权证书等
		公开发行投资收益证书	如房屋产权证书、林权投资证书、还本销售证书
		公开发行消费预付款卡(券)	向不特定消费者公开发行消费预付款卡或证券，来达到向对方融通资金，如公交卡、购电卡、煤气卡、购物卡和其他消费卡

在上述不同种类的民间金融形式中，其中个人借贷以及企业借贷这非募型民间金融的两种形式，均是两两之间的资金融通形式，不存在向第三方融入，也不存在其他中介，因此虽然是民间借贷主体，是民间金融的重要形式之一，但不存在中介性质的民间金融组织，难以通过制度设计、政策供给等进行监管或支持。这部分民间金融形式也就无法归入我们所要讨论的普惠金融。

初级的非募型民间金融进一步发展，发展成为私募型民间金融，作为民间金融更高一级的形式，是联系资金融通双方的中介，有着具体的组织形式，其向某些个体或机构融入货币并向融资需求方融出货币。按照刘少军的观点，私募型民间金融又分为银行型、基金

型以及项目型三类，其中每类又有不同模式。而在这其中，私人银行、地下钱庄以及部分基金私募内部集资、合会等形式中相当部分没有按照严格的法律程序和法律规范运行，接受严格的专业监管机构的监督管理，因此具有非法性质，自然不包括在普惠金融发展的组织范围内。

从普惠金融角度讲，民间金融不同组织形式首先应具备合法这一基本条件，其次应具有普惠性质，因此那些非法运行、具有高利贷性质的民间金融不应被视为普惠金融组织。我们在梳理相关民间金融组织形式后，选取典当行和民间私募基金作为民间金融的代表加以分析。

（1）典当行

随着我国经济的发展，尤其是以中小企业为代表的民营经济的发展，极大地刺激了对于金融资源的需求。典当行，这一在中国存在了上千年但在新中国成立后消失 30 余年的民间金融形式，在 1987 年重新出现。1987 年 12 月，新中国第一家典当行——成都市华茂典当服务商行成立。此后，典当行再次席卷全国各地。尤其在近年，商业银行退出农村市场，银根进步紧缩的大环境下，不仅是过去的个人客户，一些个体私营企业、中小企业也已经开始进入典当行，成为典当融资客户。从普惠金融角度看，典当行作为我国金融体系的一个组成部分，对于银行业金融机构也是一种必要和有益的补充。从典当与中小微企业及个人客户的融资关系看，中小微企业的融资需求往往期限短、数额小，信用等级低但需求紧急，而典当行融资自身"短期、小额、快捷、灵活"的特点正好与之对应，适应中小微企业及私人融资需求特征。目前，再次发展起来的典当行业务对象80%是中小微企业，充分表明典当行在缓解中小微企业融资难方面具有不可忽视的作用，是普惠金融的重要组成之一。

2003 年 7 月，当时的国家经贸委发布了《典当行管理办法》，这成为我国典当行业发展的第一部专门的指导性、规范性管理文件。作为辅助性的融资渠道，典当行有力地促进了中小微企业、个体私营经济的发展，但同时也发生了诸多问题，如违规经营、参与销赃洗钱，甚至非法集资等事件的出现。2003 年 12 月，商务部发布了《关于加强典当业监管工作的通知》（商建发 2003）441 号），旨在加强典当业监管，促进典当行业的有序、规范发展。2005 年 2 月，商务部、公安部联合发布 2005 年第 8 号令《典当管理办法》，目的在于进一步规范典当行为，加强监督管理。

2011 年 12 月，商务部发布《关于"十二五"期间促进典当业发展的指导意见》（商流通发（2011]481 号），以期进一步发挥典当业在满足中小微企业融资需求和居民应急需要、促进经济社会发展等方面的积极作用截至 2010 年底，全国共有 4433 家典当企业，全行业注册资本 584 亿元，从业人员 3.9 万人。与"十一五"初期相比，企业数增长了 2.3 倍，注册资本总额增长了 5.1 倍，从业人员增加了 1.2 倍。"十一五"期间，全行业累计发放当金近 6000 亿元，2010 年典当总额达 1801 亿元，中小微企业的融资占典当业务总额的 80% 以上。而且，典当企业经营实力不断增强，经营风险防控力度不断加强，全行业不良贷款率长期保持在 1% 以下。来自商务部的数据显示，到 2012 年年底，中国典当企业数量 6084 家，同比增长 16.2%；全年营业收入 118.8 亿元，同比增长 19.4%。典当行业资产总额 1168.2 亿元，同比增长 34.3%；截至 2014 年年底，全国共有典当企业 7574 家，同比增长 10.8%，全国典当余额为 1012.7 亿元，同比增长 16.9%。2014 年，全国典当企业积极为中小微企业融资服务，累计发放当金 3692.1 亿元，同比增长 10.7%；截至 2015 年 12 月底，全国共有典当行 8050 家，分支机构 928 家，注册资本 1610.2 亿元，从业人员 6.3 万人。2015 年全行业共发放当金 3671.9 亿元，典当余额 1025.2 亿元[①]；截至 2016 年 10 月底，全国共有典当企业 8303 家，分支机构 937 家，注册资本 1667.8 亿元，从业人员 5.4 万人，全行业实现典当总额 2576.2 亿元。

2015 年 1 月，商务部办公厅发布《关于进一步引导和支持典当行做好中小微企业融资服务的通知》（商办流通函〔2015〕6 号），其中明确提出，要"充分发挥典当行在中小微企业融资方面的优势，做好中小微企业融资服务"。鼓励典当行开展快捷、灵活的短期小额融资服务，为典当行发展创新良好的发展环境。

截至 2015 年 12 月，我国已有典当类企业超过 8000 家。

（2）私募基金组织

2015 年 12 月，国务院颁发的《推进普惠金融发展规划（2016—2020 年）》（国发〔2015〕74 号）中明确提出，"鼓励金融机构创新产品和服务方式。发展并购投资基金、私募股权投资基金、创业投资基金"。私募基金组织被正式纳入了普惠金融组织发展的框架范围。私募基金的发展壮大，不仅能够增强对实体经济的服务能力，而且可以满足投资者多样化的理财需求，提高社会资金的使用效率。

私募基金也称为私募股权投资（Private fund），往往指那些不能在证券市场自由交易的股权资产类投资。在我国，按照投资标的不同，又包括私募证券投资基金（投资于股票，阳光化后的一般称为阳光私募，如股胜资产管理公司、星石、蚂蚁财富等）、产业私募基金（如私募房地产投资基金、金诚资本、星浩投资等属于此类）、私募股权投资基金（即 PE，投资于非上市公司股权，以 PO 为目的，如鼎晖、弘毅、凯雷、汉红等）、私募风险投资基金（即 VC，如软银、IDG 等）。长期以来，由于私募的民间非规范乃至部分基金涉嫌非法集资性质，我国一直对私募基金严格限制。

随着我国经济的发展，民间资本日趋活跃，投资渠道相对狭窄，民间私募虽然风险高，但收益大，从而吸引了以江浙为代表的大量民间资本涌入。从我国民间私募基金的发展历程看，虽然与 20 世纪 90 年代中国证券市场相偕同步发展，但囿于自身性质、特点以及监管缺失，民间私募基金的发展一是公开、阳光化不足，二是发展受限，没有真正得以发展。2012 年 12 月，我国修改《证券投资基金法》；将备受关注且长期身份不明的私募基金纳入调整范围。2014 年年初，证监会倡导私募证券投资基金、私募股权投资基金、创业投

---

① 佚名，截至 2015 年年底全国共有典当行 8050 家 [EB/O]. 中国金融界网. htp：// www.zgjrjw.com/ news/dhyzx/2016/2/10413083342.html

资基金这三大类私募基金的专业化发展；2014年新国九条明确提出"培育私募市场"，私募基金行业的发展在国家层面开始非常重视。

自2014年2月7日开始，中国基金业协会正式开始办理私募基金管理人登记和私募基金产品备案。2014年以来，私募基金发展非常迅速，已经成为中国资本市场不可或缺的力量。

截至2016年1月底，基金业协会已登记私募基金管理人25841家。其中，管理规模在20—50亿元的292家，管理规模在50—100亿元的14家，管理规模100亿元以上的有88家。已备案私募基金25461只，认缴规模5.34万亿元，实缴规模429万亿元。私募基金从业人员38.99万人。

私募基金行业发展迅猛的同时，问题和风险也不断凸显，不容忽视。2015年5月基金业协会建立投诉登记制度以来，针对私募基金投诉事件有495件，占比高达85%。2015年12月，基金业协会启动了对北京地区私募基金管理人入会申请信息核查工作，在被核查的397家管理人中，超过50%的机构登记备案信息与事实有出入。有的基金管理人滥用中国基金业协会的登记备案信息，非法自我增信；有的法律意识淡薄，合规意识缺乏没有持续按规定履行私募基金信息报告的义务，违法违规经营运作。

相较于我国的公募基金规模来说，私募基金总体上盘子小，目前还处于成长初期，还存在诸多问题需要解决。虽然目前国家政策上放开，支持力度加大，但自身的发展需要规范，不仅是内部的管理制度，也需要自身提高专业化运作水平。具体运作上，我国私募股权的投资重点领域目前仍然集中于传统行业，与国外主要投资于创新产业不同。这不仅不利于高新技术产业与中小企业的发展，也不利于私募自身发展。同时，私募基金资金来源有限、资本结构单一也制约了自身发展。受相关法律法规的限制，社保基金、银行、保险公司的机构资金无法对PE市场完全开放。在国外，养老基金、金融保险机构是私募股权资本的主要来源，而我国私募股权市场对这些资金的限制并没有放开，也限制了其发展。可喜的是，2015年9月，中国保监会发布《关于设立保险私募基金有关事项的通知》，保险资金可以设立私募基金，意味着私募基金的资本来源必将不断扩大，促进这行业的发展。

三、小微金融

普惠金融的概念源于英文Inclusive Financial System，如果直译，应当译为"包容性金融"。事实上，联合国在宣传2005小额信贷年时，使用的正是小额信贷（或微型金融）。以此而言，可以说在普惠金融概念产生之初，几乎可以把微型金融等同于普惠金融。小微金融在中国的发展，不仅包括小额贷款（前文已述），还包括小额保险、村镇银行以及民营银行等不同金融组织。

1. 小额保险

小额保险是小额金融的重要组成部分，也是一种有效的金融扶贫手段。通过建立为低收入人群提供保险保障的运行机制，可以推进保险服务和金融服务的普惠性。自 20 世纪 70 年代以来，小额信贷作为向贫困人口提供脱贫资金的主要渠道，得到了迅速发展，而伴随小额信贷的发展，小额保险作为低收入者应对风险的工具，日益受到重视并迅速发展。中国的低收入群体主要集中在农村，而且农民享有的保障程度差，因此，农民是中国小额保险产品的主要服务对象。

小额保险主要是指面向中低收入群体，按照风险事件的发生概率及其导致损失的程度，按比例定期收取一定的保费，旨在为中低收入人群提供风险保障的一种保险。在过去的几年时间中，我国的保险市场已经形成了小额寿险、小额意外保险、小额健康保险、小额农业和财产保险、小额信贷保险等几大系列。这些产品的主要特点是保障适度、保费低廉、条款简单，兼顾农村居民的承受能力、对保险产品的认知水平以及对风险保障的实际需求。

在农村小额人身保险方面，2007 年 4 月，中国保监会积极申请并加入国际 IAS-CGAP 小额保险联合工作组，并着手推动国内农村小额人身保险发展。2008 年 8 月，我国正式启动了面向农村低收入群体的小额人身保险的试点工作，在山西、黑龙江、江西、河南、湖北、广西、四川、甘肃、青海九省（区）率先开始探索，以中国人寿、太平洋、新华人寿和泰康人寿等四家保险公司作为首批试点公司。2009 年 4 月，保监会发布《关于进一步扩大农村小额人身保险试点的通知》，决定在首批试点的 9 个省区内保监局可根据情况增加试点乡镇。同时，增加河北、内蒙古等 10 个试点省自治区作为试点区域。

2007 年我国启动了新一轮财政支持下的农业保险试点项目。这类产品由于其"广覆盖、低保险"的基本特点，属于非常典型的小额保险。该类产品以农作物的物化成本作为保险金额，通常以多种灾因触发的减产作为定损标准，费率为 6%—8%。在有政府提供保费补贴的情况下，农民一般只需要缴纳每亩 5 元人民币，即可以得到 200—300 元的保险保障。与农业保险快速发展相伴的是农村家庭财产保险，而其中较为典型的小额保险试点是在湖南、浙江等地区于 2008 年率先开展的农房自然灾害保险。在浙江，全省被分为两个风险区，分别收取 10 元或 15 元的保费，而农民只需要相应负担 3—5 元即可投保。出险后，农民可最多获得 3600 元 / 间或 1.8 万元 / 户的保险赔偿。在湖南郴州地区的试点中，农房保险的基本保费是 11 元，其中 10 元针对倒房重建的赔付，1 元针对灾后临时生活补助。农民可在灾后分别获得最大 5000 元的倒房赔付和 1000 元的临时生活补助。郴州市政府对试点农房保险实施了全额补贴，参与率达到 96%[①]。

除上述险种外，中国于 2003 年开始实施的新型农村合作医疗保险也属于典型的小额保险，按计划已在 2010 年末实现基本覆盖全国农村居民。连接农村小额贷款与小额保险的"小农户 + 小贷款 + 小保险"的金融支农银保互动模式也在进行试点和推广。2009 年，国际劳工组织与人保财险签署了《国际劳工组织与受资助机构中国人民财产保险公司资助协议》，用于从资金和技术上帮助人保财险进行"农民工小额保险"产品创新。

---

① 商务部流通业发展司 "2016 年 10 月全国典当行业运行情况" http:// lufzs. mofcom.gov.cnarticle/ckts/cksm/201611/20161101797580 shtml

2. 村镇银行

村镇银行是指经中国银监会批准在农村地区设立，由银监局核发经营许可证，可以办理存贷业务的准金融机构，为"三农"提供金融服务。这是 2006 年后在我国出现的一种新型小型化金融机构，其重要特点在于自身机构设置在县、乡镇，在地（市）、县（市）和乡（镇）不同地区注册，资本限额分别不低于人民币 5000 万元、300 万元和 100 万元，主要满足农户和中小型企业小额贷款需求。这种近年兴起的新型地方性小型金融机构的建立，对于填补农村地区金融服务空白和增强对农村地区的金融支持具有明显的作用。随着我国城乡经济的快速发展，农民、农业、农村对金融业务的需求与日俱增，村镇银行以实现亲农、扶农、帮农、惠农为宗旨定位"农民银行"，"立足地方、服务村镇"，成为普惠金融组织的重要构成。

从发展规模看，2006 年 12 月，银监会出台了《关于调整放宽农村地区银行业金融机构准入政策，更好支持社会主义新农村建设的若干意见》，提出在湖北、四川、吉林等 6 个省（区）的农村地区设立村镇银行试点，全国的村镇银行试点工作开始启动。2007 年当年，新设立村镇银行 19 家，2008 年末，共建立村镇银行 91 家，比 2007 年增加 72 家，2009 年村镇银行开设的速度减慢，共建立 57 家（合计 148 家）。2013 年末，全国共组建村镇银行 1071 家，截至 2014 年 12 月底，全国共有村镇银行 1547 家。村镇银行遍及全国 31 个省份，覆盖 1083 个县（市），占县（市）总数的 57.6%。截至 2014 年底，全国已经组建村镇银行 1233 家，其中批准开业 1152 家；负债总额 6847 亿元，各项存款余额 5808 亿元，资产总额 7973 亿元，各项贷款余额 4862 亿元，其中，农户贷款余额达到了 2111 亿元，小微企业贷款余额达到了 2405 亿元，两小贷款占比达到 92.9%。截至 2015 年末，我国已批准开业村镇银行 1311 家，资产总额 10015 亿元，各项存款余额 7480 亿元，贷款余额 5880 亿元，存贷比 78.6%。当年实现利润 153 亿元，拨备覆盖率 254.90%，资本充足率 21.7%，不良贷款率 1.4%。[①]

2015 年 3 月，中国银监会办公厅发布《关于做好 2015 年农村金融服务工作的通知》（银监办发〔2015〕30 号），提出要加大"三农"信贷投放和资源配置力度；丰富农村金融服务主体，提升农村金融竞争充分性。稳步培育发展村镇银行，不断提升村镇银行在农村的覆盖面。

可以想见，在合理布局、适度竞争、增强活力和改进服务的发展目标下，村镇银行在国家政策的大力支持下，优化布局，鼓励民间资本参与强化市场定位，村镇银行一定可以被培育成为面向"三农"和中小微企业的专业化、特色化、普惠特征明显的小微银行。

3. 民营银行

民营银行在我国有着较为长远的历史，可以说中国银行的诞生最早是以民营银行形式出现的。1897 年，中国第一家民有股份制商业银行—中国通商银行成立，标志着民营银行

---

① 傅苏颖. 截至去年底全国村镇银行 1233 家各项贷款余额接近 5000 亿元 [N]. 证券日报，2015-03-20

在中国的出现。之后,从清朝末年到北洋政府,再到南京政府成立,一直到 1937 年抗日战争以前,中国民营银行经历了产生、发展、壮大时期。但后来在抗日战争爆发后逐渐衰败,民营银行不断衰落。新中国成立后我国实行计划经济体制,中国人民银行成为中国仅存的一家银行。民营银行被视为"资本主义的产物"而遭到全面禁止。改革开放后,我国不断推进经济体制改革,民营经济迅速发展,股份制商业银行不断出现,但并不能满足我国民营经济发展需求。1996 年,新中国第一家民营银行—中国民生银行成立,之后广东的"南华银行"和浙江的"建华民营银行"申请成立,但之后这两家民营银行均因政策限制最终夭折。

2013 年 6 月,国务院常务会议研究鼓励民间资本参与金融机构重组改造,探索设立民间资本发起的自担风险的民营银行和金融租赁公司、消费金融公司等。2013 年 7 月,国务院办公厅发布《关于金融支持经济结构调整和转型升级的指导意见》,提出"尝试由民间资本发起设立自担风险的民营银行",时任银监会主席尚福林首次对外提出"试办自担风险的民营金融机构",并披露设立民营金融机构的基本要求,这些举措打破了此前民资进入金融业一直存在隐形的"玻璃门"障碍。2014 年,银监会在"2014 年全国银行业监管工作电视电话会议"上表示,民营银行将在 2014 年试点先行,首批试点 3—5 家,实行有限牌照制度。随后,在 3 月的全国"两会"期间,时任银监会主席尚福林表态,将于年内启动民间资本依法设立民营银行的新一轮金融改革。到第三季度,首批 5 家民营银行获银监会批复开始筹建。2014 年 7 月,前海微众银行、天津金城银行、温州民商银行三家民营银行正式获批筹建。2014 年 9 月,银监会发布批文通过浙江网商银行筹建同时获批的还有上海华瑞银行。首批民营银行在 2015 年全部开业运营。最新的信息表明,江西裕民、小米科技也都有意加入民营银行的队伍中。

从民营银行诞生以及发展历程看,中国民营银行是体制改革后民营经济发展的结果,其产生对于满足民营经济融资需求具有重要的作用。从普惠金融角度,我们认为,与大型商业银行以及国有银行不同,除了民生银行这种全国性大型商业银行之外,大多数民营银行具有普惠金融服务大众与小微企业的特征。在 2015 年"两会"期间,李克强总理表态"民营银行成熟一家批准一家"。国家层面对民营银行、普惠金融的推动无疑将会对中国银行业产生深远影响,民营中小型银行的设立,将更有力地推动普惠金融发展,实现金融贴近实体经济,与民营资本深度融合,促进金融行业的正常发展。

第三节 互联网企业、科技公司的普惠金融业务

互联网的迅速普及为互联网金融快速发展奠定坚实的基础。中国互联网络信息中心(China internet network Information Center,CNNC)发布的第 39 次《中国互联网络发展状况统计报告》显示,截至 2016 年 12 月,我国网民规模达 7.31 亿,全年共计新增网民

4299 万人。互联网普及率为 53.2%，较 2015 年年底提升 2.9 个百分点。我国手机网民规模达 6.95 亿，较 2015 年年底增加 7550 万人。网民中使用手机上网人群的占比由 2015 年的 90.1% 提升至 95.1%，提升 5 个百分点。我国农村网民占比为 27.4%，规模为 2.01 亿，较 2015 年年底增加 526 万人，增幅为 2.7%；城镇网民占比 72.6%，规模为 5.31 亿，较 2015 年底增加 3772 万人，增幅为 7.7%。[①]

"互联网 +"对传统行业的冲击日趋增强，在金融领域逐渐渗透。互联网金融的发展，极大降低了信息不对称，降低了信贷风险，而进一步地，提升了全社会资源的有效配置效率，改进了金融领域的服务水平和产品创新。从业务模式分类看，互联网金融包括比较常见的 P2P 网络借贷、股权众筹融资等网络融资平台，也包括互联网银行、金融网销、供应链金融等。由于后三者在我国仍处于摸索阶段，本节重点分析第三方支付机构、P2P 网络借贷以及股权众筹融资几种互联网金融形式。

一、第三方支付机构

（一）发展现状

第三方支付作为中国人民银行电子支付体系的重要组成部分，是实现资金流信息化的重要途径，能够有效提升资金流动的效率并降低资金流动的成本。我国最早的第三方支付企业是成立于 1999 年的北京首信股份公司和上海环迅电子商务有限公司。2005 年年初，阿里巴巴推出支付宝，在 2006 年全年，淘宝网交易总额突破 169 亿元人民币，超过沃尔玛当年（99.3 亿元）在华的全年营业额。淘宝网的支付宝也因此成为中国最引人注目的电子支付工具。2005 年下半年，快钱、易宝、石同等在内的一大批国内专门经营第三方支付平台的公司纷纷出现。艾瑞咨询数据显示，我国居民在网上支付的金额逐年增加。中国个人网上支付的市场规模发展迅速。2001 年中国网上支付的市场规模为 9 亿元，2004 年该规模增长为 75 亿元，2007 年突破 1000 亿元，2011 年交易规模达到了 3650 亿元，2014 年年底达到 80767 亿元；而根据艾瑞咨询发布的 2015 年第三方支付市场核心数据，截至 2015 年年底，中国第三方移动支付交易规模达到 101713.6 亿元，同比增长 69.7%，同比增速较 2014 年大幅下降。

从所占市场份额情况看，2015 年中国第三方互联网支付交易规模市场份额支付宝稳居老大，占比达 47.5%，财付通位居第二，占比却大约只有支付宝的一半。

（二）相关法规及监管

中国人民银行于 2010 年颁布《非金融机构支付服务管理办法》，标志着中国人民银行认可了第三方支付机构的行业地位，并于次年开始发放第三方支付牌照，第三方支付行业正式纳入中国人民银行金融监管体系。之后，为规范非银行支付机构网络支付业务，防

---

① 岩源，村镇银行的发展将迎来最好的时代 [EB/OL].htp:/mt.sohu.com/20160411/n443906121. shtml

范支付风险，保护当事人合法权益，中国人民银行出台了如下法规，规范第三方支付相关业务见表2-2。

表2-2　中国第三方支付相关法律法规一览

时间	部门	名称
2015年12月	中国人民银行	《非银行支付机构网络支付业务管理办法》
2015年12月	中国人民银行	《中国人民银行关于全面推进深化农村支付服务环境建设的指导意见》
2012年9月	中国人民银行	《支付机构预付卡业务管理办法》
2012年1月	中国人民银行	《支付机构互联网支付业务管理办法（征求意见稿）》
2011年6月	中国人民银行	《支付机构反洗钱和反恐怖融资管理办法（征求意见稿）》
2011年5月	中国人民银行、监察部、财政部等	《关于规范商业预付款管理的意见》
2011年12月	中国人民银行	《银行卡收单业务管理办法》
2011年11月	中国人民银行	《支付机构客户备付金存管暂行办法（征求意见稿）》
2011年1月	中国人民银行	《支付机构预付卡业务管理办法（征求意见稿）》

中国人民银行自2015年3月发出最后一张支付牌照以来便再无新牌照发放。截至2015年年底，共发放9批共270家第三方支付牌照（之后1家被撤销，实际为269家）。从2011年起，年度牌照发放数呈现下滑的趋势，一方面，重点地区的获牌企业接近饱和，区域性的企业发展较慢；另一方面，伴随2014年来行业接连爆发POS机刷卡套现、中国人民银行处罚8家支付机构、上海畅购资金链断裂等事件，这种下滑的趋势更加明显，第三方支付牌照暂停发放等传言四起，已获牌照的公司，其牌照价值越发明显。

二、P2P网络借贷机构

2007年拍拍贷的出现，意味着P2P网贷在中国的正式产生，但之后几年发展并不理想，直至2010年网贷平台开始出现一些试水者。最初也只是国外P2P网贷的舶来品，以信用借贷为主要借贷业务。但由于信用体系问题，导致大量借款人逾期不还及其他风险，这种纯网贷模式没有在我国成长壮大。

2012年以后，一些具有民间借贷和互联网经验的人士开始探寻适合中国的P2P网贷模式，采取了线上融资、线下放贷模式，实现了民间借贷在互联网上的延伸，借款人和投资人通过PP借贷平台实现资金对接，平台对借款人进行调查和相关的资料审核，PP网络借贷的中国模式在这一阶段开始初具雏形。之后，中国 P2P 网贷开始取得迅猛发展。第一网贷报告显示，截至 2015 年 12 月末，全国 P2P 网贷成交额 11805.65 亿元，P2P 网贷历史累计成交额 1.63 万亿元，全国共有 3555 家 P2P 网贷平台，创历史新高。

从 2015 年各月 P2P 网贷利率看，从 6 月开始呈现明显的下滑趋势，从年初的 13.85% 降至 10.67%，且恰巧是一首一尾。与高速发展相对应的，伴随而来的平台风险也日渐明显。在 2013 年及以前、2014 年、2015 年三个时间段，问题平台涉及的投资人数分别为 0.9 万人、5.5 万人和 17.8 万人，虽然人数在增加，但占网贷行业总投资人数的比分别为 3.7%、4.7% 和 3.1%，占比在下降。在上述三个时间段，问题平台涉及的贷款余额分别为 14.7 亿元、50.5 亿元及 87.6 亿元，占行业贷款余额的比例从 5.5%、4.9% 到 2%，也是明显下降。2015 年 12 月，新发生停止经营、提现困难、失联跑路等情况的问题 PP 网贷平台 202 家，风险问题尤其突出。

由于 P2P 信贷期限短、金额一般比较小，在业务开拓中比较重视借款者的信用材料，对财务状况要求不高，使得这种形式的参与范围扩大，部分小微企业和个人可以方便地参与这一金融形式。另外，PP 小额信贷平台没有传统金融层层审批的烦琐程序，注重借款者的信用度评估，融资手续比较简单，资金到账速度快，能满足急用资金需求。虽然当前问题平台数量较多，甚至呈上升趋势，但占比在不断下降。伴随国家层面上的支持以及监管部门的不断规范，该行业发展的制度基础将不断健全完善，在发展中规范，规范后更好地发展，这一行业的发展空间巨大。

三、股权众筹融资平台

众筹融资是通过互联网连接发起人与投资人，在一定时间内完成项目发起人预先设定的募资金额目标的一种互联网金融形式。众筹本质上是 P2P 分享式经济，通过信息化平台高效、精准地对接资源和需求。从目前中国众筹融资发展现状看，主要包括四种基本形式。根据投资者获得的回报方式的不同，众筹可分为捐赠众筹、奖励众筹、债权众筹和股权众筹四种类型。捐赠众筹的投资者得不到任何形式的回报，其投资行为属于单纯的捐赠；奖励众筹的投资者获得一定形式的奖励（如实物产品等）；债权众筹的投资者享有债权，获得利息收益；股权众筹的投资者获得企业一定比例的股份，享有股东权益。

2011 年年初，点名时间成立，成为中国第一家众筹融资网站。此后，追梦网、淘梦网等网站也纷纷成立，但由于受到我国金融法律与法规的限制，发展并不理想，且较多集中在文化产业项目。2011 年，文化项目成功个数不足 10 个，2012 年新增 6 家众筹平台；2013 年新增 29 家。随着大众创业、万众创新浪潮的兴起，以及互联网金融概念的爆发，众筹平台在 2014 年增长迅速，全年新增运营平台 142 家。2014 年 12 月，中国证券业协会发布了《私募股权众筹融资管理办法（试行）》（征求意见稿），该征求意见稿就股权众筹监管的一系列问题进行了初步的界定，包括股权众筹非公开发行的性质、股权众筹平台的定位、投资者的界定和保护、融资者的义务等。中国股权众筹终于迎来了规范化的监管。

2014 年因此被称为众筹元年。在这一年，针对众筹发展及其存在问题，证监会和中国人民银行等出台若干意见，力求促其实现规范发展。

在 2015 年 3 月，国务院办公厅发布了《关于发展众创空间，推进大众创新创业的指导意见》，鼓励开展互联网股权众筹融资试点，提升众筹对大众创新创业的服务能力，众筹融资发展得到政策的进一步支持。2015 年新增众筹平台 125 家，截至 2015 年年底，全国正常运营的众筹平台达 303 家全国众筹平台分布在 21 个省份。股权类众筹平台数量最多，达 121 家，占全国总运营平台数量的 39.93%。[①]

但在新平台不断上线的同时，一些老平台因运营不善而纷纷停止运营，截至 2015 年年底停止运营的众筹平台达 32 家，其中 2014 年上线的平台倒闭最多，达 17 家，而 2013 年成立的平台停止运营的概率最高，高达 34.48%。

据融 360 统计的数据，目前正常运营的众筹平台中，股权类众筹平台数量最多，达 121 家，占全国总运营平台数量的 3993%，其次为产品众筹平台 104 家；纯公益众筹平台最少，仅有 5 家。

---

① 　2016 互联网众筹发展报告出炉平台扎堆中关村，http://money.sohu.com20160114n434486512.shtml.

第三章 普惠金融发展创新实践

第一节 互联网对普惠金融发展的影响

一、互联网＋对金融相关行业的影响

（一）支付业：爆发性发展，移动支付领衔

十几年前，线下POS交易市场还是银联和银行的天下。2000年开始第三方支付机构拔地而起，2003年支付宝因电子商务的春天应运而生，2011年央行首次下发第三方支付牌照。第三方支付机构在做线上解决方案的同时，在进军有利可图的线下收单市场。目前，支付宝大规模进军线下收单市场，腾讯、百度等巨头也在虎视眈眈，移动互联网深刻改变传统的线下POS支付市场的势头可见一斑。

互联网支付已经成了支付行业的中流砥柱，基于大数据的增值业务撼动了支付市场的原有格局，移动支付更是未来支付行业发展的趋势，互联网金融技术的不断渗透和应用场景的增加正深刻改变着支付行业。

（二）银行业：被迫转型，触网为生存

2013年6月，余额宝横空出世，京东"小金库"、苏宁"零钱宝"、百度"百赚新浪"微财富"等一大批互联网理财产品进入大众视线。同时，腾讯"微众银行"、阿里"网商银行"的获批以及2015年1月4日李克强总理到访"微众银行"，让尚未正式对外营业的互联网银行"火"了起来。传统银行毕竟有400多年的发展基础，具有难以被替代的优势，但传统银行的运作模式在互联网思维下已经落伍。其中，商业银行利润增速下降已是不争的事实。当互联网金融成为主流，创新发展高潮更深入地搅动传统金融市场，倒逼传统银行转型升级时，银行需要加速转型，同时提升用户体验，积极拥抱互联网，推动普惠金融。

（三）基金业：纷纷押注，几家欢乐几家愁

余额宝的崛起让鲜为人知的天弘基金一跃成为国内规模最大的基金公司，在全民理财的热潮下，基金公司无疑是最为积极的一方，各大互联网企业推出的理财产品背后都有基

金公司的身影。

互联网理财时代的开启让传统基金公司面临洗牌，而互联网金融的崛起为基金行业带来了低成本、高效率的客户获取与营销推广渠道。对于基金公司来说，提高自身团队的投资管理能力和产品开发能力才是最核心的竞争力，才能在互联网多元化渠道的辅助下建立自身良好的盈利能力及品牌效应。

（四）小贷业：打破区城限制，O2O 模式崛起

随着互联网金融大热，P2P 借贷在中国发展迅速，其表现出来的快捷便利让传统的民间借贷作为中小企业融资方式的有益补充变得尤为活跃。

在区域竞争加剧的情况下，互联网金融打破了线下贷款、放款的区域性限制，这意味着打破了用户的限制，为有资金需求的借款者和有闲散资金的投资者提供了更好的对接，让陌生人之间的借贷成为可能。互联网金融有力地延展了线下贷款的网络机体，提高了后者的服务面和用户面。

（五）保险业：大数据保驾，产品自我迭代

2013 年 3 月，阿里巴巴、腾讯、中国平安联合成立"众安在线"，先后推出"众乐宝""百付安""高温险"等产品。此外，华泰"退运险"、人保"手机险"、安联"赏月险"、泰康"乐业保"等互联网保险产品同样令人印象深刻。

"大数定律"是保险业经营的一个重要数据基础。因此，数据的采集就是一项重要工作，而互联网与大数据、云计算的紧密联系不言而喻。互联网保险的诞生也就有了必然性。保险无须像其他传统行业那样进行生产、仓储、物流，用户有需求即立刻生成保单的天然特性正好符合互联网时代的发展趋势。

（六）证券业：借道互联网，中小券商差异化竞争

2014 年 2 月 20 日，腾讯和国金证券推出首个互联网金融产品"佣金宝"。互联网金融搅动券商业的"触手"已经开始发挥威力。此外，广发证券入驻新浪，太平洋证券联手京东，中山证券牵手百度，长城证券推出微信证券，国元证券与万得合作，中山证券、广州证券等入驻腾讯 QQ 证券理财服务平台，券商触网大势所趋。

证券触网在降低营业成本的同时，更能通过互联网大数据挖掘客户，解决证券公司在传统市场中客户获取模式单一的现象。在互联网金融时代下，券商互联网化也被视为中小证券商借助互联网走差异化路线，实现弯道超车的机会点。

（七）季售业：消费迁徙至线上，压力显现

2014 年 2 月，"京东白条"上线测试，同年 12 月蚂蚁金服"花呗"上线。这些均是基于各自电商体系而提供的赊账服务。在传统零售市场中，即使常年在一家商场进行购物也不能进行赊购，而在互联网金融时代，结合大数据分析则为用户购物赊账带来了可能。

电子商务的出现本就影响了传统零售业的发展，当网购开始赊账，将会吸引到更多的消费者从线下迁徙至线上。目前，国内消费金融的发展空间巨大。京东、阿里、苏宁这些电商正占据网络消费金融的有利地位，但随着用户数量和规模的扩大，其应用场景也有可能迁徙至线下，这时传统零售业将遭遇到更大的冲击。

（八）影视业：借力粉丝经济，叫好不叫座

2014 年 3 月，阿里巴巴推出"娱乐宝"，投资《小时代 4》《狼图腾》《非法操作》等电影；2014 年 9 月，百度发布"百发有戏"平台，投资电影《黄金时代》；2014 年年底，众筹电影《十万个冷笑话》走红。互联网公司凭借其强大的渠道资源优势宣告进入影视娱乐金融领域，互联网产业给中国影视业带来的颠覆性改变可见一斑。这是一个任何行业都可以众筹的时代，基于"粉丝营销"，结合互联网思维的影视众筹不失为一种为电影提前造势的低成本宣传渠道。在提前检验市场的同时，能为电影拍摄筹集资金，这也许会受到更多小众电影、新人导演的青睐。同时，如果过度炒作这类影视众筹，就容易过度消耗消费者热情，导致电影上映后消费者不买账的结果。

（九）房地产业：营销新活力，跨界新姿态

2014 年，房地产与互联网的跨界合作逐渐显现，如平安好房推出"好房宝"，搜狐焦点和搜易贷共同推出"首付贷"，搜房网旗下推出"天下贷"，新浪、易居中国联合众安保险推出"房金所"，更有远洋地产联手京东金融推出"1.1 折"房产众筹绿地推出"微信众筹抢房"、方兴地产推出"100 元众筹 30 万"等。房地产互联网金融产品多样，有"首付贷""众筹买房"，还有众多房地产相关的理财产品。借助互联网的新玩法为传统的房地产营销注入了新活力，并借以缓解新房囤积压力，回笼资金。而房地产投资本就是投机行为，搬至互联网上后更面临着诸多安全问题及法律无法保障的风险。

（十）通信业：兵布阵，服务增值以引流

2014 年，中国三大通信运营商全部"杀入"互联网金融领域，如中国电信推出添益宝"并与渤海银行签署战略合作，直指互联网金融；中国移动推出"和聚宝"；中国联通推出"话费宝"并与招商银行筹建"招联消费金融有限公司"。如今，理财已成为各家企业入驻互联网金融的标配，中国三大运营商覆盖了国内庞大的用户群体，在这个基础上推出增值服务，将信息流与资金流更有效地结合，能更好地提升用户体验，为各运营商带来更加广阔的市场前景。

二、互联网下的金融前瞻

（一）监管：亟待走出"囚徒困境"

2015 年，野蛮生长的"互联网＋金融"面临规范化的监管浪潮，当前互联网金融监管

与市场创新面临的"囚徒困境"是：一方面企业缺乏自律能力；另一方面互联网金融市场缺少内生的功能，无法通过强化金融监管解决。

以 P2P 为例，目前国内 P2P 发展参差不齐，处于"三无"（无门槛、无标准、无监管）的野蛮生长状态，倒闭、跑路、庞氏骗局、拆标、提现困难、挤兑、虚假宣传等现象频繁发生，整个行业比较混乱，而这早就成为阻碍网贷发展的重要障碍，也是监管机构的"眼中钉"。无论在何种监管环境下，问题平台都会存在，在监管的过程中，要注意"度"的问题，过度监管将会遏制平台的创新性发展。监管急需规范化，只有为整个互联网金融市场正名，整个金融界的互联网化才能正式步入发展黄金期。有效避免监管"囚徒困境"和两难抉择的有效途径是让市场跑出监管。监管部门要积极促进金融市场分工的专业化和精细化，比如，允许第三方支付体系，引导和鼓励独立的第三方风控主体等的培育、发展，构建市场自律自治与监管权力他律相得益彰的新兴互联网金融秩序。

（二）行业：日益垂直、细分

"互联网 +"带来了无限的可能，也带来了更多细分的发展方向：只要企业专于道，精于一项业务，就有崛起的机会。继支付、理财、保险、P2P、众筹等互联网金融最初模式出现后，消费金融、社交金融、农业互联网金融、能源互联网金融、股票配资、校园金融等涉及多种行业、多种模式的互联网金融模式正日益崛起，未来的互联网金融将不仅仅是在网贷、理财等几大领域，而是将走上万象丛生、花团锦簇的多元化发展之路。

随着互联网金融行业竞争的加剧，简单粗放的个贷模式已经不能满足市场需求，越来越多的投资人和企业在探索新的投融资模式，互联网金融行业也向更细分化、垂直化的领域发展。

（三）平台：PC 向移动迭代

在移动互联网时代，金融在成功触网后的下一步就是向移动金融迭代。移动、O2O 联合发展黄金期的互联网金融行业，从买卖、提存发展到生息，很多涉足于移动金融行业的平台已经完成了千万美元的投资，不同于民间借贷模式，此类拥有强大后盾的贷款平台往往有着风险极低的优势。

互联网金融既面临机遇，也面临转型发展，尤其是转变思维方式。2015 年 BAT、京东、苏宁等互联网巨头纷纷布局移动金融，过去线上线下是泾渭分明的两个世界即现实世界的传统零售企业和虚拟世界的互联网企业，但目前随着移动互联网下 O2O 新商业模式的引领，新的营销方式、支付和消费体验方式将会涌现。发展得日益火热的互联网金融联合移动、O2O，在把握 PC 端金融之际再谋移动端发展，使金融服务进一步从系统走向生态，融入生活场景、商务服务中，从而使互联网＋金融"发展到另一个黄金期。

第二节　数字技术与普惠金融

一、数字技术：普惠金融发展的新机会

普惠金融的概念是联合国在 2005 年的"国际小额信贷年"的宣传中提出来的。不过，中国政府的努力始于 20 世纪 90 年代初，经历了公益性小额信贷、发展性微型金融和综合性普惠金融等几个阶段。2015 年，国务院颁布了《推进普惠金融发展规划（2016-2020）》。普惠金融的定义多种多样，但大多包含两个基本要素：一是"为社会所有阶层和群体特别是中小企业和低收入者服务"，二是"商业可持续原则基础上可负担的成本"。前者强调机会平等，实质是要改善对小微企业和低收入者的金融服务；后者则明确普惠金融不是扶贫、不是慈善，必须遵循市场化的运作规则。中小企业和低收入者获得的金融服务不充分，应该跟金融的"二八定律"有关对于大多数金融机构而言，既然 20% 的客户创造了 80% 的利润，那么为剩下 80% 的客户服务的动力就不大。更重要的是，普惠金融的潜在客户通常具有不确定性大、硬信息少和抵押资产缺乏等特征，金融机构对它们做尽职调查的难度大、成本高，甚至无法做有效的风险定价，所以发展普惠金融是一个世界性的难题。在中国还会遇到一些特殊的困难，如部分金融机构在信贷配给中歧视非国有企业，征信系统还不完整，存贷款利率也尚未完全市场化。

过去的十年中，中国政府在发展普惠金融方面做出了诸多努力，中国人民银行和银监会一直积极支持商业银行，包括城乡中小银行，为小微和涉农企业服务，政策性银行（尤其是农业发展银行）也在这方面做了各种尝试。另外，各地还建立了上万家小额信贷公司。近年来，为了缓解中小企业"融资难、融资贵"的困境，监管部门又推出了"三个不低于"和整治银行收费等政策措施。客观地评价，这两个举措对改善中小企业的融资环境起到了一定的作用，但它们有一个根本性的缺陷，就是没有完全遵循"商业可持续"的原则。

但现在，普惠金融遇到了一个历史性的机遇，就是利用互联网技术帮助普惠金融交易。数字普惠金融的潜在优势是"成本低、速度快、覆盖广"。互联网技术有两个方面的潜力：一是由移动终端带来的客流量，不但可以扩大服务的覆盖范围，而且可以降低获得客户的成本；二是以大数据分析部分替代传统金融机构主要靠人工完成的尽职调查，帮助完成风险定价。另外，互联网技术的长尾效应不仅可以降低金融服务的边际成本，甚至还有可能提供精准的个性化服务。如果这两个方面的潜力能够真正转化为金融竞争力，应该可以强化普惠的特性，从而让金融服务小微企业和低收入者，不但在技术上可行，而且有利可图。

中国在数字普惠金融领域走在世界前列，并且很可能在未来一段时间仍将引领国际潮流。北京大学数字普惠金融指数从 2011 年的 40 上升到 2015 年的 220，年均增长 53%。分

省指数呈现较大的差异，但差距在迅速缩小。2011 年，上海的指数为 80，而西藏则只有16，前者是后者的 5 倍。然而，2015 年这个数字已经下降到 1.5 倍。地县两级的分指数也证实了数字普惠金融地区差异在迅速缩小的事实。北京大学数字普惠金融指数由三个部分构成：覆盖范围、使用深度和数字支持程度。地区差异最大的是使用深度，最小的是数字支持程度。这也表明，落后地区要发展数字普惠金融，尚有很大的潜力可控。

不过，目前中国数字普惠金融的实践还有很多不完善之处。除互联网支付以外，大部分数字普惠金融业务的普及率仍然很低。大多数网络借贷平台的贷款利率超过了"零负担"的水平。一些投资平台的管理很不规范，风险也很大，甚至有不少诈骗行为。可以说，借助数字技术推动普惠金融发展，是一个前所未有的机会，但目前与成熟、有效的数字普惠金融还有相当大的距离。其实，数字普惠金融的很多问题都跟监管缺位或者监管不当有关。因此，为了保障数字普惠金融的健康发展，必须尽快建立一套有效的监管机制。

二、数字金融的普惠价值

这个被称为互联网金融的领域，在中国已经有超过十年的历史。

但在中国，"互联网金融"往往指的是互联网企业从事金融业务，即狭义上的互联网金融，但官方定义的互联网金融包括了传统金融机构利用互联网技术开展的互联网金融业务。根据本课题的讨论焦点，我们主要阐述这种狭义的互联网金融的普惠价值和存在的问题，但并不否认传统金融机构借助互联网技术可以极大地提高普惠金融价值。实际上，近年来传统金融机构借助互联网和大数据技术，在促进金融交易效率提高、促进金融服务普惠性等方面，取得了很大的进步。

2004 年支付宝开始运行，2005 年宜信成立，2007 年拍拍贷开办业务。但直到 2013 年余额宝上线，数字金融才真正开启了一个高速发展的阶段。北京大学互联网金融发展指数显示，自 2014 年年初起，互联网金融一直在以每年翻一番的速度增长，而支持互联网金融发展的主要是出生于 20 世纪八九十年代的群体。互联网金融发展的地区性差异非常明显。就地级市的数据而言，以杭州市为中心，与杭州的距离越远，发展水平便越低。不过近年来，地区差异在不断缩小。

数字金融的业态比较丰富。目前最为活跃的应该是互联网支付、网络借贷、数字保险、网络众筹和互联网财富管理。其他业态，如网络众筹的形态也不少，但目前没有前面几类那么成功。大数据征信十分活跃，是数字金融的基础设施。还有数字货币，随着区块链的火爆，其再度成为各国货币政策当局的关注热点。只不过，迄今为止真正落地的实际案例还很少。

互联网支付是中国互联网金融的源头，也是数字普惠金融普及程度最高的业务形式。它不仅方便了商家和消费者，还极大地改变了经济与金融的模式，同时也促进了整个金融业的变革。互联网支付，通常是指独立于传统的银行支付体系，基于网络提供线上和线下支付渠道，完成从用户到商户的在线货币支付、资金清算、查询统计等系列过程的一种支付交易方式。2004 年，支付宝首推信用中介模式的担保交易，解决了网商交易的信任问题。直到 200 年 9 月，中国人民银行正式发布《非金融机构支付服务管理办法》。迄今为止，中国人民银行已经分四次发放 270 张第三方支付牌照，其中有 112 家的业务类别中包含"互联网支付"。

互联网支付的普惠优势体现在三个方面：一是交易速度；二是规模效应；三是成本优势。目前，业内规模比较大的支付宝的注册用户在 2017 年已达 4.5 亿，而微信支付用户数也超过了 4 亿。2017 年第二季度中国第三方互联网支付交易规模达 7.1 万亿元，同比增长 54.3%，环比增长 10.9%。2017 年第一季度互联网支付交易规模市场份额中，支付宝占比 31.5%，财付通占比 19.3%，银联商务占比 16.7%，快钱占比 6.8%，汇付天下占比 6.7%，中金支付占比 5.0%，宝付占比 3.7%。

狭义的网络借贷指的是个体和个体之间通过互联网平台实现的直接借贷，其目标客户群主要是难以从传统金融机构获得贷款的个人和小微企业，因而具有明显的普惠特性。广义的网络借贷的具体业态包括个体网络借贷（per-to-per，P2P）平台、电商、网上银行或其他网络小贷公司贷款，从贷款的目的看可以分为消费金融和小微金融。近年最活跃的业态非个体网络借贷平台莫属。截至 2016 年 7 月底，中国个体网络借贷规模为 2.39 万亿元，活跃投资人数为 348.2 万，借款人数为 115.4 万，环比分别上升 2.93% 和 2.65%，累积平台数 4160 家。中国是全球个体网络借贷平台数量最多、规模最大的国家。2016 年，全年 P2P 交易规模达 14955.1 亿，投资用户规模为 1271.0 万人，借款用户规模为 876.0 万人。

网络借贷快速发展，主要是因为数字技术不仅可以降低获客成本，还为解决信息不对称问题提供了崭新的可能。社交平台、网络购物、电商经营和银行账户等方面的信息都可以用来评估借款用途、偿债能力以及信用历史。同时，网络贷款不仅可以简化贷款流程，降低贷款的交易成本，还能够通过数字技术的运用，关注长尾市场的个性化需求和场景式借贷。网络贷款流程基本上在线上完成，自动化的审核方式缩短了审核周期，也减少了对人员和物理网点的依赖，可以降低交易成本。此外，数字技术的系统一旦建立，有可能显著降低服务特定客户的边际成本。

数字技术给保险业带来了革命性的变化。数字保险利用互联网的长尾效应，极大地拓展了保险市场的覆盖广度和使用深度。数字保险能够依据渠道反馈和大数据分析，实现普惠保险产品的精准设计、生产与营销。直销、代理和第三方平台等渠道环节也实现了网络化、碎片化和场景化。另外，新的险种不断出现，除了传统的寿险和财险，还创新推出了五花八门的险种，如赏月险、鞭炮险、摇号险、旅游天气险、股票跌停险、好人险、失眠险、堵车险和熊孩子险。数字普惠保险的主流产业模式涉及产品层面、营销层面和服务层面。2015 年，数字保险公司出现井喷式增长，已经超过了 100 家，形成了包括车险比价、代理人平台、保单后服务、理赔赔付等在内的数字保险生态圈。

我国数字保险始于 2000 年 8 月。当时，太平洋保险和平安保险同时开通了自己的全国性网站，可以在网上实现从保单设计、投保、核保、交费到后续服务全过程的数字化。2015 年，我国数字普惠保险整体保费规模达到了 2234 亿元，同比增长 160.1%。数字普惠保险收入在保险业总收入中的比例也从 2013 年的 1.68% 提升到 2015 年的 9.21%，开通数字业务的保险公司数量已超过 100 家。从目前数字保费市场份额看，人保和平安在整体保费市场的份额占比较高，但如果只考虑数字财险市场，那么众安的优势更明显一些。在数字寿险行业，中小公司业务增长非常快。而在数字财险行业，寡头垄断现象依然很突出。数字车险行业的规模最大，价格比线下要低 15%。

网络众筹是凭借互联网的传播性、互动性和高效性优势，向大众募集创业企业早期发展所需资金的一种融资方式。该模式主体由三方构成：发起人、投资人和平台运营方。网络众筹形式主要包括股权、奖励及公益众筹。我国的第一家数字网络众筹平台是 2011 年 7 月成立的点名时间。目前，业内比较有代表性的平台包括以下几家天使汇是国内最大和领先的中小企业股权众筹融资平台；京东众筹是奖励类和股权类兼业型众筹平台；淘宝众筹则是典型的奖励类众筹平台。2015 年，我国有各类正常运营的网络众筹平台 283 家，新增筹资项目 4.9 万个，预期筹资额度为 494 亿元，实际成功筹资金额为 115 亿元。截至 2017 年 12 月底，全国众筹平台共计 280 家，与 2016 年同期相比下降约 33%，基本与 2015 年持平。全国互联网非公开股权融资平台（即业内惯称的股权众筹平台）共计 76 家，与 2016 年同期相比减少 42 家，降幅高达 36%。其中，北京地区股权众筹共计 29 家，与 2016 年同期相比减少了 11 家，降幅达 28%。在行业洗牌期阶段，良币驱逐劣币，大量平台被淘汰，优质的头部平台开始发挥作用，帮助更多创新项目。所以，虽然众筹平台数量减少，但整体融资金额未出现大幅下跌。值得注意的是，受舆论大环境影响，投资人参与众筹的热度降低，众筹投资人数量锐减，目前存留下来的投资人是众筹投资的核心人群。

互联网财富管理是以投资者为中心，对客户的资产、负债、流动性进行管理，以满足不同阶段的财务需求，并帮助他们达到降低风险、实现财富增值的目的。其中，最受中小投资者关注的是互联网基金和智能化投资产品。互联网财富管理具有很强的普惠优势。第一，降低进入门槛，为中低净值投资者提供服务。事实上，这些客户绝大部分都不能达到银行理财服务的门槛。第二，降低服务成本、提高投资回报。以数字技术替代客户经理和投资组合经理的工作，降低成本。第三，服务更加优质和全面。服务也更加全面和多样化，如余额宝可以实现消费和理财的无缝情景融合。

三、普惠金融与数字技术能否结合

普惠金融难做，除了服务对象不稳定性高、硬信息少和几乎没有抵押资产，一个根本性的约束是尽职调查既难做、成本又高。一个低收入者或一个小微企业，既无征信记录又缺信用历史，地理位置往往还很分散，因此金融机构很难判断其还款意愿与能力，即使能分析，成本也很高。如果贷款规模只是几千元甚至几百元，利率再高也难以覆盖贷款成本。

但现在有一个历史性的机会，也许可以帮助化解部分难题。从 2004 年支付宝上线，特别是 2013 年余额宝上线，中国进入了互联网金融快速发展的阶段。现在支付宝和微信支付都已经各自拥有数亿用户。网络借贷和网络投资也都已经形成了较大规模的市场，几乎在每一个领域都涌现出了一批既有规模又有一定影响力的公司。而且互联网金融的主体客户恰恰也是普惠金融的主要目标客户群。换句话说，我国互联网金融发展的同时支持了普惠金融的发展。

当然，互联网金融是否能成为一种可持久、有生命力的金融形态，目前尚无法得出最终的结论。关于互联网金融究竟是真正的创新还是虚假的泡沫的争论还在进行之中。毫无疑问，我国的互联网金融的发展起码是部分地得益于监管缺位，那么未来监管政策收紧之后，互联网金融的走向就值得密切关注。另外，互联网的两项重要技术移动终端和大数据分析，确实有潜力支持金融决策，前者可以帮助获取客户，后者能够支持尽职调查。互联网技术的长尾效应，即几乎接近零的边际成本，是辅助普惠金融发展的一个天然优势。

如果互联网金融能够真正成为普惠金融发展的载体，不仅将具有普遍意义，还将具有特殊的中国含义。根据雷蒙德佛农的产品生命周期理论，一个产品通常都会经历研发、成熟、生产和衰落几个阶段。我国过去所生产的制造业或服务业产品，基本都是从国外引进的，但互联网金融率先在中国发展起来。也可以说，互联网金融为中国提供了引领全球产业发展的一个难得的机会。目前，无论是互联网金融的机构数量、业务种类、客户人数还是交易规模，中国都居全球绝对领先的地位。

（一）来自北京大学数字普惠金融指数的证据

理论上讲，普惠金融是一个多维概念，度量普惠金融涉及不同维度的多个指标因此学术界往往通过构建"普惠金融指数"来对普惠金融进行度量。北京大学数字金融研究中心课题组（郭峰等，2016）利用全球最大的互联网金融公司蚂蚁金服提供的亿级微观数据，编制了一套"北京大学数字普惠金融指数"，比较清晰地揭示了中国数字普惠金融的发展现状和成效。

1. 中国数字普惠金融发展迅速

尽管中国直到 2013 年 11 月才正式提出发展普惠金融，但数字普惠金融业务在此之前已经广泛开展。以省级数据为例，如 3-1 所示，中国的数字普惠金融业务在 2011—2015 年实现了跨越式发展。2011 年各省区数字普惠金融指数的中位值为 33.6，到 2015 年则上升到 214.6，增长了 6.4 倍，同时东中西部地区各省的数字普惠金融指数都迅速上升。从城市级数据来看，数字普惠金融指数也快速上升，城市级数字普惠金融指数中位值从 2011 年的 46.9，上升到 2015 年的 167.0，增长了 3.6 倍。从分类指数来看，2011—2015 年，数字普惠金融的数字支持程度增长最快，数字普惠金融的覆盖广度次之，使用深度最慢。具体而言，截至 2015 年，省级数字普惠金融的数字支持程度、覆盖广度和使用深度分别增长了 9.7 倍、6.4 倍和 3.6 倍。城市级数字普惠金融的数字支持程度、覆盖广度和使用深度表现出的相对趋势，与省级指数基本相同。

表 3-1　2011—2015 年分省区数字普惠金融指数

省区	2011 年	2012 年	2013 年	2014 年	2015 年
北京	79.41	150.65	215.62	235.36	276.38
天津	60.58	22.96	175.26	200.16	237.53
河北	32.42	89.32	144.98	160.76	199.53
山西	33.41	92.98	144.22	167.66	206.3
内蒙古	28.89	91.68	146.59	172.56	214.55
辽宁	43.29	103.53	160.07	187.61	226.4
吉林	24.51	87.23	138.36	165.62	208.2
黑龙江	33.58	87.91	141.4	167.8	209.93
上海	80.19	150.77	222.14	239.53	278.11
江苏	62.08	122.03	180.98	204.16	244.01
浙江	77.39	146.35	205.77	224.45	264.85
安徽	33.07	96.63	150.83	180.59	211.28
福建	61.76	23.21	183.1	202.59	245.21
江西	29.74	91.93	146.13	175.69	208.35
山东	38.55	100.35	159.3	181.88	220.66
河南	28.4	8368	142.08	166.65	205.34
湖北	39.82	101.42	164.76	190.14	226.75
湖南	32.68	93.71	147.71	167.27	206.38
广东	6948	127.06	184.78	201.53	240.95
广西	33.89	89.35	141.46	166.12	207.23
海南	45.56	102.94	158.26	179.62	230.33
重庆	41.89	100.02	159.86	184.71	221.84
四川	40.16	100.13	153.04	173.82	215.48
贵州	18.47	75.87	121.22	154.62	193.29
云南	24.91	84.43	137.9	164.05	203.76
西藏	16.22	68.53	115.1	143.91	186.38
陕西	40.96	98.24	148.37	178.73	216.12
甘肃	18.84	76.29	128.39	159.76	199.78

省区	2011 年	2012 年	2013 年	2014 年	2015 年
青海	18.33	61.47	118.01	145.93	195.15
宁夏	31.31	87.13	136.74	165.26	214.7
新疆	20.34	82.45	143.4	163.67	205.49

2. 数字普惠金融地区差异主要体现在使用深度上

与中国大多数经济特征一样，数字普惠金融的发展程度在地区间也存在一定的差异。2015 年数字普惠金融指数得分最高的上海市是得分最低的西藏自治区的 1.5 倍。

就分类指数的地区差异而言，中国数字普惠金融的数字支持程度的地区差距最小，覆盖广度次之，使用深度的地区差异最大。结合上文关于数字普惠金融指数的纵向增长情况，数字支持程度的地区差距较小说明数字技术可以迅速缩小各地区之间的数字普惠金融差距，而且依赖互联网和数字技术所实现的更高的触达能力是数字普惠金融的核心价值所在。相比之下，尽管不同省区之间数字普惠金融的使用深度有趋同趋势，但总体上仍然保持着较大的差距。落后地区在数字普惠金融的使用深度上，尚有很大的追赶空间。

通过进一步分析还可以发现，数字支持程度维度所反映出来的较小地区差异，主要源于经济相对落后地区的数字支持程度发展更快。例如，通过细分省区和城市数字普惠金融指数及其排名，以及 2011 年和 2015 年的纵向上升情况，可以看出数字技术在促进普惠金融发展方面作用明显。

与数字支持程度的地区差异较小相反，使用深度的地区差异较大。其主要原因是，受到经济相对发达地区用户较强的金融服务需求及消费能力的驱使，相关业务的发展更加深入。

当然，数字普惠金融的发展程度存在地区差异并不意味着中国的数字普惠金融普及程度不具有全方位性原则。事实上，由于地区间的差异，经济发展水平的不同，对数字金融产品的需求也会存在差异，这决定了地区间的数字普惠金融普及程度也会存在差异。不过，普惠金融的全方位性原则要求基本金融服务是全覆盖的，且地区间的普惠金融普及程度能够实现趋同。

3. 数字普惠金融地区差异快速缩小

数字普惠金融的全方位发展主要体现在其所提供的金融服务能够广泛地为社会所有阶层和群体所享有。这里我们主要从地理的角度论证数字普惠金融的全方位发展。这有两方面的含义：第一，相比于传统普惠金融，数字普惠金融能够达到更全面的可得性；第二，数字普惠金融服务的地区差异能够逐步缩小。事实上，金融服务作为一种软性基础设施，尽管会受到经济发展水平的影响，但金融服务的优先发展能为经济发展提供支撑。若数字普惠金融服务的地区差异能逐步缩小，则落后地区不至于"输在起跑线上"。

我们发现，数字普惠金融的确比传统普惠金融能达到更全面的可得性。这体现在数字普惠金融在各省区的发展差距，相较传统普惠金融更小。由数据可知，2015年数字普惠金融指数得分最高的上海市是得分最低的西藏自治区的1.5倍（2013年为1.9倍，2011年为4.9倍）。根据社会融资规模计算得到的2015年最高的北京人均社会融资规模增量是西藏的3.3倍。这说明，相对于传统普惠金融，数字普惠金融具有更好的地理穿透性，可以形成更广泛的金融服务覆盖度，使落后地区也能享受到相对更多的金融服务。

另外，近年来各省区数字普惠金融差异有显著缩小。总体来看，随着时间的推移和业务的发展，数字普惠金融逐渐在各地区呈现趋同的特征。2011年不同省区的数字普惠金融指数之间差异很大，但到2015年，不同省区之间的差异已经大幅缩小。这主要是由数字普惠金融覆盖广度，特别是数字支持程度的地区趋同所导致的。尤其是数字普惠金融的数字支持程度，2011年各地之间还存在较大的差距，到2015年已经大幅缩小。很多偏远地区的数字支持程度甚至还要高于东部省份，说明移动支付技术增加了偏远省区在数字金融服务方面超赶的可能性，也说明在落后和偏远地区，移动支付似乎是促进数字普惠金融发展的一种有效方式。更进一步地，各城市的数字普惠金融差距也大幅缩小。相对于发达地区城市，边远城市数字普惠金融的快速发展，缩小了城市间发展差距。对城市数字普惠金融指数进行梯队排序的结果表明：2011年和资料2015年的梯队分类标准以当年指数最高的城市指数值为基准，将排序在基准值80%范围内的城市列为第一梯队，70%—80%范围内的列为第二梯队，60%—70%范围内的列为第三梯队，60%以下的列为第四梯队。在2011年，大部分城市都属于第三梯队甚至第四梯队，说明这些城市数字普惠金融指数不足当年指数值最高城市的70%，甚至不足最高城市的60%；只有少部分城市进入第一梯队或第二梯队，且其中绝大部分位于东部地区。然而，到2015年，归于第三梯队，特别是第四梯队的城市大大减少，而归于第一梯队和第二梯队的城市数量则大幅增加，说明到了2015年，大部分城市的数字普惠金融指数值超过了最高城市的70%，甚至80%，发展相对落后的城市逐渐赶了上来。

第三节　金融科技助力普惠金融的发展

一、金融科技助力普惠金融发展背景

近年来，中国的普惠金融事业处于稳步发展阶段，多种多样的普惠金融产品与服务走进千家万户，同时金融科技技术也正在改变着传统普惠金融的发展方式。具体来看，中国基础金融服务已基本实现全国覆盖，目前普及度较高的是银行结算账户与银行卡的使用，发展较为迅速的是电子支付与保险产品，而信用建设也在稳步推进中，整体而言群众的金融素养有所提升。2017 年起，我国相关部门密集出台了普惠金融的有关支持政策，表明国家将普惠金融列为重点发展行业。

当前，我国普惠金融普遍存在着供需关系失衡的状况，从需求端的情况而言，以小微企业为例，虽然整体的数量众多，但是个体的规模较小，自身经营管理的能力不足，资信条件相对较差，有的财务信息不规范、不充分，甚至缺失。从供给侧的情况看，主要是市场供给主体的总体数量有所欠缺，整体结构不够均衡，分化程度不够，各类主体的责任定位不清晰，主要在服务大行业、大企业上积累了丰富的经验，但是对小微企业的金融服务十分欠缺。

二、金融科技助力普惠金融发展状况

在数字经济时代，金融科学技术作为经济包容性增长和可持续发展的重要生产力之一。中国金融科技的发展与普惠金融道路的探索几乎是同步伐迈进的。新技术极大地拓宽了金融服务的边界，已成为普惠金融的核心推动力。由《金融科技视角下金融服务实体经济报告》可以看出，当前，我国经济的运行状态正处于新旧驱动力的交替阶段，处于改革创新新时期。Fintech 的出现，为改革注入了新动力。我国经济发展的现状是金融压抑状况普遍存在，城乡以及发达欠发达地区的经济发展不均衡、贫富差距过大，导致发展不充分的矛盾凸显出来，Fintech 作为一种新型金融手段，大大缓解了上述难题。

研究显示，经济发展程度与普惠金融指数呈现正相关比例，经济发展欠缺的城市普惠程度仍然处于平均线之下，而这些欠发达城市的市场空间十分广阔，有待普惠金融事业开展，与此同时，这些欠发达城市中广泛的普惠金融人群对金融服务有着迫切的需求。研究还表明，区域金融科技服务质量、资金成本率以及投资收益率这三个指标，存在着密切的正相关性。因此，金融科技的发展程度高低，直接影响资本成本率以及投资收益率的高低，进一步来说，运用金融科技进行信用体系的建设，有利于健全金融科技行业基础体系，有效提升了金融服务的可获得性与包容性。同期，其子报告《网贷服务实体经济》的数据显示，网贷业务的兴起在助力小微企业、三农等群体的金融实践效果显著。网贷行业起始于 2006年，仅一年的实践，网贷行业就向小微企业累计提供了超过 2 万亿元的贷款，有效填补了小微企业的融资空缺。到 2018 年上半年末，我国网贷行业累计成交金额已突破 7 万亿元。

以个人和小微企业为目标的普惠金融事业，已全然成为全球经济发展的聚焦点，十九大报告进一步提出要增强金融服务实体经济能力"。而金融科技正应普惠金融而生，致力于改善资金需求与供给方的信息不对称现象，降低提供金融服务的成本，盘活现有的经济存量，激发潜在的经济增量，注重实体经济的稳步发展。未来，金融科技企业将继续遵循科技与金融创新的客观规律，为提高金融服务的普惠性发挥更为积极的作用。

三、金融科技助力普惠金融发展模式

开展普惠金融的目标群体就是具有长尾特征的广泛群体，这也是金融科技的特征之一，并且金融科技借助其先进的技术、较低的金融服务成本、轻量的资产规模、覆盖面广泛的优势，创新了当今的金融开展方式，为排斥在传统金融服务之外的长尾人群提供了更为便利与平等的金融服务机会。

（一）众筹模式

众筹模式借助互联网平台，将有创意但无资金的创业者与缺乏投资项目的投资人相连接，共同满足项目的融资需求，共同助推创意目的实现，创业者可以以此实现创意想法落地，投资人的回报则主要是项目完成后的资金回报，但是也存在项目运营时报而无法偿还资金的风险。众筹模式打破了以往传统金融借贷模式的僵化体制，使得任何有创意的创业者，都可以依靠自己的才能与巧思，获得投资人的赏识与资金支持，从而实现自己的目标，而无须经过传统金融机构融资贷款的一层层批复与审核。众筹平台主要运营模式如表 3-1 所示。

表 3-1　众筹平台主要运营模式

模式	类型	投资门槛	投资回报	代表平台
预售式众筹	科技、影视、创意等。	没有严格限制	项目产品	Kickstarter、点名时间
股权式众筹	综合类投资项目：科技、影视、创意等；或是专业类投资项目，例如房地产项目。	领投人、跟投人	被投资项目的股权、资产收益权	Angeilist、天使汇
会籍式众筹	多种形式的投资产品。	有一定的准入门槛	成为某俱乐部的会员	3W 咖啡
捐赠式众筹	社会公益。	没有要求	纪念品或者无偿捐赠。	Fundly

2014 年以来，众筹融资交易规模以及成功项目数不断增加，尤其以 2016 年上半年以后增速最快，2018 年上半年，成功项目数为 40274 个，与 2017 年同期成功项目融资总额相比增长了 24.46%，行业整体数据较为乐观。众筹成功项目数及完成融资额年度数据如图 3-1 所示。

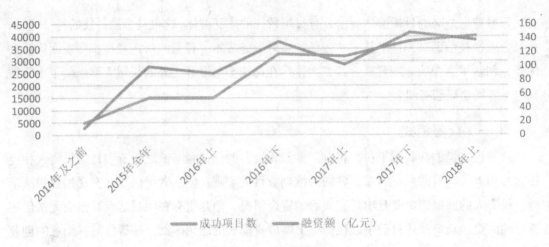

图 3-1　各年度众筹成功项目数及完成融资额

（二）P2P 网络借贷模式

P2P 网络借贷模式是一种基于互联网平台的民间借贷创新方式，指投融资双方通过 P2P 网络借贷平台为媒介，直接进行投融资交易的行为。不同于传统金融机构，例如银行运用自身信用先吸收存款再发放贷款，其 P2P 网贷平台只作为信息交互与撮合交易的媒介，并不参与投融资交易，因此该方式属于直接融资的典型形式之一。借款人可以直接在 P2P 平台上登记融资需求，并根据相关要求填写自己的有效信息，平台将其信息组建成标准化的融资标的，以供投资者自主选择。

以往的传统金融机构垄断了投资者与融资者之间的相互了解机会，为了隔离借贷风险而破坏了双方信息交流的通道。传统金融机构例如银行，具有强大的支配借贷市场的能力，依据机构的传统判断，将大量资金注入本已发达地区或大型企业，而无视创业型小微企业以及贫困人口的资金需求，严重削弱了金融市场自有的调节资源配置的能力，导致了资源配置失衡现象。现阶段，P2P 网贷平台利用互联网的广泛性，覆盖了更多的社会群体，直接通过平台将融资者与投资者相连，实现了去中介化，是更为高效的普惠金融的实现形式。

我国 P2P 发展起源于 2006 年，当时全国仅有 25 家网贷平台，而如今已走过十二年的峥嵘岁月，经历了萌芽探索阶段、野蛮生长阶段以及低潮期的种种历程，即有夺目的普惠成绩，也随环境发生了一些波动，但 P2P 网贷平台仍在我国的监管下合规发展，并积极探索属于自己的道路。

2013 年后，我国 P2P 行业交易规模处于稳定增长阶段，如图 3-2 所示。

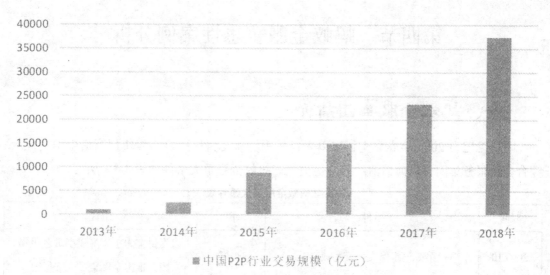

图 3-2　2013–2018 年中国 P2P 行业交易规模

（三）第三方支付

第三方支付为用户提供一种不必依靠银行渠道便捷地进行货币支付和资金清算功能的新型方式，通过互联网或者专用网将支付者与收款者相连接，实现两者之间货币结算。传统金融结算机构往往存在着效率低下、手续烦琐、流程冗长等弊端，第三方支付公司可以运用金融科技，为用户提供更为便捷的操作，让人们摆脱了现金、信用卡的束缚，只用手机即可实现信用担保支付等业务操作。金融科技中的第三方支付形式，是较早接受监管且获得我国政府认可的普惠金融新模式。

据统计，移动支付的整体交易规模自 2013 年的 1.3 万亿元人民币的体量，仅经过四年的发展，快速增长到超过 109 万亿，实现了飞跃式的发展与突破。我国第三方移动支付交易规模如图 3-3 所示。

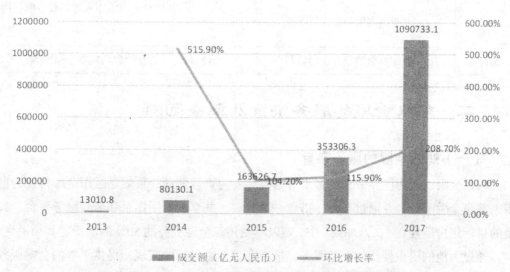

图 3-3　2013–2017 年中国第三方支付移动支付交易规模

第四节　蚂蚁金服普惠性案例分析

一、蚂蚁金服集团简介

阿里巴巴自 2004 年成立支付宝以来，是围绕着支付这一核心板块逐渐衍生出的庞大综合金融服务集团，目前估值约 600 亿美元。蚂蚁金服重大事件如表 3-2 所示。

表 3-2 蚂蚁金服重大事件表

时间	事件	时间	事件
2003.10	第一笔担保支付交易成功	2013	以支付宝为主体筹建小微金服集团；推出余额宝，众安保险
2004	支付宝正式成立	2014	蚂蚁金服正式成立，网商银行获批；推出招财宝、蚂蚁花呗
2005	向互联网电商开放担保交易与支付接口，成为真正独立的第三方支付平台	2015.	芝麻信用正式面世
2007	正式宣布全面拓展海外业务	2015.7	网商银行开业；蚂蚁金服完成 120 亿元 A 轮融资
2008	公共事业缴费服务上线	2015.9	入股国泰产险
2009	支付宝推出手机支付服务	2016	蚂蚁金服完成 120 亿元的 B 轮融资
2010	阿里信用贷款发布；推出快捷支付	2017.10	蚂蚁金服 ATEC 大会首次举办，披露 "BASIC" 战略
2011.5	获得国内第一张支付牌照	2018.2	阿里巴巴宣布入股蚂蚁金服，持股 33%
2012.5	获得基金第三方支付牌照	2018.4	阿里巴巴与蚂蚁金服收购饿了么

二、蚂蚁金服的服务宗旨及业务范围

（一）蚂蚁金服的服务宗旨

蚂蚁金服以 "为世界带来更多平等的机会" 为责任使命，目标是运用金融科技为世界带来普惠金融服务，并通过努力，搭建一个开放、共享的信用体系和金融服务平台。其主要的目标用户是处在 "二八原则" 中，难以享受传统金融服务的 80% 的消费者和小微企业。

通过为他们提供便捷的金融服务，推进普惠金融目标的实现。提供平等的金融服务，既是公司持续发展基石，也是社会责任的体现。

（二）业务范围

蚂蚁金服的主营业务可以分为支付、金融服务和技术服务。1）支付是蚂蚁金服的获客入口，客户流量是蚂蚁金服的核心资源。2）支付场景导流后，蚂蚁金服通过全场景覆盖的金融服务实现客户资源的变现。其中涵盖几乎所有个人金融场景，包括信贷、理财、保险服务。3）技术服务是蚂蚁金服未来的增长极点之一，通过输出技术，为大型机构用户提供金融服务。

三、蚂蚁金服运用金融科技助力普惠金融的实践

（一）创立"310"小额贷款模式便利小微企业融资

1."310"小额贷款模式的含义及内容

蚂蚁金服依据小微企业的经营情况以及融资需求，开创了独特的"310模式"，即为3分钟申请、1秒钟放贷，全过程0人工干预。

基于创新的微贷技术，网商银行的客户通过电脑和手机端就能全天候不间断地获得金融服务，小微企业主只需要花3分钟的时间在网上填写申报材料，即可1秒钟实现贷款到账，且整个过程中零人工干预。

我国很多小微的商家正处于成长过程中，普遍具有融资需求。但是这些小微企业，自身资质不足，难以达到银行贷款门槛。绝大多数，大概98%以上的小微商家，是被"拒绝"的，这些小而散的融资寻求，对银行而言成本较高，不符合商业机构获取利润的配置原则。经过很多次的调整和优化，蚂蚁金服运用数字对小微商家的自身数据进行分析、挖掘，依据模型对其进行综合分析，有效替代了以往的人工审查财务报表等传统方式，节省了人力资本并且提高了效率，从而更准确判断有融资需求的小微企业的基本风险和信用状况。

2."310"小额贷款模式的效果

蚂蚁金服蚂蚁金服开展的小贷业务开展五年多来，已经服务了将近1400多万的小微商家和个体创业者，帮助大量的小微变强微，资金不良率也得到了有效的控制。在助力小微企业融资方面，运用金融科技助力普惠金融发展的有力实践，科技将会是推动普惠金融最好的开展方式。在这方面，中国的金融机构和科技平台完全可以携手创造出一个新金融的中国模式。

（二）开发余额宝满足普惠人群理财需求

1.余额宝的含义及内容

余额宝实现了用户随存随取、操作方便的理财要求，加上低门槛和零手续费的便民特

色，一上市就获得了广大用户的喜爱与追捧。其对接的天弘基金旗下的余额宝货币基金，不仅能够满足用户闲散资金的理财需求，还可以直接将资金用于网络购物、缴纳生活支出、转账等基本的消费需求，是应用户实际需求而产生的新型现金管理工具。作为首款在互联网背景下产生的货币基金产品，余额宝自 2013 年上线以来，通过独创的随存随取得 T+0 交易模式，小额零钱的分散存储方式，改变了长期以来国内个人用户对"理财"的认知。

互联网理财的主要客户群体具有长尾特征，用户众多但是理财金额较小。现实中，中低净值人群的理财需求长期处于较为尴尬的境地，以传统商业银行为例，深挖单个中低净值用户的价值过分消耗银行资源，得到的收益可能难以覆盖付出的成本，所以商业银行不愿为中低净值人群设立专属特性的理财产品，因此他们没有合适的选择，只得被迫接受收益较低的标准化产品。此外，中低净值人群由于自身经济特性，对自己资金的长期使用情况无法精确判断，难以对自己的资产进行定期的合理规划。为了防止一些不定时突发情况的资金需求，确保资金的流动性，他们只得牺牲一定的投资收益，而将资金闲置。Fintech 的出现，以其独特的优势，创新金融产品的开展方式，较好地满足了中低净值人群的理财需求，以大数据为驱动力，依托先进的互联网安全技术，通过智能投顾，深挖单个中低净值用户的价值，实现了给客户多个产品交叉体验的一站式服务，为大众打造了安全的金融服务。2013 年以来，我国互联网理财规模处在不断增加趋势中，2020 年达 16.74 万亿元。

2. 余额宝的效果

天弘基金是唯一一家由互联网金融企业（蚂蚁金服）控股的基金公司，因此其在对大数据的抓取、信息利用等方面有着得天独厚的优势。该产品创新的运用金融科技，将用户的消费需求与理财需求衔接起来，并且优化了用户的使用体验，能够清晰地看到闲置资金在余额宝中的每日收益数据显示。蚂蚁金服运用金融科技开创余额宝理财产品的实践，在创新长尾人群的理财方式与拓展普惠金融开展范围方面，具有划时代的意义。

尽管目前天弘业报基金的规模出于监管层对于货基的监管要求，而主动调控下降的。但其管理资金规模量仍然处于行业榜首，截止到 2018 年底其净资产规模为 11327.07 亿元，为推广普惠金融贡献了强大的动力。

（三）创立运费险满足民生保险需求

1. 运费险的含义及内容

运费险全称为退货运费险，目前分为买方和卖方两个类别。其中买方支付保险费的称为买方退货运费险，反之为卖方退货运费险。随着网购的兴起，为解决买卖双方在购物退货过程中由于运费支出产生的纠纷，保险公司针对网络交易的特征，适时推出新型保险产品——退货运费险，也简称"退运险"，"运费险"。目前主要运用在淘宝网商品交易过程中。

蚂蚁金服基于用户的网购场景化假设，基于淘宝用户退换货品的需求，创造一种保险，让用户自己购买，或者商家赠送的方式，如果进行退货行为，就可以由保险公司来支付这笔费用，增加了客户对网购的用户体验。但是实施初期，由于很强的逆向作用，导致用户购买了运费险后，增大了对商品退货的比例，保险公司边际成本较高，难以盈利。

在卖家初次加入运费险时，基于金融科技技术搭建的系统会自动根据卖家加入运费险前三个月的交易、退货及经营范围等相关数据，依据大数据模型计算卖家的综合风险率，再根据风险率计算出每笔订单的保费。卖家加入运费险后，系统也会自动对卖家每自然日的风险率进行测算并调整保费。当卖家的风险率 $t \geq 30\%$ 时，则保险公司将不再为该卖家提供运费险服务，并建议卖家改善经营，提升产品服务与质量，当风险率 $t<30\%$ 时，则系统自动恢复卖家的投保功能，卖家运费险具体风险计费方式如表 3-3 所示。

表 3-3 卖家运费险具体风险计费方式

风险率（t）	价格（p）	风险率（t）	价格（p）
t<=1% 且但个月内交易笔数大于等于 500 笔	0.15	14%<t<=15%	1.8
t<=1% 且但个月内交易笔数小于 500 笔	0.3	15%<t<=16%	1.9
1%<t<=2%	0.3	16%<t<=17%	2.0
2%<t<=3%	0.4	17%<t<=18%	2.1
3%<t<=4%	0.6	18%<t<=19%	2.2
4%<t<=5%	0.7	19%<t<=20%	2.3
5%<t<=6%	0.8	20%<t<=21%	2.5
6%<t<=7%	0.9	21%<t<=22%	2.6
7%<t<=8%	1.0	22%<t<=23%	2.7
8%<t<=9%	1.1	23%<t<=24%	2.8
9%<t<=10%	1.2	24%<t<=25%	3.0
10%<t<=11%	1.4	25%<t<=26%	3.1
11%<t<=12%	1.5	26%<t<=27%	3.2
12%<t<=13%	1.6	27%<t<=30%	3.3
13%<t<=14%	1.7	t>=30%	不提供服务

2. 运费险的效果

在该过程中，清晰的洞察用户的行为，是保险产品在进行设计时的关键性环节。如今的退运费险作为民生类保险产品中的明星产品，是全球保单数量最大的产品，是蚂蚁金服开展普惠金融业务的创新实践。运费险是基于客户的大数据进行定价，运用云计算技术，创新而生的保险产品。通过对于客户行为进行特定的场景假设，模拟用户使用运费险的行为动机以及概率可能性，应运而生，立志于满足用户的碎片化保险需求，是普惠金融在保险领域的有力实践。

（四）降低支付业务成本普惠小微企业

1.支付业务的含义及内容

当时，中国的互联网电子商务面临着最大的两个问题，一个是买卖双方相互之间的信任问题，另一个是网上支付的资金如何流转的问题。所以，支付宝结合互联网电子商务的需求，应运而生推出了一个担保交易的模式，妥善解决了买卖双方之间的信任问题。通过平台的信用担保，买家将资金先转到支付宝平台，然后支付宝对买家的交易进行担保，买家收到货物后满意并签收，支付宝再将资金打给卖家。

蚂蚁金服在金融科技领域的涉足，起步于支付宝业务，其发展依托于电商场景，为电商的交易提供担保，确保交易的顺利进行。如今，支付宝对开展支付业务的小微商户征收的支付费率大概是 0.6% 以下，并根据行业拥有的不同特性而有所增减。对比而言，国际上的第三方支付机构所征收的支付费率大概是 3%。运用金融科技降低了支付业务的运营成本，也将返利体现对小微商户的征收费率上。在此过程中，它极大地促进了网络零售业务的发展，也积累了更多与客户本身的连接，现在支付宝已经拥有 4.5 亿实名用户，是运用金融科技助力普惠金融在支付领域的创新实践。金融科技的发展促使成本降低，反过来惠及用户与商家，进一步实现普惠金融的目标。

2.支付业务的效果

在这个过程中，支付宝也在进行技术的突破与改进。例如，支付宝不断使用金融科技提升在峰值交易时期的处理能力，以双十一狂欢节的数据为例，在 2010 年仅能够实现每秒钟三百笔左右的程度，而到 2015 年就可实现每秒钟 8.59 万笔的规模，增长速度之快令人惊叹。该惊人的进展得益于支付宝运用高弹性、低成本的云计算架构，替换了传统的IOE 架构技术，大大提升了业务处理能力。如今，支付宝作为蚂蚁金服在支付业务方面的金融科技实践，已经不仅仅是一个简单的支付工具，已经俨然成了广大群众生活中必不可少的基本生活服务方式创新平台。

（五）提供数字化综合金融服务帮助"三农"用户

1.数字化综合金融服务的含义及内容

蚂蚁金服从支付、融资、理财、保险方面，打通各个部门之间的连接，运用金融科技助力为"三农用户"提供金融综合服务，并对农村金融的市场资源进行横向整合，成立了全新的农村金融部门，为践行普惠金融目标迈进。

蚂蚁金服针对农村金融独有的特点，因地制宜提出了一套解决方案，囊括了数字化310模式、"线上＋线下"熟人模式以及供应链产业金融模式。在实践中，站在供给端的角度，通过金融科技技术解决信息不对称的问题，以应对农村金融中无抵押品、金融信息匮乏等短板，降低了金融机构的运营成本。

2. 数字化综合金融服务的效果

蚂蚁金服在农村金融建设中，通过数字化技术构建全新的生态系统，为产业链上各种个体，甚至是最小的农户提供金融科技带来的便利，是全球开展农村金融事业的大势所趋。蚂蚁金服在支付宝中，为县域政府在"城市服务"板块开立本地的"专属普惠金融＋智慧县域平台"，为其免费提供标准化的便民生活服务，以及智慧政务服务的接口，与政府合作进行推广和运营，让县域百姓也能够与城市居民一起享受便利的"互联网＋公共服务"。打造县域普惠金融就是助力产业振兴的有效时间，让农村用户能够切实享受到互联网带来的便利和红利。

四、蚂蚁金服运用金融科技助力普惠金融的成效及不足

（一）蚂蚁金服运用金融科技助力普惠金融的成效

1. 数据化模式便利数据采集

蚂蚁金服在整个消费场景以及生产场景领域，对信息进行采集与授信，灵活运用信息化技术，把原来比较分散的客户零散信息通过金融科技的手段有效的采集上来，让它变成客观可看见的数据。对以往难以获取到相关金融数据的普惠人群，通过其在消费、生产、日常生活等行为中，分析整合成个人数据资料库。

在数据采集方面，不同于传统数据采集方式，只是单一的通过客户在金融机构的贷款情况、银行流水、资产状况等数据，对客户的基本情况进行采集。传统方式对于长尾人群，尤其是广大的农村人口来说，几乎没有任何数据留存在金融机构以供采集，造成了数据采集困难。

蚂蚁金服把日常除了有效抵押品以外的日常经营生活的信息，把它们客观积累到现在整个云系统平台上，这样对于数以亿计的客户就有更多日常活动、生活行为的认知，把它过往的表现通过数据化的形式累计下来。如此这般，即使用户在千里之外，蚂蚁金服也可以依据这些数据，对广大客群进行最精准的画像，可以精准定位客群的身份、位置、能力、生产经营规模等等，以便更好地为客户提供适合的金融服务，以便普惠金融的实现。

2. "线上＋线下"合作确保普惠目标实现

蚂蚁金服加强与外部机构的合作，与各地银行做平台化联合贷款业务，运用地方银行的资金，加之蚂蚁金服风控技术赋能，辅助当地银行机构服务当地的三农客户群体。由于地方商业银行的自身优势，能够拿到更加优惠的资金，所以能够有效地降低去服务当地融资农民

的利率，蚂蚁金服跟更多地方银行以及国有银行、股份制银行合作，能够有效降低服务三农客户群体的资金成本，能够让农民得到更多的优惠，同时也是钱行普惠的一种创新方式。

蚂蚁金服致力打通农村金融"最后一公里"，但是现如今仍面临相信和认知的两大难题，不能触发或者触达农村地区所有实名的支付宝用户。在广袤的农村地区，一些传统金融机构例如地方金融机构、政府、保险公司等，在这里扎根运行了数十年。因此，蚂蚁金服加强与政府、保险公司的合作，地方机构拥有非常庞大的以及丰富的网点资源，他们能够有效地触达地方的客户群体，进一步推广蚂蚁金服旗下财政险公司的政策性农业保险，为农民带来普惠的金融服务，解决打通农村金融最后一公里的两大难题。

3. 区块链金融模式提高融资效率

蚂蚁金服运用区块链技术，以核心企业的应付账款为依托，在真实贸易的背景下，将产业链上各参与方进行有机连接，将核心企业的应付账款作为信用进行流转，在区块链上实现逐级传递，使得区块链上各个企业都能依靠核心企业的信用进行融资担保，从而使得更多处在供应链上游的中小微企业获得更为高效的融资效率，提升了企业的普惠金融体验。以往采用供应链金融方式的公司，大约只能为 15% 的供应链上的中小微企业提供融资服务，在采取区块链技术之后，85% 以上的处于供应链上有的中小微企业都能够享受到便利的融资服务。

一般条件下，中小微企业在经营运转进程中，总有需要资金周转和采购原材料需要资金付款的情况产生，此时急需银行的贷款以便资金的周转。但是现实情况中，这些中小微企业除了应收账款可以作为资产进行担保贷款以外，没有其他可用的资产，银行在考虑资金安全性的前提下，并且难以准确搜集订单数据的准确性以及贸易背景的可靠性，很难为企业提供融资服务。

现如今，区块链技术的应用，妥善解决了上述中小企业的融资难题，不仅有效提升了供应链上下游企业交易之间的信息透明程度，增强了彼此之间的信任感，运用技术优势可以实时监测供应链中商品的交易状态，使得交易更加可靠。此外，还可以基于区块链中核心企业的应收账款作为信用担保，以其较为可靠的信用条件，为处于上游中小微企业缓解融资难题，为中小微企业增信，为传统银行给企业发放贷款增加可能，最终目的是建立起一个可靠而稳定的供应链金融生态系统。

在蚂蚁金服运用区块链技术的试点进展过程中，处于产业链最末端的供应商，一个不到十个人的汽配零件小厂，通过蚂蚁金服的双链通技术，通过流转在整个开放式供应链的核心企业的应收账款，缩短了到付款项的账期，依据核心企业的信用运用"310"融资模式，仅 1 秒钟就获得了 2 万元的融资。

4. "BASIC"战略保障网络安全

2017 年，蚂蚁金服推出了开放式的"BASIC"战略，BASIC 五个字母分别对应着五个含义，即 Blockchain（区块链）、Aritificial intelligence（人工智能）、Security（安全）、

Io T（物联网）和 Cloud computing（云计算）五大领域，并在此基础上延伸出风控、信用和连接的三大能力。蚂蚁金服运用金融科技在风控领域的实践，为广大中小企业解决了不少业务方面的安全风险问题，同时也切实保护了用户的信息安全。

随着物联网技术的迅猛发展，将业务的各个环节相连，因此任何一个环节的细小纰漏或是安全标准的部分欠缺，都会对整个防御体系的完整性产生严重的制约。同时，引入人工智能的技术，加强与科技大脑的交互联动，为未来安全防御创造更多的可能。为了激励全行业、甚至每个人都能参加到维护网络安全的行动中来，蚂蚁金服安全应急响应中心（AFSRC）联合公益组织"根与芽"，发起了公益性的互联网安全防护林计划，倡议整个安全圈中的各个群体都能共同参与其中，共建互联网安全防护平台。并组建较为权威的安全生态顾问团，邀请学界、业界的大牛担当荣誉安全顾问，加强技术合作，紧跟 AI 等新技术发展，探索未来的安全科技发展趋势，持续推动用户的信息保护，联合生态中的群体力量为安全圈的防御能力加码。

2018 年，"生态""标准""智能"是蚂蚁安全的主要发展方向。随着物联网技术的发展，每个环节的纰漏，安全标准的缺乏，将严重制约防御体系的完整性。同时，进一步加强与"学界大脑"的互动，探索 AI 时代下的安全技术应用，将是未来安全防御能力的核心。

（二）蚂蚁金服运用金融科技助力普惠金融的不足

1. 信息安全问题存在隐患

信息安全问题一直是我国高度关注的互联网金融问题之一，金融科技的快速发展，由于互联网自身存在的漏洞，极易成为一些不法分子的攻击目标，一旦得逞，极易导致个人信息泄露、恶意利用信息进行担保借贷、盗刷信用卡、恶意勒索等一系列问题，给个人、企业乃至整个金融行业造成较大的隐患。

金融科技的发展，依托于现在兴起的大数据与云计算等技术，根据我国广大用户的大数据，可以精确地分析到每个用户的需求，因人而异寻找出最适合的商品并精准推送给客户，有利于更好地推广普惠金融。但是由这些海量信息构成的庞大的数据库，既是一个聚宝盆也是一个需要严密防范的保护区。科技的进步是一把双刃剑，数字技术应用于金融，极大地解决了金融领域中信息不对称的问题，但与此同时信息安全问题也在不断滋生。

2. 普惠金融长尾群体征信困难

普惠金融的服务主体是广泛的长尾用户，但是在中国对于长尾用户的征信工程，普惠金融的开展步履维艰，主要是由于成本和基础设施条件的限制，阻碍了征信工作的推广。在广大农村地区和偏远地区，许多农户的征信数据难以寻迹，最多也只是在银行有存款账户，很多农民甚至不知道征信是什么意思。对这些普惠长尾人群开展信用征集工作，成本与工程量巨大，对传统金融机构而言收益无法覆盖成本，因此不愿意开展征信活动。由于偏远地区经济发展落后，金融机构较少设置在乡村中，所提供的金融服务也十分有限，农村信用体系建设严重欠缺。

3. 未建成统一的金融服务中介平台

目前来看，我国的金融机构多集中在经济发达的地区，在普惠金融开展的重点区域，很少设有专业的金融服务机构为普惠人群提供金融服务，中国急需一个开放式、统一的金融服务中介平台，为普惠人群带来较为平等的金融服务。

尽管蚂蚁金服运用金融科技的力量，在现代金融服务领域，已做到行业领先的位置，且受众面较为广泛，是我国少有的专为普惠人群提供金融服务的金融科技机构。但是，即便是蚂蚁金服也多在北上广深等发达城市发展较为突出，在经济欠发达地区普惠能力有限，并且传统的金融体系较为封闭，倾向于大客户财富管理模式，而非开放式、共享式的金融模式，因此与传统的金融机构一起建成一个统一的金融服务平台，为普惠人群开展较为平等的金融服务迫在眉睫。

第四章　中国农村普惠金融体系的发展研究

第一节　现代农村金融体系的发展历程

一、农村金融改革的简单回顾：1979—2012 年

农村金融改革是农村经济体制改革中的重要组成部分 D 改革开放以来，农村金融体制的变革一直在探索和进展之中，积累了大量的经验和教训。1979 年，国务院下发了《关于恢复中国农业银行的通知 #，揭开了中国农村金融改革的序幕，规定中国农业银行的主要职能是运营支农资金和管理农村信用社。1984 年，农信社开始管理体制改革，设县级联社，承担国家赋予的支农职能。1994 年，中国农业发展银行成立，成为专门负责粮棉收购贷款等政策性业务的政策性银行。1996 年，实行农村信用社和中国农业银行脱钩，正式脱离隶属关系，农信社进入独立发展阶段。1998 年开始，中国农业银行与其他国有商业银行一样，迅速撤并和裁减基层网点，支农职能有所削弱。1998 年，政府对于民间融资采取大规模取缔政策，4 万多家农村合作基金会被取缔，各种民间金融组织的信贷活动受到严格抑制。1999 年，农村信用社开始在局部地区改制为地方的商业银行。2003 年，全国农村工作会议开始重视"三农"问题，2005 年，中央提出"社会主义新农村建设"，从而使农村金融改革进入了一个崭新的阶段。2003 年，国务院下发《深化农村信用社试点实施方案》，农信社产权制度和管理体制的改革试点进入实质性阶段。2004 年，我国第一家专业性农业保险公司成立，2005 年，中国人民银行开始试点"只贷不存"商业性小额贷款公司模式，揭开民间资本规范化和市场准入的新篇章。2006 年年底，银监会提出"开放农村金融市场、降低农村金融市场准入"的一系列政策框架，提出建立村镇银行、农民资金互助组织和小额贷款公司等新型金融机构。2007 年，中国邮政储蓄银行成立，同时中国农业银行的股份制改革进入攻坚阶段，农行重新提出服务"三农"的战略。2008 年 10 月召开的中共十七届三中全会则高屋建瓴地提出"建立现代农村金融制度"的主张。2008—2012 年，我国新型农村金融机构有了长足的发展，原来的农信社体系的改革突飞猛进，改制组建了大量具有竞争力的农村商业银行和农村合作银行，大型农村金融机构的改革也在稳健推进之中。整体来看，改革开放以来，农村金融领域确实发生了若干重大事件，这些事件推动了农村

金融产权主体的多元化，改善了农村金融市场的竞争生态，使我国农村金融体系服务"三农"的能力有很大提升。

二、农村合作金融体系改革

（一）农信社改革的几个阶段

1. 第一阶段：在改革调整中发展的阶段（1980—1996 年 8 月）

主要体现在对于合作社"官办"体制的反思和初步调整。1979 年 10 月，中国农业银行总行行长会议对信用合作社"官办"体制弊端做了认真剖析。1982 年 12 月，中央政治局讨论通过《当前农村经济政策的若干问题》，重申信用合作社应坚持合作金融组织的性质。1984 年 8 月，国务院批转了中国农业银行总行提交的《关于改革信用合作社管理体制的报告》，报告指出通过改革，恢复和加强信用合作社组织上的群众性、管理上的民主性、经营上的灵活性，实行独立经营、独立核算、自负盈亏，充分发挥民间借贷的作用，把信用社真正办成群众性的合作金融组织。但是，这个报告仍旧强调"农业银行要加强对信用社的领导，改革信用社管理体制，不是要信用社和银行脱钩"；1989 年，信用社进入治理整顿阶段，主要开展强化内部管理、整顿金融秩序的活动。在这一阶段，通过清股、扩股，密切了信用社与社员的经济联系，经营管理体制有了明显改善，内部经营机制逐步向自主经营、自负盈亏的方向转变。

2. 第二阶段：信用合作社独立发展阶段（1996 年 8 月—2003 年 6 月）

1996 年 8 月国务院《关于农村金融体制改革的决定》出台，农村信用合作社与中国农业银行脱钩，农村信用合作社按照合作制原则重新规范，标志着中国农村信用合作社重新走上了独立发展之路。此次改革的核心是把农村信用社办成由社员入股、社员民主管理、主要为社员服务的、真正的农村合作金融组织。改革的步骤是农村信用社和农业银行脱离行政隶属关系，按照合作制的原则进行规范，其业务管理和金融监管分别由农村信用社县联社和中国人民银行承担。1996 的改革启动了农信社以产权明晰为主旨的产权制度调整，初步形成了农村信用社自求发展、自我约束、自主决策的经营机制，基本理顺了农村信用社和央行及农行的关系。

3. 第三阶段：深化改革阶段（2003 年 6 月至今）

2003 年 6 月 27 日，在江苏省农村信用社改革试点的基础上，国务院出台了《深化农村信用社改革试点方案》，决定扩大试点范围，将山东省等 8 省市列为试点单位，自此拉开了新一轮农信社改革的序幕。该方案明确指出："按照'明晰产权关系、强化约束机制、增强服务功能、国家适度支持、地方政府负责'的总体要求，加快信用社管理体制和产权制度改革，把信用社逐步办成由农民、农村工商户和各类经济组织入股，为农民、农业和农村经济服务的社区性地方金融机构。"这次农村信用社改革,重点解决两个问题:一是以法人为单位,改革信用社产权制度,明晰产权关系,完善法人治理结构;二是改革信用社管理体制.将信用社的管理交由地方政府负责,成立农村信用社省(市)级联社。2003年银监会成立,农信社的监管职能转人银监会2003年以来,农信社的试点改革取得了明显成效:资本充足率大幅提高,抗风险能力有了较大变化;不良贷款率下降,资产质量明显改善;初步结束亏损局面,经营效益显著好转;资产规模不断壮大,支农服务功能增强;组建农村商业银行和农村合作银行等银行类机构以及县统一法人社,产权制度改革稳步推进;组建省级管理机构,"国家宏观调控、加强监管,省级政府依法管理、落实责任,信用社自我约束、自担风险"的农信社监督、管理、经营体制框架初步形成。农信社经过2003年以来的改革发展,已经初步改变了以往资产质量低、金融风险大、经营效益低下的局面,农村合作金融的命运出现了转机。而试点取得一定成功的原因在于,中央尊重了各个地区的自主选择和制度创新,对于农村信用社的产权结构变革、组建农村商业银行和农村合作银行等,都基本认同了各个地区的创新性的试验,并将这些试验成果向全国作了推广,从而使农信社的改革出现各地多元并举、自主创新的局面。

(二)农信社改革的争议和存在的问题

1978年以来,农信社自身定位、业务功能、经营模式、管理体制等都在不断地频繁变动之中,学术界和决策部门对农信社改革的争议概括起来主要有以下三点:

1. 我国的农村信用社是否是合作制

合作制最核心的条件有四个:自愿性、互助共济性、民主管理性、非盈利性。尽管我国决策部门一直强调农信社要坚持合作制,但历史事实表明,农信社从来没有成为真正意义上的合作制。首先,农民加入和退出合作社并没有遵循自愿性原则。其次,合作社本来应该坚持互助合作的原则,但是农信社与社员之间的贷款程序与商业银行基本相同,非社员贷款占到50%左右。再次,农信社不符合民主管理的原则,从来没有实行过真正的民主管理,其内部人员配置和经营决策带有浓厚行政管理色彩。最后,信用社本来应该"主要为社员服务",不以盈利为主要目标,但是信用社已经明显地商业化,演变为一个追求盈利目标的股份制金融机构。

2. 未来的农信社改革是否需要坚持合作制,重新回到合作制

这个争议涉及农村信用社未来改革的目标模式问题。在2003年之前,有关监管当局一直把农信社的改革定位于恢复真正的合作制,其内部治理结构和管理模式也是按照合作制的架构来设计。在学术界,主流的观点认为,由于历史上农信社从来没有实行过真正的合作制,因此回到合作制的目标模式成本极高,而且基本没有可操作性。

3. 管理体制的选择

第一种意见认为应该建立全国性的管理机构,模仿供销合作社组织,全国联合统一管

理全国信用社的经营方针；第二种意见是全国协会模式，属于相对松散型的行业管理；第三种意见是主张模仿美国模式，存在独立的监管机构和独立的存款保险基金；第四种意见是省联社模式，属于紧密型行业管理和纵向管理。2003 年后的改革，实际上采取了第四种意见。但是在省联社的制度实行后效果不如预期。

目前，农村信用社体系存在的问题可以归结为以下几个：一是农信社的历史债务包袱沉重；二是农村信用社产权模糊。农村信用社产权不清，既不是真正意义上的合作制，也不是纯粹的股份制。名义上信用社为人股社员所有，但由于社员股金数额很小，占资产总额的比重很低而且分散，难以体现社员对信用社的所有权。农村信用社从产权到管理，实际上掌握在农村信用合作联社主任手里，这违背了合作社成立的初衷；三是经营亏损普遍比较严重。虽然目前我国农村合作金融从总体上看有较大的发展，但发展很不平衡。相当大比例的农村信用合作社经营状况不佳，信贷资产质量差，亏损严重，一些已陷入资不抵债的境地，难以持续经营；四是农信社内部治理存在问题。农信社的产权结构分散，股东权益得不到保证，地方政府对农村信用社的过度干预导致董事会、监事会和社员代表大会流于形式，缺乏对管理人员的监督和制约，内部人员控制现象十分严重；五是省联社的管理体制不合理。省级信用联社本来只是一个比较超脱的行业性的管理和服务机构，但往往直接从事业务经营活动 3 基层社、县级联社、省级联社之间形成了实质意义上的经济代理关系，联社既是行业管理者又是经营者，充当了裁判员和运动员的双重角色。

三、农村政策性金融改革：机制设计与风险控制

（一）中国农业政策性金融改革的四个阶段

1. 第一阶段：国有专业银行对农业政策性业务的分散管理阶段（1979—1994 年年初）

1979 年，我国进行了以银行专业化为方向的金融体制改革，这个阶段的商业银行，是集政策性银行和商业性银行职能于一身的综合金融机构。1984 年，专业银行开始进行企业化改革，这一时期农业政策性金融业务基本处于一种界限模糊和管理混乱的状态，专业银行同时承办相关的政策性业务和商业性业务，导致两种资金运行机制混乱，专业银行自身商业性业务经常挤占挪用政策性金融资金。中国农业银行在农产品收购过程中，限收拒收、压级压价和打内条成为普遍现象，严重挫伤了农民的生产积极性。因此，迫切需要将中国农业银行的政策性与商业性业务分离，成立专门的农业政策性银行。

2. 第二阶段：农发行初步成立和全方位支农阶段（1994—1998 年）

1993 年 12 月，国务院颁发《关于金融体制改革的决定》，确定组建国家开发银行、中国进出口，银行和中国农业发展银行。农发行作为我国唯一的农业政策性金融机构，其业务领域在初期非常广泛，包括代理财政性支农资金的拨付；办理粮、棉、油、肉、糖专

项储备贷款，收购、调销贷款，承担国家粮油加工企业贷款和棉花加工企业贷款；办理扶贫贷款、农业综合开发贷款以及其他财政贴息农业贷款。

3. 第三阶段：农发行业务职能收缩和专一履行粮食收购资金封闭管理职能阶段（1998 年 3 月—2004 年下半年）

1998 年 3 月，国务院决定深化粮食流通体制改革，先后两次对中国农业发展银行的业务范围进行调整，规定农发行专一履行粮、棉、油收购资金封闭管理职能，集中精力做好收购资金供应和管理工作。这一阶段，农发行开展的主要工作就是按保护价敞开供应粮食收购资金。但到 2004 年，中央"一号文件"确定全面开放粮食购销市场，实行对农民的直接补贴，农发行粮油贷款营销与管理的政策环境和客户基础发生了很大的变化，农发行独家供应收购资金的格局逐渐被打破，这使农发行信贷业务的经营空间萎缩。

4. 第四阶段：不断拓宽支农业务领域及商业化和政策化并重的新阶段（2004 年下半年至今）

从 2004 年下半年起，农发行先后开办了粮食加工企业贷款、产业龙头化企业贷款及其他粮食企业贷款等新业务。2005 年中央"一号文件"明确提出："加大政策性金融支农力度，增加支持农业和农村发展的中长期贷款，在完善运行机制基础上强化农业发展银行的支农作用，拓宽业务范围"。2006 年中央"一号文件"提出了"调整农业发展银行职能定位，拓宽业务范围和资金来源"的要求。2007 年 3 月，经银监会批准，农发行又获准开办农村基础设施建设、农业综合开发业务和农业生产资料等中长期支农贷款业务。农发行不断拓宽业务范围，逐步形成"一体两翼"的业务发展格局："一体"是指以收购储备传统政策性业务为主体；"两翼"是农发行开办的商业性业务，其中一翼是指农业产业化、农业科技发展项目、以农副产品为主要原料的加工企业、农业中小企业、农业生产资料流通等，另一翼是指农业和农村综合开发贷款、基础设施贷款等中长期贷款业务。这标志着农发行对"三农"的信贷支持进入了宽领域、多方位、深介入的发展阶段，其经营业绩不断改善。

（二）农业政策性金融运行机制设计与风险防范

1. 资本金及运营资金来源结构设计

农发行的资金来源传统上主要是央行再贷款，其他资金来源主要包括境内发行金融债券、贷款企业短期存款和财政性存款。商业化运作迫切需要市场化的筹资方式，农发行不断优化债券结构，积极创新债券品种和发行方式，偏重发行中期固定利率债券和中长期浮动利率债券品种，其负债结构不断优化同时，农发行加强了存款组织与管理工作，并通过开办同业拆借、改善资金调拨方式，增加了资金营运能力。2007 年 4 月，农发行在政策性银行中率先开办了票据交易业务。

2. 内部管理机制设计与风险防范

农发行从只从事粮、棉、油收购业务，拓展到所有涉农领域的融资业务，内部管理机制的设计和监管机制也需要相应变化，以适应经营环境和业务范围的变迁。2007年，农发行将"内部改革"细化为五个主要方面，分别为完善绩效挂钩考核体系、推广应用信贷管理系统、推进收入分配制度改革和岗位绩效考核、推行财会主管委派制和综合柜员制、启动员工持证上岗工作。在政策性业务和商业性业务并存的状况下，农发行的可持续发展有赖于科学的风险防范机制的设计。"分账管理"是政策性银行防范业务操作风险的基本举措，即指对于政策性贷款，可由财政兜底，并应由财政部门进行监管；对于商业性贷款，则实行以资本充足率为核心的商业银行监管模式，由银监会进行考核。商业性业务按照市场化原则运作，由农发行自主经营、自负盈亏、自担风险，坚持审慎积极原则，保证贷款的效益和回收率。近年来，农发行在化解和防范不良贷款风险方面取得了重大进展，先后制定和修订了多项信贷管理制度，开展了企业贷款资格认定和信用评级工作，逐步完善了贷审会等内控机制；在业务流程方面，实现"前后台分离"，前台即客户部门负责客户营销和贷前调查，后台由信贷管理部门完成贷款审查、风险控制，逐步形成了前后台相互制衡的机制。

农村政策性金融正处于积极的变革时期，这些变革和内部创新，是在新的农业产业背景、新的农业发展条件和新的宏观经济环境下做出的制度选择，农发行资金来源结构的多元化、管理机制的创新、业务结构的拓展，都体现了微观主体自主创新的精神，同时这些创新得到了决策部门和监管部门的认同与鼓励。

四、农村民间金融：运行特征、规范化与市场准入

（一）改革开放居我国民闹融资发展房程

民间融资在我国有悠久的历史，即使在新中国成立后的计划经济时期，某些地区的民间融资也以各种隐蔽的形式继续活动。民间金融具有明显的内生性，与中国乡土社会特有的社会信任关系、经济组织结构和文化传统密切相关，而在民间金融演进和扩张的过程中，地方政府也扮演了非常重要的角色。20世纪80年代初期，在一些经济比较发达的地区（如浙江温州），出现了大量民间金融组织，合会、轮会、排会、当铺、私人钱庄、挂户企业（非金融机构借贷）等融资活动非常活跃，并在20世纪80年代中期发生了影响广泛的浙江乐清"抬会"事件和苍南、平阳"排会"事件。其中，值得一提的是温州方兴钱庄的案例1984年9月25日，苍南钱库镇挂出了一块"方兴钱庄"的牌子，这是新中国成立后大陆第一家由私人挂牌营业的金融机构。1984年12月12日至25日，中国人民银行温州市支行派出调查组对方兴钱庄进行了专题调查。尽管中央政府明令不允许建立私人钱庄，但温州市和苍南县地方政府对方兴钱庄均给予了积极支持。1986年11月7日，中国人民银

行总行一封明传电报发到中国人民银行温州市分行，指出要按国务院《银行管理暂行条例》规定办，不能发给方兴钱庄《经营金融业务许可证》。温州市分行考虑到方兴钱庄在当地的影响，认为如果予以强制手段取缔，肯定会造成用户的损失，产生社会的混乱，所以决定在钱库镇的银行和信用社也实行利率浮动，于是温州成为全国第一个率先进行利率改革的试点地区，以此形成银行和信用社与私人钱庄竞争的局面。因此，方兴钱庄的成立和成功的经营，对于促进当地金融市场的竞争、促进银行和信用社加快利率改革步伐并改善经营起到了巨大的作用。

农村合作基金会也曾是民间金融中比较活跃且规模较大的一类。农村合作基金会于1984年在少数地方试办。截至1998年年底，全国共有农村合作基金会29187个，其中乡（镇）农村合作基金会21840个，占74.8%。1999年1月《国务院办公厅转发整顿农村合作基金会工作小组清理整顿农村合作基金会工作方案的通知》下发，清理整顿农村合作基金会工作全面开始。到2000年年底，农村合作基金会或者并入当地农村信用社，或者由地方政府负责清盘关闭，农村合作基金会不再单独设立的目标基本实现，农村合作基金会自此退出了历史舞台。彻底取缔农村合作基金会这样一种重要的民间金融组织，在学术界引起了巨大争议。

（二）民间金融运作特点和监管部门态皮和走位的转支

我国当前民间金融有几个特点：第一，民间融资比重高，资金规模巨大，增长速度快。据调查，在农村地区通过非正规金融取得的借款占56.78%；越是经济落后地区，非正规金融借贷比重越高；第二，民间金融的用途重点转向生产经营。传统的民间金融形式（如民间借贷、合会、钱庄）主要用于消费性融资，而目前的民间借贷主要用于民间投资，特别是成为中小企业融资的主要渠道。据抽样调查，浙江省宁波地区民间融资约85%用于生产经营，温州地区约为93.3%，福建省约为98.2%，山西省约为65.5%，河南省约为70%；第三，民间金融的形式种类繁多，地域分布特征显著。目前，中国存在的民间金融形式主要包括：民间借贷、民间合会、钱庄、典当行、集资、农村合作基金、农村互助储金会。民间金融的地域分布特征显著，其发展状况与当地民营经济发达程度密切相关。

随着我国金融改革的进一步推进，民间信用的重要作用以及民间信用合法化的重要意义已经被决策部门所认识。2005年4月，央行副行长吴晓灵在"微小企业融资国际研讨会"上总结发言，认为能为微小企业和小额贷款需求者提供最好服务的还是"草根金融"，即带有非正式金融性质的社区性的融资，政府不应该对民间合法的金融行为进行过度的干预。2005年5月25日，中国人民银行发布《2004年中国区域金融运行报告》，明确指出"要正确认识民间融资的补充作用"，这被普遍看作是央行首次对流行于中国农村的民间借贷的正面积极评价。2007年至今，银监会和中国人民银行在一系列政策框架中，均对民间金融的积极作用给予了肯定，同时采取各种政策措施促进民间金融的规范化和阳光化，使其在一定政策引导下逐步成为正规金融体系的一部分。

民间信用组织的规范化和合法化应针对不同性质的民间信用组织而采取不同的措施，对于那些零散的、小规模的、范围极为狭窄的民间信用形式，如亲友之间的零星的私人直接借贷、带有互助合作性质的合会等民间信用，可以继续使其维持较为松散的形式，不必进行严格的监管，也没有必要严格界定其法律地位。对于那些规模较大，而且一般由一定金融机构承担的民间信用形式，则需要制定正式的法律条文，明确其法律地位，采取明晰的监管框架，对其进行审慎性监管。仅仅依靠简单化的行政手段来取缔民间信用，事实证明是行不通的，也是没有意义的。民间信用作为一种"草根金融"，具有强大的生命力，简单的取缔和抑制，只能引起地下金融活动的增加和金融风险的累积，而不利于金融监管的有效进行。民间融资规范化和民间资本市场准入的工作在2005年开始有所突破。2005年年底，央行选择山西平遥、贵州江口、四川广汉和陕西进行民间小额信贷的试点工作，试图引导民间金融的融资活动走向正轨，并将民间融资纳入金融监管机构的正式监管之下。央行"只贷不存"小额贷款公司试点揭开了我国民间金融规范化的序幕，具有深远的意义。在民间金融管理方面，监管者从简单的取缔和抑制转变到积极地引导和有效地推进规范化试点，并在民间金融机构运作方面给予默许式的激励，这是我国近年来民间金融发展的一个新变化和新趋势，这个趋势，对于农村民间资本整合、弥补农村金融缺口有积极的意义。

（三）2008年央行起草的《放贷人条例》和成国民间金融的规范化法律框架

民间金融作为我国信贷体系的一个特殊组成，在小企业融资和农户融资中占有重要地位，而民间融资的不规范性也容易引发各种金融风险从而对区域经济造成消极影响。2008年11月，央行起草了《放贷人条例》并提交国务院法制办，这是民间金融阳光化和规范化历程中一个里程碑式的事件，对民间借贷的规范发展和动员民间资本从而纾解小企业和农户融资瓶颈约束起到积极作用。在立法部门和学术界中，对《放贷人条例》的出台有不同的看法，但是民间金融的阳光化和规范化已经刻不容缓。

在存在金融抑制的国家，微观经济主体尤其是微型企业和农户有着旺盛的资金需求，但正规金融体系由于信息成本和所有制关系等因素的制约，导致其对微型企业和农户的贷款意愿降低，而非正规金融体系则有效填补了这一融资结构中的空内地带，满足了微型企业和农户的资金需求。从制度供给角度而言，我国存在着巨额民间资本，这些民间资本具有一种转化为金融资本的强大内在冲动，但是当前的金融制度安排阻碍了民间资本向金融资本的转化，使其不得不以各种非正规金融的形式存在于制度夹缝之间。民间金融在为民间经济主体提供融资服务时，具备正规金融所没有的制度优势，这些制度优势是内生于民间金融自身的，包括自身的信息优势、有效的偿付机制、较为灵活的利率和贷款期限、较快的融资速度、较低的贷款成本和较高的服务水平。这些优势决定了民间金融在一定范围内具备竞争力，能够较好满足中小融资主体的融资需求。

民间金融组织内生于乡土社会网络，有着很强的生命力。基于民间金融的内生性特征及其与社会网络与社会信任的依存关系，对民间金融的政府规制模式必须与民间金融的这些特征相适应。从世界经验来看，逐步走向规范化是民间金融发展的最终趋势，我国的部分民间金融也已经在政府的主导力量下向着这一方向发展（如发展规范的商业性小额贷款组织）。民间金融的规范化和合法化一方面有利于民间金融组织提升信誉度和规范经营，降低交易成本和违约风险，另一方面也有利于政府进行风险预警和风险甄别，适当控制民间金融可能引发的金融动荡。政府对待民间金融的态度，既不应是进行过于严格的金融抑制，也不应是揠苗助长式的急于使其规范化，而是应顺应民间金融的内生性特征，鼓励民间金融主体在自身发展和演进过程中更多地发挥自身能动性。对于一些绩效良好、运作规范且具备一定经营规模的民间金融组织，应视情况给予政策上和法律上的扶持，使其成长为比较正规的、社区性的中小民营银行，从而优化我国金融体系的市场结构、产权结构和竞争结构。

央行在 2008 年 11 月起草并向国务院提交了《放贷人条例草案》，表明监管当局对民间金融在金融体系中的积极和消极作用已经有相当全面的认识，并试图用立法手段对其信贷行为进行适当规制。《放贷人条例草案》立法意图的核心是使那些运用自有资金而不是通过吸收存款进行信贷活动的民间金融组织有合法的运作空间，同时对那些非法的集资活动予以法律制裁。我国民间金融阳光化的基本立法框架主要参照我国香港地区的《放债人条例》和南非的《高利贷豁免法》。香港《放债人条例》规定：任何人经注册都可以从事放债业务，放贷的利率、金额、期限和偿还方式由借放款双方自行约定，但利率不得超过规定的年息上限 6 厘以上。南非《高利贷豁免法》则规定，机构或个人只要是发放 5000 美元以下的贷款，不管其利率高低，只要到管理机构登记就算合法。香港地区和南非的实践表明，政府对民间金融机构的信贷行为及其利率水平给出了最大的宽容空间，但是如果信贷市场能够实现多元融资主体的充分竞争，高利贷就会丧失自身的生存空间，而民间融资需求就可以获得最大限度的满足。在央行起草的《放贷人条例草案》中，除运用自有资金严禁吸收存款的要求外，对利率的规定仍是不能超过基准利率的 4 倍，这些利率上限在绝大部分地区是适合民间金融发展的实际情况的。

五、增量式变迁与新型农村金融机构构建

（一）银监会"金缺轩政"与型表付金融也构的组建

银监会于 2006 年 12 月 20 日发布了《中国银行业监督管理委员会关于调整放宽农村地区银行业金融机构准入政策，更好支持社会主义新农村建设的若干意见》，提出农村金融市场开放的试点方案。其基本原则是："按照商业可持续原则，适度调整和放宽农村地区银行业金融机构准入政策，降低准入门槛，强化监管约束，加大政策支持，促进农村地区形成投资多元、种类多样、覆盖全面、治理灵活、服务高效的银行业金融服务体系，以更好地改进和加强农村金融服务，支持社会主义新农村建设。"这些基本原则可以简单概括为"低门槛、严监管、增机构、扩服务、先试点、后推广"这 18 个字。应该说，银监

会的农村金融市场开放试点方案，是最近十几年以来农村金融领域力度最大的改革举措，对于改善农村金融领域信贷资金外流、农村经济主体融资困难、推动农村产业结构调整和增加农民收入必将产生深远的影响。更重要的是，农村金融市场将出现多元投资主体并存、多种形式金融机构良性竞争的局面，有利于有效动员区域内农民储蓄和民间资金，有序引导这些困散资本流向农村生产性领域，对民间信用的合法化和规范化有着重要的意义。

银监会的改革举措可以归纳为五个突破：一是农村金融机构设立方面的突破。积极支持和引导境内外银行资本、产业资本和民间资本到农村地区投资、收购、新设村镇银行、社区性信用合作组织和专营贷款业务的全资子公司，支持各类资本参股、收购、重组现有农村地区银行业金融机构；二是农村金融组织注册资本金的突破。此次，银监会开放农村金融市场试点的主要指导思想，是调低注册资本，即根据农村地区金融服务规模及业务复杂程度，合理确定新设银行业金融机构注册资本，使新设机构的资本金门槛与农村经济发展的实际相符合；三是鼓励农村金融机构加强农村融资服务的激励机制的突破。银监会此次试点运用了各种经济激励手段，鼓励各种农村金融机构加强对农村融资服务；四是农村金融机构股权多元化和治理结构灵活化的突破。银监会开放农村金融市场试点，着意调整投资人资格，放宽境内投资人持股比例，对境内企业法人向农村地区银行业法人机构投资人股的条件做了适当调整。为了控制村镇银行的风险，使村镇银行的设立具备良好的经营基础，试点方案规定，村镇银行应采取发起方式设立，且应有 1 家以上（含 1 家）境内银行业金融机构作为发起人。适度提高境内投资人人股农村地区村镇银行、农村合作金融机构持股比例。这些措施鼓励投资来源的多元化和股权结构的分散化，为村镇银行未来的运作奠定了良好的资本来源结构；五是鼓励农村金融领域金融创新的突破。在银监会开放农村金融市场的试点方案中，其基本指导原则是放宽业务准入条件与范围，鼓励金融创新，扶持农村地区银行业金融机构开办符合当地客户合理需求的金融创新产品和服务

（二）村镇银行的设立与民间资本进入银行

在银监会开放农村金融市场的方案中，村镇银行是新型农村金融机构中最重要的组成部分，也是吸引民营资本进入银行业、支持农村金融发展的重要途径，同时是促使农村民间金融阳光化的重要举措。村镇银行是农场金融领域增量改革的重要成果，对我国农村金融结构的提升和农民信贷现状的改善有着极为重要的意义。

首先，实现了农村金融机构产权主体的多元化，而这种股权结构的变化最终使村镇银行的内部治理结构和激励约束机制与原来的农村信用社迥然不同。

其次，村镇银行的成立还促进了区域之间的竞争，使跨区域的资金整合成为可能。2007 年 4 月 28 日，北京农村商业银行出资 1000 万元，在湖北仙桃建立了北农商村镇银行，这是我国农村金融机构跨区域竞争的第一步。这个事件具有里程碑式的意义。这种跨区域的竞争和资源整合，对于提高资金使用效率、对于改善地方金融生态、对于先进地区金融经验向后进地区的渗透，都具有极为重要的意义。

再次，村镇银行还引进了更多的外资银行加盟中国的农村金融市场，这对于我国农村金融总体质量的提高有着深远意义。2007 年 12 月 13 日，香港上海汇丰银行出资 1000 万元，在湖北随州建立了独资的曾都汇丰村镇银行，这是外资银行涉水中国农村金融的第一步。

最后，村镇银行的建立还使我国现有政策性金融机构、商业性金融机构和合作金融机构有更丰富多元的投资选择。国家开发银行发起建立了甘肃平凉市泾川县汇通村镇银行、青海大通国开村镇银行、四川绵阳富民村镇银行和湖北黄石大冶国开村镇银行等四家村镇银行，开了政策性金融机构发起设立村镇银行的先河。城市商业银行发起设立了四川仪陇惠民村镇银行、吉林磐石融丰村镇银行、吉林东丰诚信村镇银行、内蒙古固阳县湿壕镇包商惠农村镇银行等。农村信用社发起设立村镇银行的例子有吉林敦化江南村镇银行、甘肃庆阳瑞信村镇银行等。村镇银行发起人的多元化，表明不同金融机构对村镇银行都持有积极的看法。

六、中国农村金融未来改革趋势

中国 30 年农村金融改革从总体而言成效显著，其中所累积的大量宝贵经验值得总结。历史经验表明，改革农村金融体制关键在于扶持增量部分，在整个农村金融体系中引入有效的新型竞争主体，使农村金融机构的产权结构和市场竞争结构逐步多元化。村镇银行、农村资金互助组织、小额贷款公司等新型金融机构的组建，极大地丰富了我国农村金融机构的谱系，既增加了农村金融的供给，又改善了农村金融体系的竞争生态，对我国未来农村金融发展意义重大。增量改革既是中国整个经济转型的重要经验，也是农村金融改革未来必须坚持的方向。可以说，从 1978 年到 2004 年，在长达 26 年的过程中，我国农村金融改革举步维艰的一个重要原因即在于仅仅着眼于存量的改革，而忽视或延缓了扶持增量部分的成长。而 2005 年之后我国农村金融改革取得突破性进展的最大动力来源于开始鼓励增量部分的发展，我们有理由相信，村镇银行和农村资金互助组织的迅猛发展必将极大优化我国农村金融结构，为我国农村经济转型提供更为全面和有效的信用支撑。

在扶持增量成长的同时，存量改革也应稳健推行，而我国改革开放 30 年的经验证明，存量改革成功的关键在于正确的定位和多元化的产权构建。在农村合作金融领域，未来的农村信用社改革的基本趋势，是鼓励各地区农信社寻找符合本地区发展特点的产权模式和组织形式，坚持产权制度改革模式的多元化和组织形式的多样性，同时，明确农信社的功能定位，承认我国农村信用社商业化和股份化趋势，不再执着于"合作制"的原教旨主义观念。在农村商业金融领域，中国农业银行的股份化改造必将为农行带来新的发展机遇，其内部治理结构和运行机制也将发生深远的变化。在政策性金融领域，农发行的政策性业务逐步多元化，其商业性业务必将更注重农村经济结构的转型和农业基础性设施和机制的构建，其风险管理体系和管理体系也将发生积极的变化。

未来农村金融改革的成功还有赖于对微观主体创新行为的鼓励与宽容，那些基层的农村金融机构，尤其是村镇银行、农村资金互助组织以及基层的信用社，都属于草根性的金融组织，与农民有着密切的内在联系，其内部创新的动力和意识都非常强，在实践中创造了很多行之有效的组织形式、运作模式和治理模式。作为监管部门，应该对农民的自主创新行为给予鼓励，并及时总结经验，以利于将这些成功经验在其他区域进行推广。

在民间金融规范化方面，学术界期待《放贷人条例》能够跨出实质性的一步。在《放贷人条例》中，应着重对合法的民间借贷与非法集资进行清晰的法律区分。我国非法集资行为的界定仍沿用1998年7月国务院第247号令颁布的《非法金融机构和非法金融业务取缔办法》，其中规定"非法吸收公众存款"是指"未经中国人民银行批准，向社会不特定对象吸收资金，出具凭证，承诺在一定期限内还本付息的活动"。在《放贷人条例》中应进一步对"不特定对象"等含混的法律条文进行界定，以保护合法的民间借贷3同时，《放贷人条例》应该对民间借贷的合同形式和抵押担保机制等进行较为清晰的规定，合同形式的相对规范有利于按照《合同法》裁决借贷纠纷以保护放贷人权益，而抵押担保物的规定也有利于降低贷款风险，应给予借款人和放贷者比较灵活的选择空间，使动产、不动产和应收账款等个人财产在借贷双方的自愿约定下都可以进入抵押担保的范围。《放贷人条例》中还应对民间借贷的监管机构、注册机构进行明确的规定，对申报程序和注册程序进行灵活的处理，以最大限度降低民间放贷人的成本。政府对民间金融的非审慎性监管框架的核心在于使民间放贷人更多地依赖乡土社会特有的内生控制机制去解决贷款风险问题，使民间金融组织成为自律的信贷主体。

在2008年中共十七届三中全会上，提出了建设"现代农村金融制度"的政策主张。近年来，中央政府对农村金融问题高度重视，央行和银监会出台了多项若干重大决策，我国农村金融生态已经有了很大改观。2009年1月，在《中共中央国务院关于2009年促进农业稳定发展农民持续增收的若干意见》（即2009年中央"一号文件"）中，党中央和国务院针对全球金融危机的大背景下我国农村发展所面临的新形势，着重对农村金融改革与创新提出了新思路和新目标。这些举措如下：一是鼓励农村金融机构更多地向农村贷款，中央要求抓紧制定鼓励县域内银行业金融机构新吸收的存款主要用于当地发放贷款的实施办法，建立独立考核机制和相应的激励机制；二是中央强调在加强监管、防范风险的前提下，加快发展多种形式新型农村金融组织和以服务农村为主的地区性中小银行，尤其是发展村镇银行、小额贷款机构和农民资金互助组织；三是鼓励和支持金融机构创新农村金融产品和金融服务，大力发展小额信贷和微型金融服务，农村微小型金融组织可通过多种方式从金融机构融入资金，以此建立大型金融机构与农村金融机构之间的资金对接机制；四是着重于机制建设，缓解困扰农村金融发展的抵押担保等瓶颈问题，依法开展权属清晰、风险可控的大型农用生产设备、林权、荒地使用权等抵押贷款和应收账款、仓单、可转让股权、专利权、商标专用权等权利质押贷款；五是加大对农村金融机构涉农贷款的优惠措施和补贴力度，中央要求抓紧出台对涉农贷款定向实行税收减免和费用补贴、政策性金融对农业中长期信贷支持、农民专业合作社开展信用合作试点的具体办法，并放宽金融机构对涉农贷款的呆账核销条件;六是加快发展政策性农业保险,扩大试点范围、增加险种,加大中央财政对中西部地区保费补贴力度,加快建立农业再保险体系和财政支持的巨灾风险分散机制,鼓励在农村发展互助合作保险和商业保险业务,并探索建立农村信贷与农业保险相结合的银保互动机制。可以说,2009 年中央"一号文件"中提出的农村金融改革举措,既具有克服金融危机的短期政策效应,又从我国农村金融的长远发展角度,高瞻远瞩,注重机制建设和整体的政策框架设计,为农村金融发展奠定制度基础。2010 年、2011 年的"一号文件"同样高度强调了农村金融改革的重要性。2012 年 11 月十八大报告中,将建议新型农村经营体系、实现农业现代化作为重要的议题,其中农村金融发展是核心之一。

第二节 中国农村普惠金融体系发展的现状

一、农村普惠金融基础设施建设情况

金融基础设施建设指金融运行的硬件设施和制度安排,是提高金融市场和金融中介整体运行水平的基础保障。金融基础设施一般包括支付结算体系、征信体系、金融法规和监管体系等下面分别从这四个方面对中国农村普惠金融基础设施建设现状进行阐述。

(一)中国农村普惠金融支付结算体系建设情况

支付结算服务是金融机构提供的一项基础性服务,这项服务是由支付结算系统完成的。支付结算系统是一个国家或地区对交易者之间的债权债务关系进行清偿的系统。具体来讲,它是由提供支付服务的中介机构、管理货币转移的规则、实现支付指令传递及支付清算专业技术手段共同组成的,用以完成债权债务清偿及资金转移的一系列组织和安排。农村地区支付结算服务是农村普惠金融服务的重要组成部分。完善好农村支付结算体系,有利于改善农村地区支付环境,提高农村普惠金融的整体水平,促进地区农业经济的健康发展。

相对于城市来说,农村普惠金融基础设施建设比较薄弱,在支付结算方面也同样如此:再加上商业银行在农村网点的撤并,农村传统支付意识的束缚和支付结算条件的落后,使得农村支付结算体系无法满足农村金融发展的需要。近年来,为畅通农村支付结算渠道,金融主管部门制定实施了一系列政策措施,组织涉农金融机构推广适应农村需要的非现金支付工具和终端,延伸支付系统覆盖面,开展支付结算特色服务。2009 年,中国人民银行发布《关于改善农村地区支付服务环境的指导意见》,提出了在全国范围内组织开展示范县建设的工作要求。2014 年,中国人民银行又发布了《关于全面推进深化农村支付服务环境建设的指导意见》,提出通过优化农民工银行卡特色服务,丰富支付服务主体等措施推进综合性惠农支付服务建设。

经过多年的努力,农村支付结算工作取得了很大的进步。大、小额支付结算系统正逐步向广大农村延伸，网上银行、电话银行等多种现代化电子结算支付工具也开始在农村启用并推广。农民工银行卡特色服务，银行卡助农取款等服务向偏远农村地区延伸，"支付绿色通道"正加快构建。央行公布的 2016 年农村地区支付业务发展总体情况显示，截至 2016 年年末，农村地区个人银行结算账户 35.6 丨亿户，人均 3.91 户；当年净增 2.57 亿户，增长 7.78%，增幅相比上年降低了 13.2 个百分点。其中，借记卡 23.87 亿张，2016 年净增 3.02 亿张，增长 14.48%，增幅下降 13.58 个百分点；信用卡 1.65 亿张，2016 年净增 0.29 亿张，增长 21.32%，增幅下降 3.94 个百分点；人均持卡 2.8 张。

截至 2016 年年末，农村地区网上银行开通数累计 4.29 亿户，较上年净增 0.73 亿户，增幅 20.5%。2016 年发生网银支付业务笔数 98.29 亿笔，金额 152.06 万亿元，与上年持平。

数据显示，2016 年，网上银行、手机银行、电话银行开通数依然增长较快，但仅有手机银行交易继续增长且十分迅速，网上银行交易未见增长，而电话银行交易出现明显下降。手机银行开通数累计 3.；73 亿户，较上年净增 0.97 亿户，增长 35.14%，发生手机支付业务笔数 50.86 亿笔，金额 23.40 万亿元，分别增长 61.51%、71.05%；电话银行开通数累计 2.15 亿户，较上年净增 0.34 亿户，增长 18.78%，发生支付业务笔数 1.82 亿笔，金额 2721.58 亿元，同比分别下降 26.9%、38.56%。

（二）中国农村普惠金融征信体系建设迷展

征信是评价信用的工具，是指通过对法人、非法人等企事业单位或自然人的历史信用记录，以及构成其资质、品质的各要素、状态、行为等综合信息进行测算、分析、研究，借以判断其当前信用状态，判断其是否具有履行信用责任能力所进行的评价估算活动。征信体系是指由与征信活动有关的法律规章、组织机构、市场管理、文化建设、宣传教育等共同构成的一个体系。推进农村信用体系建设，有利于在农村打造良好的信用信息基础，提高农村居民和企业信用意识，优化农村社会信用环境，对于解决农户贷款难，有效防范包括金融风险在内的各类交易风险，推动金融资源在农村社会的流动和优化，进而推动农村经济的持续健康发展和农村社会的文明进步等都具有重大意义。

与我国目前的二元经济结构类似，信用体系在城市与农村的发展也呈现出明显差异。农村征信体系的相对落后和由此导致的农村信用缺失成为导致农村普惠金融资源配置不足的一个重要原因。这导致一方面农村金融资源持续外流，使留在农村金融机构的资金大量闲置，出现了"流动性过剩"；另一方面农村地区的农户和小微企业"贷款难"不能根本解决。因此，加强农村征信体系建设，是改善农村地区经济主体借贷困难的有效途径。

为了加强农村征信体系建设，2009 年中国人民银行发布《关于推进农村地区信用体系建设的指导意见》，提出依托农村地区金融机构为农户、农村企业等经济主体建立电子信用档案，建立健全适合农村经济主体特点的信用评价体系。2014 年 3 月，中国人民银行又印发了《关于加快小微企业和农村信用体系建设的意见》，部署加快小微企业和农村信用体系建设。中国人民银行选取了 32 个县（市）作为全国农村信用体系试验区，以鼓励从下而上的探索与创新，形成有特色、有成效的工作模式，并发挥典型示范作用，以点带面，加快推进农村信用体系建设。经过多年的努力，农村征信体系建设取得了很大的进步。根据 2014 年中国人民银行发布的《中国农村金融服务报告》显示，截至 2014 年年末，全国共为 1.6 亿农户建立了信用档案，并对其中 1 亿农户进行了信用评定，已建立信用档案的农户获得信贷支持的有 9012 多万户，贷款余额 2.2 万亿元。

（三）中国农村普惠金融法规体系建设成就

完备的农村普惠金融法规体系可以规范农村金融机构的运作，使其在运行过程中有章可循、有法可依，保障这些机构更好地为"三农"服务。因此，中国农村普惠金融法规体系是农村金融资源有效配置的基础，是农村普惠金融发展的保障。中国农村普惠金融的改革与发展，需要逐步完善农村普惠金融法律体系，引导农村普惠金融走上法制发展道路。

改革开放后，随着我国农村金融体系的改革与发展，农村金融法规体系也开始逐步建立。我国目前还没有形成促进农村普惠金融发展的专门法律，当前关于农村普惠金融的法律法规和相关政策主要是由中国人民银行和中国银监会根据国务院的授权，基于《中华人民共和国银行业监督管理法》《中华人民共和国商业银行法》等基础的金融法律法规所颁布的针对具体的农村金融机构和信贷等金融业务的政策法规。

这其中关于信贷政策比较重要的政策法规有 1999 年 7 月中国人民银行出台的（银发 245 号文件）《农村信用社小额信用贷款管理办法》，2000 年 1 月出台的《农村信用社农户联保贷款管理指导意见》，2003 年中国银监会发布《农村合作金融机构社团贷款指引的通知》，2007 年中国银监会关于《银行业金融机构大力发展农村小额贷款业务的指导意见》，2012 年中国银监会关于《农村中小金融机构实施阳光信贷工程的指导意见》等关于信贷的政策法规。更多的农村金融政策法规的颁布针对具体的农村金融机构，如 1990 年中国人民银行发布的《农村信用社管理暂行规定》、2003 年中国银监会印发的《农村商业银行管理暂行规定》《农村合作银行管理暂行规定》和《农村信用社省（自治区、直辖市）联合社管理暂行规定》，2006 年，为了解决农村地区银行业金融机构网点覆盖率低、金融供给不足、竞争不充分眷问'题，中国银监会发布了《关于调整放款农村地区银行业金融机构准入政策更好支持社会主义新农村建设的若干意见》，特别调整放宽了农村地区金融机构准入政策。2014 年，为了支持民间资本和其他资本参与农村信用社产权改革，中国银监会发布了《关于鼓励和引导民间资本参与农村信用社产权改革工作的通知》等。这些针对农村金融机构和信贷业务的政策法规在缓村地区资金紧张，增加农村普惠金融服务供给，促进农村地区经济发展方面发挥了重要的作用。

（四）中国农村普惠金融监管体系建设现状

金融监管是金融监督和金融管理的总称。农村普惠金融监管体系是我国金融监管体系的重要组成部分，对维护农村普惠金融市场的健康发展，最大限度地减少农村普惠金融市场和银行业的风险有着重要作用，相对于城市来说，中国农村普惠金融在监管体系建设方面的任务更为艰巨。当前农村普惠金融监管体系不仅承担维护农村金融稳定的任务，更要兼顾满足农村经济主体金融服务需求的目标。因此，加强农村普惠金融监管体系建设，对促进农村普惠金融的发展，推动新农村的建设和农村社会的和谐进步有重要意义。

近年来，金融监管机构为了适应农村普惠金融发展需要，不断改进监管方法，丰富监管手段，提升监管有效性，取得了较好的效果。首先，金融监管机构加大了信贷投向监管。2010 年，中国银监会发布了《关于加强农村中小金融机构信贷投向监管保证涉农信贷资金供应的通知》，促使信贷资金更多投向农村金融的薄弱领域。2012 年，银监会提出确保涉农贷款实现"两个不低于"，即确保涉农贷款增量不低于上年、增速不低于各项贷款平均增速，其次，金融监管机构不断完善符合农村银行业金融机构和业务特点的差别化监管政策，对农村信用社、村镇银行等涉农金融机构实行弹性存贷比考核和差异化存款偏离度考核，在主要监管指标监测考核方面适当提高涉农贷款风险容忍度上，实行适度宽松的市场准入、弹性存贷比政策。再次，金融监管机构在切实加强对农村合作金融机构涉农信贷投向监管的同时，还着力督促引导农村金融机构高度重视涉农信贷风险防控。2015 年，银监会发布了《关于做好 2015 年农村金融服务工作的通知》，提出通过实施多层次的农村金融风险监测预警制度，实现强化资本约束和风险监管，切实防范涉农信贷风险，提高涉农贷款服务效率和质量，保证农村普惠金融有效支持农村实体经济发展。

经过多年的改革与发展，我国农村普惠金融体系建设取得了巨大的进步，农村金融服务水平得到显著提升，对农村繁荣、农业发展和农民增收起到了关键性的促进作用但不可否认的是，相对于城市来说，农村普惠金融仍然是我国普惠金融体系建设的薄弱环节。研究中国农村普惠金融发展，首先要分析农村普惠金融发展所面临的问题及导致这些问题的原因。

二、中国农村普惠金融发展面临的问题

近年来，我国农村普惠金融服务的覆盖面、可得性和便利度均有所改善，但我国农村普惠金融发展仍面临诸多问题与挑战：一是农村正规普惠金融服务供求失衡的问题并没有得到根本的解决，农村普惠金融服务需求仍无法得到有效满足；二是中国农村非正规普惠金融发展面临诸多障碍；三是农村普惠金融基础设施仍不够完善，对普惠金融服务"三农"的支撑作用有待加强。

（一）农村正规普惠金融服务供给与需求不均衡

农村正规普惠金融服务供给和需求的不均衡可以分为两种情况，一是农村正规普惠金融服务的供给大于需求，表现为不均衡；二是农村正规普惠金融服务的需求大于供给，表现为不均衡而我国农村正规普惠金融供求不均衡的情况为第二种，即农村正规普惠金融服务的供给小于需求，尽管近年来农村正规普惠金融服务供给快速增长，但中国农村正规普

惠金融服务需求仍无法得到有效满足。中国农村正规普惠金融服务的供求失衡表现在以下几个方面。

1. 农业信贷供给规模在贷款余额总量上的失衡

改革开放前，金融部门的农业贷款占所有贷款的比重一直维持在 13% 左右，1978 年以后下降到两位数以下。近年来，虽然农林牧渔业贷款余额总量不断增长，但其占各项贷款余额的比重却持续下降。2007 年农林牧渔业贷款余额占各项贷款余额的比重为 5.75%，到 2014 年，这个比重逐年下降到只有 4.09%。另外，农林牧渔业贷款余额占各项贷款余额的比重和第一产业产值占国内生产总值的比重不相称。以 2014 年为例，当年第一产业产值占国内生产总值的比重为 16.06%，而农林牧渔业贷款余额占各项贷款余额的比重却只有 4.09%。农林牧渔业贷款余额占各项贷款余额的比重逐年降低说明农业信贷供给规模在相对缩小，而农林牧渔业贷款余额占各项贷款余额的比重和第一产业产值占国内生产总值的比重不相称说明农业的发展没有得到足够和应有的金融支持。这对处于我国经济基础地位的农业发展是相当不利的，必将对我国农村经济的持续发展带来负面影响。

2. 农村金融机构减少及农村资金外流

改革开放后，为了满足农村经济发展对金融服务的需求，我国于 1979 年恢复成立了中国农业银行。经过多年的发展，农业银行在农村基层的机构数量不断增加。到 1997 年，农业银行的机构总数达到 6.37 万个。1998 年，中国人民银行发布了《关于落实国有独资商业银行分支机构改革方案有关问题的通知》，要求四大国有银行对分支机构进行撤并。随后，按照央行的要求，四大国有银行对分支机构进行了大规模的撤并行动。可以看出，1998 年到 2005 年是四大国有银行对分支机构进行撤并的高峰期，到 2014 年，中国工商银行分支机构减少 26330 个，中国农业银行分支机构减少 34854 个，中国银行分支机构减少 4563 个，中国建设银行分支机构减少 15919 个。

四大国有银行在撤并分支机构时，农村地区的营业网点一般都规模小、利润低甚至盈利困难，因此，位于农村地区的县域和乡镇的分支机构和营业网点成为撤并的重点，特别是在过去以服务农村为定位的农业银行成为撤并机构数量最多的一个，合计达到 34854 个。四大国有银行对分支机构的大规模撤并直接导致农村地区金融机构数量的显著减少和金融服务缺失虽然农村信用社在四大国有银行撤并以后快速发展，并且 2006 年以后金融主管部门加快推进在农村地区设立村镇银行等新型农村金融机构，但其仍然难以填补四大国有银行撤并后留下的金融服务缺口：

在农村金融机构减少的情况下，农村资金持续流出也成为中国农村金融供求失衡的一个重要因素。农村资金外流的原因和方式大致有三种：一是通过财政资金的渠道流出；二是工农业产品价格差长期存在致使农村资金外流；三是许多农村金融机构在农村地区的"重存轻贷"政策导致农村资金外流。周振等（2015）分析了改革开放近四十年来中国城乡之间资金流动的机制、规模以及发展趋势，并测算出在 1978—2012 年内，通过财政、金融机构以及工农产品价格剪刀差的方式，农村地区向城市地区大约净流入资金 26.66 万亿元（以 2012 年价格计算）。农村资金的持续外流加剧了农村资金的短缺，使得中国农村金融供求缺口扩大，对中国农村经济的发展起了严重的负面影响。

3. 中国农村普惠金融供给缺口巨大

如上所述，正规金融所提供的农业信贷供给规模在总量上失衡，农村金融机构减少及农村资金外流的现象必然使农村的资金需求和资金供给之间出现巨大的缺口。多位学者如武翠芳等（2007），杨兆廷等（2013），宗杰等（2014）对中国农村金融供需缺口进行了定量的分析。如武翠芳等(2007)通过测算发现中国农村的资金供给远不能满足资金的需求，并且农村资金供求缺口随着时间的推移和经济的发展越来越大如果再考虑到农村资金的外流，这个缺口还将加大。

杨兆廷等（2013），宗杰等（2014）也利用中国农村金融理论融量和实际融量的差额对中国农村金融供给缺口进行了测算。金融融量指金融的融通量、容纳量，是一个国家在一定经济条件下金融的最适容纳规模量，这些对中国农村金融理论融量的测算均使用了 Goldsmith 著名的经济金融相关率指标。金融相关比率（Financial Interrelations Ratio，FIR）是 Goldsmith（1969）在著作《金融结构与发展》中提出的一个影响深远的表示金融发展水平的指标 3 金融相关比率是指某一日期国家全部金融资产价值与该国经济活动总量的比值，它表示金融与经济的相关程度利用这个指标。

中国农村实际金融融量可以分为三个部分：一是流通中现金；二是银行部门提供的金融融量，可以用农村贷款进行计算；三是保险部门提供的金融融量。宗杰等（2014）将农业部门所有的金融性总资产取代实际的金融融量进行计算，得到了农村金融实际融量（供给量）的估算，并由此对中国农村金融供需缺口进行了测算。

这是因为在此期间，虽然农村金融供给量不断增加，但由于中国农村经济的发展，经济总量不断加大，再加上农村经济发展过程中经济金融化程度不断加深，使中国农村金融理论融量增加更快，从而导致中国农村金融供需缺口不断加大。

4. 中国农村信贷供给结构不均衡

一是金融机构在涉农贷款投放对象上的结构不均衡。金融机构在选择涉农贷款的投放对象上，一般青睐那些实力较强、发展态势好、还款能力较强的农村龙头企业因此这些农业龙头企业一般都能获得足额的信贷支持，满足其融资需求。但对于占农村经济主体绝大多数的涉农中小企业和农户来说，由于他们的资金需求具有小、频、急、信息不对称、交易成本高、总体风险大等特征，再加上很难提供满足金融机构要求的抵押物，这些因素制约了金融机构对他们的放贷意愿。

现代农业转型的过程当中，传统农业主要依赖资源的投入，而现代农业则日益依赖不断发展的新的农业技术。因此，农村在信贷需求结构上也正在发生变化。例如，传统种、养殖业已经向产业化、特种化、精细化方向转变。另外，经济作物面积不断扩大，规模养殖和个体工商业迅速发展，资金需求不断增加。金融机构往往不能及时调整信贷产品的创新，以适应信贷需求结构的变化农村产业结构的变化使农村企业和农户投入产出的周期变长，而各金融机构往往按照农村传统产业的周期发放贷款，使部分行业的涉农贷款期限与其实际需求不匹配。

（二）中国农村非正规普惠金融的发展面临障碍

中国农村正规金融机构的普惠金融服务供给不足，导致农村经济主体的金融需求无法得到满足。在这种情况下，许多农村经济主体转向非正规金融市场获得资金支持．农村非正规金融的发展，对有效改善我国农村金融的供给状况，丰富农村金融市场竞争主体的多元性，提高农民的信贷可得性、缓解农村信贷约束具有重大意义。然而，非正规金融发展的过程中也面临诸多障碍，主要表现在非正规金融存在法律缺位、运作的非规范性、风险控制能力弱和金融监管困难等方面。

1. 法律地位缺失和监管困难

与正规金融相比，我国非正规金融面临最大的发展障碍就是法律地位缺失和金融监管困难目前，我国除了对非正规金融的少数几种形式予以保护外，如民间借贷（利率低于同期中国人民银行贷款利率的四倍）。其他大部分非正规金融活动都面临法律法规上的禁止，特别是涉及存款类非正规金融组织和活动。例如，1998 年国务院颁布的《非法金融机构和非法金融业务活动取缔办法》第 4 条规定 "禁止未经中国人民银行批准，以任何名义向社会不特定对象进行的非法集资、非法吸收公众存款或者变相吸收公众存款……" 非正规金融的法律地位缺失使目前农村非正规金融组织和活动一般都处于地下隐蔽状态，其经济行为和结果都未纳入国家金融机构的调控和监管当中。另外，非正规金融在经营上地域比较分散，客观上需要跨地区的金融监管合作，这些情况都增加了对非正规金融监管的成本和难度。

2. 运作规范性差

与正规金融相比，非正规金融在组织形式、经营规范等方面都没有明确的规定，这些导致非正规金融在组织和经营等方面都存在不规范的行为，绝大多数非正规金融都不满足固定的机构、营业场所、专业人员和组织章程等方面的规范性要求。这就使非正规金融的组织和经营存在盲目性和随意性，一旦其规模发展到一定程度，非正规金融非常容易出现经营管理和经营行为上的问题。

3. 风险较高

由于非正规金融运作的不规范，使其在经营风险控制方面和正规金融相比就有很大的差距．非正规金融没有科学的贷款风险评估办法，一般是基于传统的人缘和地缘等信息优势进行借贷。但是近年来，随着通信技术和交易方式的变革，民间借贷的规模和地域都不断扩大，这时民间借贷传统的信息优势就会减弱或丧失，信息不对称的程度增加，使传统的非正规金融风险控制机制失效。这种内控机制的缺乏，使非正规金融的信贷风险加大，容易出现信用欺诈和支付危机近年来多地出现的非法集资案和借贷人"跑路"现象就反映了非正规金融高风险这一问题。

（三）中国农村普惠金融基础设施建设不完善

近年来，我国农村普惠金融基础设施建设取得了很大的成就，对扩大农村普惠金融服务覆盖面，提高服务质量起到了显著的作用。但与城市相比，农村普惠金融服务基础设施建设仍然相对落后。具体来说，中国农村普惠金融基础设施建设在支付结算体系、征信体系、金融法规和监管体系等方面仍有许多不完善之处。

1. 农村支付结算体系需要进一步完善

支付结算体系是现代资金融通的主要载体。支付结算服务是农村经济主体需求最广泛的一项基础性服务，经过多年的改革与发展，农村支付结算服务体系建设已经深入到县、乡镇一级，取得了一定的成果，但在某些方面仍然存在一些问题。

（1）农村地区金融机构网点少，基础设施薄弱。

近年来国有商业银行营业网点收缩至县城后，基层农村金融机构减少和网点布局失衡的状况并没有得到根本的转变。特别是中国中部和西部偏远的农村地区，金融机构网点偏少和金融基础设施薄弱的情况尤为普遍。据中国人民银行 2013 年统计，我国平均每个乡镇只有 2.13 个金融网点，平均 1 个营业网点要服务近 2 万人，农村支付结算的需求矛盾较为突出。另外，基于商业性原则，农村地区金融机构网点在支付结算服务上投入较少，导致目前农村乡镇金融机构网点的电子化水平普遍较低，缺少 POS 机具和 ATM 机具，很难满足支付结算电子化服务的基本要求。

（2）支付结算服务难以满足新的多样性需求。

农村地区支付结算品种单一，支付工具开发、推广力度不大。由于广大农村地区经济发展极不均衡，有些经济落后地区农民收入低，富余资金少，许多农民仅有一个储蓄账户，日常大多使用现金结算。而非现金支付结算工具以银行卡和汇兑为主，支付结算服务种类单一，缺少服务品种创新。对于乡镇企业发展较好的农村地区，支付工具需求具有多样性，金融机构受成本核算、风险规避方面的制约，支付工具在农村开发、推广力度不大，银行卡、银行本票、商业汇票等其他金融支付工具使用较少。

（3）宣传引导不够深入。

农村金融机构在村镇一级对新的支付工具和方式的宣传和培训很少，而且主要是乡镇金融网点在经营场所以条幅和发放宣传资料的方式进行，很难达到使农村地区的客户了解和使用这些新的支付方式的效果。并且农村大多数农户对银行业务的认识仅限于存贷款，对现代化支付结算知识了解较少，对票据等非现金支付工具认知度较低，对网上银行、手机支付、第三方支付等先进的支付方式的接受能力比较差，这些都制约了非现金支付工具的推广使用。

2. 农村征信体系需要进一步完善

近年来，我国着力推进农村信用体系建设，各地人民银行商业金融机构和地方政府在农村个人和企业征信系统建设方面做了很多工作。但与城镇相比，我国农村信用体系建设仍相对滞后，在一定程度上成为影响农村普惠金融服务体系建设的重要因素。

（1）农村地区信用活动水平较低。

农村广泛存在信贷配给现象，很多普通农户很难从正规金融机构获得信贷服务，使农户和农村企业的信贷活动处在非常低的水平。只有少部分的农民建立了信用档案，多数农民因未与金融机构发生信贷业务，而没有在中国人民银行个人征信系统中建立信用档案。另外，多数农村农户对征信体系知之甚少，信用意识比较差，没有主动地为自己创造良好信用记录的想法和行动，导致农户可用的信用档案资料匮乏。

（2）农村地区的征信信息系统不够健全

目前农村地区征信系统主要是中国人民银行建立的企业和个人两大信用系统。中国人民银行的农户信用信息档案建设尚处于初级阶段。对于农村的企业和农户来说，征信机构能够真正采集到的企业和农户信用信息仅限于信用主体的基本情况和在农村金融机构的贷款信息，对其他的经济交易与支出信息的采集比较困难，导致征信系统中的企业和农户信用信息不全面，很难为判断其信用水平提供有力参考。

（3）非银行信息采集困难。

除了银行，与中国人民银行建立信用信息共享机制的征信主体还有政府、事业单位、税务、司法等部门。这些部门大多未与中国人民银行建立完备的信息共享机制，使这些机构所掌握的大量信用信息难以成为中国人民银行的征信信息。另外，这些部门采取的收集渠道、方法、评价标准各不相同，客观上加大了收集、整理农村信息的难度。总体上，中国人民银行征信部门所能采集的非银行信息量较少，难度比较大。

3. 农村普惠金融法规体系需要进一步完善

农村普惠金融法规体系是调整现代农村普惠金融主体之间权利义务关系的规范制度综合体。近年来我国政府机关和金融主管部门为了加强金融支持"三农"的力度，颁布了许多政策法规。据不完全统计，从2003年到2014年，银监会为促进农村金融发展推出了24项政策法规。这些政策法规丰富了农村普惠金融法规体系，但从总体来说，农村普惠金融法规体系仍需要进一步完善。

（1）农村普惠金融法规体系建设缺乏统一规划

尽管多年来，相关单位颁布了很多与农村金融相关的规定、办法和文件，但都具有较强的应急性与局限性，缺乏长远的制度设计与规划。迄今为止，我国还没有一部正式的农村普惠金融立法，在农村普惠金融法规体系建设上缺乏统一规划。另外，农村普惠金融法规存在层次较低的问题：目前关于农村金融机构和普惠金融服务的许多规定都是由国务院和金融主管部门以"通知""办法""意见"等形式颁布，这些"通知""办法""意见"

的法律规范层次低，对相关金融机构的约束力也比较弱。

（2）农村普惠金融法规体系的立法缺失。

目前，农村普惠金融法规体系的立法大多数是针对商业性金融机构，而对于我国农村普惠金融体系重要构成部分的合作金融机构和政策性的金融机构却没有的法律规定。例如，农村信用社是我国农村合作金融机构的主体，对农村合作金融却只有一些相关的暂行规定或指导意见，到目前为止并没有出台一部针对性的法规，相关立法的缺位也影响了新型农村合作金融组织的发展。对于作为我国农村政策性银行的农业发展银行来说，其定位和功能设置也没有专门的法律规定，一定限度上影响了政策性银行的应有作用。另外，我国农村普惠金融法律法规一般是针对正规金融机构设立的，非正规金融机构的法律地位缺失，使其一直被排除在普惠金融立法体系之外。

4. 农村普惠金融监管体系需要进一步完善

农村普惠金融的发展需要一个完备有效的农村普惠金融监管体制。虽然近年来金融监管机构在涉农信贷投向监管、涉农金融机构差别化监管、涉农信贷风险监管方面取得了很大进展。但总体来说，随着农村金融体制改革的深入，现有的农村金融监管体制却不足以承担起应对和监控未来可能出现的农村金融风险责任，其监管效能受到以下因素的制约。

（1）农村普惠金融监管基础薄弱。

金融监管的有效性依赖于一个前提，即相应监管者必须具有相对完备的信息以及实施监管措施的能力。虽然我国农村"一行三会"金融监管格局初步体现，但中国人民银行与监管机构之间的信息难以共享。目前绝大多数农村金融分支机构和网点都设在县（市）及乡（镇），而县（市）的常设金融监管机构只有中国人民银行县支行和银监办事处。而在县（市）及乡（镇）一级，银监办事处人员偏少，县域新型农村金融机构的增加，地域的分散，使监管资源尤为紧张。而保险、证券监管机构只设到省一级，县域监管基本处于空白状态。

（2）农村普惠金融监管主体协调合作机制不完善。

在中国人民银行和中国银监会职能分离以后，人行不能开展对相关机构经营风险的管理．但保留了部分现场检查权，这种现场检查的范围、频率均受到了较大限制。中国人民银行和银监会的监管合作需要进一步加强。虽然中国人民银行已和银监会签署了针对县域金融机构的联合监管备忘录，但具体操作尚在探索中，还没有形成实效。另外，由于县域没有保险、证券监管机构，并且县域金融监管信息共享机制也不完善，难以对县域保险、证券机构业务情况进行全面监测、统计。

（3）农村普惠金融监管法规和方式滞后。

现今我国金融监管法规中没有专门针对具有自身独特属性的农村普惠金融所颁布的基本法律、法规。与此同时，新型农村金融机构的不断出现导致了相关法规的不完备性。尽管国家尽量加快立法速度，但是由于农村金融的复杂性和金融组织的多样化导致了立法和执法、司法在一定限度上必然的脱节。这就使目前农村金融监管方式无法适应农村普惠金融体系的快速变革，导致金融监管方式的落后。尽管银监会在《关于做好 2015 年农村金融服务工作的通知》中明确指出，应强化农村金融差异化监管，但分层、分业和分类监管的不完善，农村金融监管"一刀切"的方式仍未得到根本转变。

第三节　村镇银行在农村普惠金融发展中的运行研究

相对小额贷款公司来说，村镇银行发展缓慢。大型金融机构对设立村镇银行的积极性不高，地区发展不平衡，竞争压力大，产品创新能力偏弱，难以满足多层次需求，配套法规政策不健全和监管过于严格也在一定限度上阻碍了村镇银行的发展。

一、我国村镇银行的发展现状

（一）发表速度快，从首批试点到全国铺开才用了半年时间

2007 年 3 月，村镇银行在四川、青海、甘肃、内蒙古、吉林、湖北 6 个首批试点省区诞生。2007 年 10 月，银监会宣布试点从 6 个省扩大到 31 个地区。我国村镇银行按照先试点、后推广的原则逐渐发展壮大。2007 年年底，已开业的村镇银行共有 19 家，2008 年新开业村镇银行 79 家。2009 年银监会编制《新型农村金融机构 2009—2011 年总体工作安排》，计划用三年时间在全国设立 1026 家村镇银行。2009 年年末，监管部门共核准村镇银行营业网点 182 家。2010 年，村镇银行营业网点达到 468 家。据银监会 2011 年报显示，2011 年年底，全国 242 家银行业金融机构共发起设立 786 家新型农村金融机构，其中村镇银行 726 家，贷款公司 10 家，农村资金互助社 50 家。截至 2014 年年底，全国已经组建村镇银行 1233 家，资产总额 7973 亿元，各项存款余额 5808 亿元，各项贷款余额 4862 亿元。其中，农户贷款余额达到 11 亿元，小微企业贷款余额达到了 2405 亿元。我国村镇银行经过八年多时间的探索实践，已经进入稳健发展阶段，正在成为推动社会主义新农村建设、服务三农和小微企业的生力军。截至 2015 年年末，全国已经组建村镇银行 1311 家。

（二）内资、外资银行都成为对村镇银行设立的主体

《村镇银行暂行规定》指出，村镇银行的发起人必须是银行业金融机构。目前，我国内资银行和外资银行均已发起设立村镇银行。很多城市商业银行借设立村镇银行的机会突破地域限制，拓展经营空间，实现跨区经营，而传统的大型金融机构对设立村镇银行的积极性并不高。

（三）市场竞争压力明显超过预期

随着国家对农村经济金融支持力度的加大，农村经济金融环境显著改善。农村金融市

场重新被各金融机构看，各类机构开始纷纷抢占农村金融市场，第一，农业银行重返"三农"市场，并深入实施县域市场战略。第二，邮政存蓄银行机构日益完善，开始涉足农村信贷业务。第三，其他国有商业银行、股份制银行加大对县域市场的布局力度，纷纷在县域开设分支机构，农村金融市场竞争将日益激烈。第四，随着国家对小额贷款公司涉农贷款增量奖励政策的实施，迅速发展起来的小额贷款公司开始占领农村市场。第五，互联网金融的兴起和快速发展。第六，民间金融的发展。这些都对村镇银行造成巨大的冲击。但是，目前村镇银行面临的最主要和最直接竞争对手为邮政储蓄银行和农村信用社（农村商业银行）。与邮政储蓄银行、农村信用社相比，村镇银行除了决策链条短、操作机制灵活、贷款审批时间较短外别无优势，在资金实力、网点数量、客户基础、存贷款市场占有率等方面处于绝对劣势地位。在村镇银行与邮政储蓄银行、农村信用社市场定位趋同的情况下，面临竞争压力越来越大。

二、当前村镇银行发展中存在的主要问题

（一）鼓励村镇银行发展的配备法规政策不健全

村镇银行是新型的金融机构需要政策扶持。自从《关于调整放宽农村地区银行业金融机构准入政策，更好地支持社会主义新农村建设意见》出台以后，中国银监会又陆续发布了《村镇银行管理暂行规定》等6项新型农村银行业金融组织的行政许可及监管细则。但是对农村新型金融组织的财政支持、税收优惠、业务管理等具体规定还没有出台，各地区的政策也不一样。具体表现为：第一，国家税收政策扶持不明确，减免税收额度、年限没有规定；第二，国家还未建立支农奖惩机制，对支农有突出贡献的单位尚未建立激励机制，影响其支农积极性；第三，中国人民银行支农再贷款尚未向村镇银行倾斜；第四，村镇银行的不良资产处置能否享受国有商业银行的剥离、核销呆账和农信社的中央银行票据置换等政策还不明确，这些政策的不落实在一定程度上影响了村镇银行的发展。

（二）资金筹措困难，存款稳定性差

资金困难一直是村镇银行发展的障碍。村镇银行采取独立法人的运作模式，成立时间短，品牌效应差，缺乏足够的社会认可，并且不能直接介人中国人民银行的大小额实时支付系统，结算系统不畅，造成存款市场上的竞争力先天不足。目前多数村镇银行的存款主要来自对公存款，储蓄存款占比例较低，存款稳定性差。尽管村镇银行刚起步，主管部门对存贷比指标并未严格限制，但这种负债结构容易受存款单位领导变动及决策变化等因素影响，尤其在季末商业银行存款考核时点上大量存款撤出，容易对村镇银行流动性造成冲击。同时，由于农村地区相对封闭保守，农民的储蓄观念相对传统，缺乏理财观念，村镇银行在吸纳存款时与国有商业银行相比缺乏令农民信服的资金实力，吸储难度较高。

（三）业务产品创新能力偏弱，难以满足多层次需求

农村经济的特点决定了农村金融市场需求和供给的差异。目前村镇银行开办的业务品种，仍局限于传统的存贷款业务，与传统涉农金融机构的金融产品基本同质化，并无明显竞争优势。虽然其在金融产品和服务创新方面的需求已开始凸显，但由于金融创新成本较高，业务人员数量少，综合素质有限，大多数村镇银行创新力较弱，尤其是在无抵押、无担保的贷款模式方面尚无突破，信贷产品与广大农民和小微企业的实际需求差距较大。农村金融市场的需求包含农业产业化的资金需求，而村镇银行较低的市场准入，如在县和乡（镇）新设立的村镇银行，其注册资本分别不得低于300万元和100万元人民币，决定了其主要针对的客户群体是中低收入者和小规模金融需求者，难以从根本上解决农村金融的问题。同时，从目前来看，大多数村镇银行至今不能获得结算行号，村镇银行还无法以直联方式加人大小额支付系统，无法开立汇票，不能与其他银行实现互联互通，只能进行资金的手工清算，汇划到账速度较慢，而且容易出现差错事故，导致客户无法在银行之向直接划账、全国支票不能结算，也直接影响了存款的吸收。另外，村镇银行以防范风险和自身效益为前提来培植客户，目光多放在贷款金额较大的小企业及出口企业上，在某种程度上偏离了设立村镇银行的政策初衷，如何在服务"三农"政策目标的基础上实现盈利是村镇银行持续发展必须要解决的问题。

（四）发起行控制过于严格，村镇银行负主经营独立性不足

村镇银行独立发展的空间受到一定的限制。从村镇银行的股权设置来看，虽然民间资金也占有一部分股权，但是《村镇银行管理暂行规定》中明确规定，村镇银行的最大股东或唯一股东必须是银行业金融机构，并且最大银行业金融机构股东（发起行）持股比例不得低村镇银行股本总额的20%。发起行对村镇银行占有绝对控股地位，使村镇银行在成立初期相当于发起行的一个分支机构，人员管理、业务经营诸多方面都受到约束，自主经营权难以发挥。如某村镇银行，共34名员工，其中董事长、管理层等6人均是其发起行下派人员，导致该行高层人员无论从思想上还是业务发展上均无法脱离商业银行的影子，每项贷款都要报发起行审批，无法适应当地经济发展情况。

（五）信用环境较差，贷款风险难以控制

农业是高风险行业，农村信用环境相对较差是农业经济的客观事实在村镇银行已开展的贷款业务中，主要来自对农户、微小企业和专业农户的小额无抵押贷款，现在处于试点阶段的村镇银行资本数额较小，对于风险的抵御能力较弱村镇银行的服务对象主要是县域的农户或企业，信用意识较差，而农业作为高风险低效益行业，自然风险和市场风险影响较大。村镇银行的部分中层、客户经理及临柜人员多数为新招聘人员，缺少从业经验，专业知识匮乏，风险意识不强，容易出现操作风险，村镇银行成立之初，大部分是租赁营业场所，没有自己的机房和异地备份场所，各项设备相对简单。

业务处理系统和管理信息系统的调整、升级、维护都在发起行统一安排完成，自身尚无完善的科技平台和技术过硬的科技人员，应对突发情况缺少必要的科技支撑，很容易发生科技系统风险同时，由于农村地区可用担保资源稀少，村镇银行发放的贷款多以信用贷款为主，极易形成信贷的道德风险。

（六）存贷比高位运行，信用层面上的风险防范准备不够充分

与吸存较难形成鲜明对比的是村镇银行在贷款发放中具有较大的优势、由于村镇银行是地区内独立的法人机构，决策流程短，在客户担保抵押措施到位的情况下，能在很短的时间内获得贷款。这对该区域内资金需求具有明显的急、短、小特点的小型企业具有较强的吸引力。这一问题导致了村镇银行的存贷比持续高位运行。根据银监会统计资料显示，截至 2009 年年底，已开业的 172 家新型农村金融机构（其中 148 家为村镇银行）吸收存款 269 亿元，贷款余额 181 亿元，存贷比为 67%，而到 2010 年 5 月末，全国 197 家村镇银行平均存贷比达到 82.35%，高于 75% 的监管高限。截至 2011 年年末，交通银行旗下的大邑交银村镇银行的存款余额 3.90 亿元，贷款余额 3.41 亿元，存贷比为 87%；安吉交银村镇银行存款余额 8.41 亿元，贷款余额 8.32 亿元，存贷比近 99%；新疆石河子交银村镇银行存款余额 4.36 亿元，贷款余额 3.77 亿元，存贷比 86%。而建设银行旗下 16 家村镇银行的存款余额 45.97 亿元，贷款余额 41.28 亿元，整体的存贷比近 90%。

（七）金融监管模式缺乏针对性，"严监管"难以实现

当前银监部门对村镇银行采取"低门槛、严监管"的模式。"低门槛"即适当降低机构和业务的市场准入条件，增加农村地区银行业金融机构的覆盖面；"严监管"即强化监管措施，实行刚性市场退出约束。但是事实上很难将"严监管"这一目标落实到位。首先，目前的监管力量不够充足；其次，即使有足够的监管力量并采用

通常的银行内部关系人控制的模式来对村镇银行实行严厉的监管，也可能因为管得过多过严而使村镇银行失去应有的生机和活力从退出机制的运用来看，村镇银行一旦出现经营风险，就启动刚性市场退出机制，其负面效应是很难预料的。由于金融风险有着强烈的传导效应，因某一家金融机构非正常退出，则有可能引发区域性的金融危机。

三、促进村镇银行快速发展的建议

村镇银行是普惠金融体系的重要组成部分。要探索投资多元、主体多样、形式多种的村镇银行发展格局，增加农村金融市场供给。村镇银行要找准市场定位，加强多方合作，完善内部管理，扩大服务半径，为广大农户提供优质服务。

（一）适度放宽对镇银行设立条件，营造宽松的运行环境

十八届三中全会通过的《中共中央关于全面深化改革若干重大问题的决定》明确提出，

扩大金融业对内对外开放，在加强监管前提下，允许具备条件的民间资本依法发起中小型银行等金融机构。因此，要抓住机遇，积极发展和布局村镇银行。第一，逐步完善法人治理结构，保持注册资本适度。村镇银行注册资本规模要与当地经济状况、企业规模、金融市场规模等相匹配。在村镇银行的设立过程中，本着"一行一策"的原则，合理确定村镇银行注册资本规模，不宜盲目求大。第二，应进一步明确相关管理细则，为村镇银行的发展提供宽松的运行环境。要改变村镇银行由银行业金融机构作为最大股东或唯一股东的做法，吸收更多的社会资本进入农村。进一步放宽银行机构发起人组建村镇银行的条件，探索境内外各类出资者共同发起组建村镇银行，形成投资多元、主体多样、形式多种的格局，更好地为农村小额农户、农村种、养殖专业户、农村及县域小企业等不同层面的金融需求者提供多种金融服务。第三，支持村镇银行与农村信用社进行适度的有序竞争。允许一家发起行在同一行政区域内跨县市设立分支机构，扩大服务半径，使其在一定范围内形成区域性银行，增强村镇银行的生存活力同时，在发起设立过程中，应充分吸收当地企事业单位和个人投资入股，为村镇银行初期在当地快速打开局面奠定良好的客户基础。

（二）帮助村镇银行提高社会认知度，拓宽资金来源渠道

地方政府和村镇银行要利用各种媒体和平台向公众加大宣传力度，介绍村镇银行的性质及其开展的相关业务，增进社会公众对村镇银行的了解，增强社会公众对村镇银行的信任度。中央银行也应加大对村镇银行的政策扶持力度。设立专项支农再贷款支持政策和额度，缓解村镇银行设立初期的资金压力。可以通过村镇银行试点农村利率市场化改革，允许村镇银行的存款利率上浮浮动略高于其他金融机构，从而增强村镇银行在存款市场的竞争力。

（三）把握市场走位，合理布局

"三农"是普惠金融发展的重要领域，服务"三农"是村镇银行生存和发展的前提和基础。村镇银行作为新型农村金融机构，应立足农村，扎根村镇，为农民提供优质高效的金融服务。新设立的村镇银行要因地制宜合理布局，以县为单位，扎根农村，重点放在金融机构服务力量薄弱和农村信用社网点分布不到位的贫困边远农村地区。村镇银行要将自身定位于农村经济组织和广大农户，不能只注重眼前利益而改变建立村镇银行的初衷．对涉农贷款的投放总量应控制在 60% 以上，切实保证建立村镇银行服务"三农"经济发展自标的实现人民银行和监管部门应联合建立村镇银行贷款评价考核体系，对村镇银行涉农贷款、小微企业贷款的投向和占比做出明确规定，并定期进行考评。引导村镇银行准确把握农村社区"草根"银行的市场定位，紧贴"支农支小"的服务方向，有效平衡服务"三农"与商业可持续发展关系，走与其他商业银行不同的经营道路。

（四）加强信贷产品创新，提高市场竞争力

随着农村城镇化建设步伐不断加快，农村住房和城镇基础设施建设、农村智力教育和

培训、医疗保健等事业项目都需要农村金融市场提供多层次的供给。要引导村镇银行抓住这一机遇，在加大现有信贷品种营销的同时，在贷款准入标准、审批模式、利率定价和激励约束机制等方面进一步加大创新力度，积极探索新的业务模式，解决农民缺乏有效担保和抵押物的难题，为符合条件的"三农"客户提供更加全面的"一站式"金融服务。

（五）加强多方合作，共享农村资源

作为小法人机构，设立初期的村镇银行在网点、技术、结算、人才、研发等方面都具有天然弱势，在充分利用主发起行的管理经验、技术、内控制度等优势的同时还要加强与其他机构的合作。第一，探索同一主发起行下异地村镇银行行际间的合作，克服研发能力不足等弊端，共享有无、整体作战、降低成本。第二，加强与辖区内银行机构的合作，充分利用其他银行的网络、渠道等优势。第三，加强与农村资金互助社和农民专业合作社的合作，积极为合作社和社员提供存贷款、结算等业务，充分利用农村合作组织的信息优势，降低农户贷款风险。第四，探索创新的业务模式。对于资金实力、网点数量有限的村镇银行来说，可以与当地商业银行合作整合金融资源。如共同提供大额、中长期信贷资金；通过设立自助银行、自动服务终端、电话银行、网上银行和手机银行等服务设施来扩大服务辐射范围，并支持村镇银行发展各类中间业务，开展保险、证券、基金等金融产品交叉销售，逐步实现村镇银行全方位的产品化服务。

（六）完善法人治理结构，正确处理与发起行的关系

监管部门应进一步明确相关政策规范村镇银行的发展和股东的权益≥村镇银行。作为独立法人具有自身的权利和义务，发起行不能违反《公司法》等法律规定，超范围管理村镇银行。发起行应以股东身份对村镇银行管理，而不应过多介入村镇银行的日常经营和具体操作。同时，村镇银行的民间资本发起人，也应积极争取自身的权益，真正参与到村镇银行的决策和管理上来，避免出现发起行一家独大的局面。

（七）加强自身建设，积极防范风险

在经营管理方面，要严格选择创新能力强、对农村小客户比较熟悉、精于管理的高级管理人员参与管理。第一，要稳健经营，加强风险控制；第二，加强企业文化建设，引导职工恪尽职守，消除经营中的信用风险，操作风险和道德风险；第三，加强内涵建设，以优质的服务和舒适的环境吸引客户，以现代化的手段为客户提供方便，不断提高经营管理与服务水平，为村镇银行可持续发展创造良好声誉；第四，要主动寻求地方政府对其拓展业务的支持，通过政府及各类媒介以会议等形式，向农户宣传村镇银行立足于农村、为"三农"服务的宗旨，提高公众对村镇银行的认知度；第五，应加强政企互动，借助政府相关部门的信息平台及时了解农民和涉农企业的生产经营信息，努力扩大信贷服务范围和深度。

第四节 农村普惠金融发展对策

一、普惠金融发展现状

（一）发展成效

普惠金融最早由联合国提出。根据联合国定义，普惠金融具有包容性、便捷性、可获得性和商业可持续性四大特征。普惠金融得到 G20、国际货币基金和世界银行等大力推广，成为一个世界共同研究的主题。现如今，普惠金融在中国已经有了一些成效。

1. 服务覆盖范围不断扩大。

全国乡镇一级银行网点和保险服务覆盖面不断扩大。2017 年年末，我国银行业机构营业性网点覆盖面达到 96%，多数省份实现乡乡有机构；农业保险乡村网点乡镇覆盖率达到 95%，村级覆盖率达到 50%。同时，城市社区和行政村基础金融服务覆盖率不断扩大。截至 2017 年年末，全国金融服务已经覆盖了 93 万个行政村，行政村基础金融覆盖面约为 96%，覆盖了全国约 20% 的小微企业。银行业涉农贷款余额和农户贷款余额分别较 2013 年年末增长了 48.2% 和 6.5%。

近年来，扬州市普惠金融也在稳步发展，金融服务可得性以及质量得到进一步改善。截至 2019 年 6 月末，扬州人均持有 3.15 张银行卡（其中信用卡 0.21 张），较上年末小幅增加。据统计，扬州个人消费贷款余额为 1,587.10 亿元，比年初增加 129.81 亿元，同比增长 58%。全市银行网点数达 846 个，平均每万人拥有银行网点 1.87 个，高于全国平均水平。农村地区银行网点乡镇覆盖率达 100%，当前在农村布点扎根的主要是邮储银行、农村商业银行和国有商业银行。因此可以看出，不管是全国还是扬州市的普惠金融发展，都在政府政策的大力推进下取得了显著的成效。

2. 国内研究数据不断增多

在总体文献汇总，搜索到的最早的 CSSCI 普惠金融文献为发表于 2009 年 6 月份的两篇。自此，中国的普惠金融高质量研究开始呈现出递增趋势。2009—2012 年间文献产出量稍低，期间文献量增长缓慢。2012 年 6 月，胡锦涛在墨西哥举行的 G20 峰会上提出"普惠金融问题"，这是中国高层第一次在公开场合正式使用"普惠金融"的概念。2013 年 11 月，党的十八届三中正式提出了要"发展普惠金融"，自此以后，国内对普惠金融的研究开始呈现指数型增长态势，2018 年的产出量达到峰值 68 篇，说明普惠金融研究具有强烈的时代感和明显的政策导向。根据 CNKI 文献可视化计量分析预测，2019 年文献产出量将达到 78 篇。

通过对我国普惠金融文献进行分析可以得出：普惠金融高质量研究自2009年开始研究，并且平稳低速增长，直至十八大后，开始出现快速增长趋势，至2018年达到顶峰，但总体的文献量不多，还有待进一步深入研究。

（二）普惠金融发展困境

由于我国国情的特殊性，我国农村地区信息不对称以及对农户的征信缺失现象严重，政策性贷款的发放有一系列的限制条件。而且贷款程序烦琐，多数农户无法完成复杂的审批程序，使得政策性贷款支农的效果不明显，普遍存在着范围窄、规模小、增长慢、发放不规范、贷款质量和持续性差等特点，因此农民对于国家政策性贷款的可得性不高，贷款覆盖率较低。

1. 金融市场供求不均衡

目前，农村金融机构体系表现为以单元制的农信社为主体，农业银行和农业发展银行参与其中，地下钱庄等非正规金融组织充当补充的二元农村金融机构体系。这一体系导致了农村金融服务功能较弱，不能满足农村日益提高的金融需求。基本的金融服务竞争格局尚未形成，农村金融市场竞争度低，服务供给量总体不足。另外，农村金融市场的发展程度取决于手续的繁简程度、形式的灵活度以及抗风险能力，金融市场的发展程度越高，抗风险能力水平越高，违约还款风险越低。

2. 金融服务功能单一

受地域条件限制，农村金融机构普遍呈现网点分散、产品与服务单一等特点，金融服务功能单一，很多乡镇只有最基本的存、贷、汇业务。欠发达地区的金融市场不健全，能够提供融资的渠道较少。金融机构新业务开发不足、发展迟缓，银行业金融机构作为普惠金融的主要供给主体，难以针对不断变化的新兴金融服务需求做出快速、有效的反应，导致整个金融体系向新兴产业渗透的能力不足，缺乏创新性。

3. 客户准入门槛高

从金融产品来看，中小银行普惠金融借贷产品结构单一，贷款利率偏高，存在价格性排斥，导致借贷实际发生率不高，个性化服务更是乏善可陈。为了缓释风险，多数中小银行普惠金融产品均设有附加抵质押担保要求，这对轻资产的小农户而言无异于提高了准入门槛。此外，金融服务人性化不足、信贷手续烦琐，在主要依靠熟人担保而非财产性担保的情况下，金融机构出于风险防范考量，采取的限制性措施较多，间接抑制了信贷的实际发生。

二、对策建议

（1）充分发挥正规金融机构的供给主体作用，同时实现金融组织多元化。按照中国农村普惠金融市场化改革的要求和市场运作的原则，具有竞争性的商业金融、合作金融和新型农村金融机构应该发挥主要作用，同时建立股份制小型金融组织，或是改造和完善农业银行的基层机构，使直接面对客户的信贷人员就是决策人员，有效地解决农民贷款难的问题。通过实现金融组织多元化，有效增加金融服务供给量，从而让更多农村金融主体成功融资。

（2）鼓励创新，不断丰富金融服务产品。现阶段，单一模式的正规农村金融机构业务早已无法满足当下农村对于金融资金的需求。因此，农村金融机构应当将构建发展多元化的农村金融机构体系放在首位，在金融手段和渠道方面，应鼓励在农村地区发展手机银行和网络银行业务，积极支持金融机构借助新技术和运用新的商业技术。同时，不断地提升并强化综合性的服务范畴，拓宽更多的业务，创新更多的金融产品，维持金融机构的正常运行和发展。

（3）加强金融服务供需双方的金融能力建设。目前，农村金融机构对于客户的服务门槛较高，普遍要求客户进行抵押或担保贷款，这导致部分急缺资金的客户无法从农村金融机构成功借款。因此，金融机构应适当下调客户准入门槛，可通过建立健全农民信用征管体系，对农民信用进行全面评估，充分发挥普惠金融的积极作用。同时，金融监管部门应要求和指导农村金融机构定期开展金融知识普及与金融产品讲解活动，提高农民的金融素养。

第五章 数字普惠金融发展与消费者保护

第一节 数字普惠金融发展对消费者权益的影响

一、机遇

（一）数字普惠金融便捷高效的客户触达性助力金融消费者实现金融参与权

北京大学数字金融研究中心的数据显示，全国数字普惠金融指数在 2011 年的平均值为 40，到 2015 年已经上升到 218.93，2018 年进一步增长到 300.21，是 2011 年的 7.5 倍见图 5-1，这说明与传统普惠金融相比，我国数字普惠金融在覆盖广度和深度上都实现了很好的发展，客户群体不断扩大，触达能力不断提升。由图 5-2 可知，2011 年数字普惠金融指数在不同省份之间的波动很大，但到 2018 年，不同省份的数字普惠金融指数都有了大幅度提高，差距明显缩小，且在各地区之间呈现趋同的特征，同时，国内地级市之间的差距也明显缩小，变异系数从 0.47 下降到 0.10 左右。这说明数字普惠金融发展有很强的地理渗透性，在数字技术的支持下，经济落后地区的数字普惠金融快速发展有了赶超的可能，也为广大中低收入者和弱势群体获得覆盖更广、使用深度更大的金融服务奠定了基础，为金融消费者行使金融参与权、维护自身权益提供了帮助[①]。

图 5-1　省级数字普惠金融指数的均值

---

① 贝多广，李焰. 《数字普惠金融新时代》[M]. 北京：中信出版社，2017.

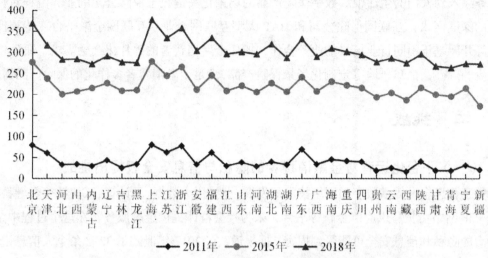

北京 天津 河北 山西 内蒙古 辽宁 吉林 黑龙江 上海 江苏 浙江 安徽 福建 江西 山东 河南 湖北 湖南 广东 广西 海南 重庆 四川 贵州 云南 西藏 陕西 甘肃 青海 宁夏 新疆

→ 2011年　→ 2015年　→ 2018年

图 5-2　2011 年、2015 年和 2018 年省级数字普惠金融指数

（二）丰富的场景化运营助力金融消费者实现自主选择权

在数字普惠金融发展过程中，金融消费者对产品和服务的价格敏感上升为价值敏感，他们不再需要标准化、同质化的金融产品，而是渴望依托特殊场景的具有独特价值的特殊产品和服务。数字普惠金融借助大数据、云计算、人工智能和区块链等技术，与电子商务平台、社交平台和其他与人们生活相关的应用场景相结合，对金融消费者进行数据分析、挖掘建模和精准预测，设计定制化的金融产品和服务，实现数字普惠金融的场景化、动态化发展，满足金融消费者线上化、及时化、智能化的金融需求，不断提升金融消费者的用户体验度，进一步保障金融消费者的自由选择权，具体体现在第三方支付、小额信贷、数字化理财和数字保险四个方面[①]。

随着 NCF、二维码、声波、虹膜、指纹和人脸识别等生物技术的发展，第三方支付兼具支付和生活工具的功能，在消费零售、医疗交通、充值缴费、旅游电商、电影娱乐等与金融消费者息息相关的诸多场景中逐渐普及，满足金融消费者对智能化消费场景的需求，让金融消费者更加方便快捷地享受金融产品和服务，虚拟化的支付手段让社会朝着"无现金"时代迈进，这成为数字普惠金融发展中受数字技术革命影响最大的领域。小额信贷作为普惠金融发展的起点，在数字技术的快速发展下，金融机构积极拓展"电商+消费信贷"的发展模式，将信贷融入消费金融的服务场景中，根据不同的金融消费者群体在不同阶段的资金借贷需求定制差异化的金融产品和服务，如房贷、车贷、教育贷、家电贷、旅行贷等，满足金融消费者在不同场景中的借贷需求。除了商业银行等传统金融机构提供的正规理财产品和服务外，数字化理财体现在余额宝、京东金融等垂直类电商 APP 提供的较为专业的理财产品和服务，以及随手记、挖财记账等生活类理财 APP，消费者在记录生活中发生的收支行为的同时，也可以在平台购买理财产品实现增值，通过搭建各类场景，让金融理

---

① 黄文礼，杨可桢. 数字普惠金融：创新发展与风险防范 [J]. 银行家，2017，（07）：119.

财服务渗入到人们的生活中。数字保险产品的场景化关键在于保险公司的业务流程对行业场景的深度嵌入,互联网保险公司和 BAT 大型互联网企业、互联网金融平台、传统保险公司等开展基于不同行业场景的业务合作,抓住金融消费者的碎片化金融需求,研发销售碎屏险、雾霾险、熊孩子险等定制化场景保险产品,满足金融消费者多样化的保险产品需求。

二、挑战

(一)平台化运营对金融消费者的隐私与信息安全权提出挑战

数字普惠金融凭借数字和网络技术的发展,即使用大数据、云计算、区块链等金融科技,依托 P2P 网络借贷、供应链金融等平台,来为社会群体提供金融服务,在这个过程中金融消费者的隐私和信息安全可能受到损害。据报道,在 2017 年泄露了 32 亿条个人信息记录。金融消费者在通过注册账户或安装 APP 获得数字普惠金融产品和服务时,通常被要求同意"我已阅读上述合同条款",这句话实质上代表了金融消费者对该普惠金融 APP 的授权,允许其读取和使用个人信息,包括姓名、身份证号、银行卡号等及其重要的信息,也包括金融消费者在设备终端上的使用习惯、地理位置等其他信息,这些信息都将被存储在企业的互联网数据库中,但是,金融机构使用这些信息的尺度如何、是否会转手再被第三方使用、如何对其进行监督等问题,金融消费者都无法得知。部分企业个人信息保护工作管理不严,内控制度建设执行不力,导致一些员工会通过在市场上售卖这些信息来将其转化为实际利益,而通过不法渠道获知金融消费者信息的企业则通过深度挖掘信息中隐含的消费者偏好、行为特征而进行欺诈、恶意营销等侵犯金融消费者权益的行为。

与此同时,各种黑客、木马和病毒的攻击也使得金融消费者信息安全堪忧。数字普惠金融平台依托互联网络开展业务,而互联网络领域存在各种黑客攻击,又因为数字普惠金融交易平台收集的金融消费者身份和交易信息中含有很大的市场价值,进一步增加了被黑客攻击的概率。同时,信息安全在整个互联网版图中具有"洼地效应",大量用户在多家网站使用同一账户名和密码,只要其中一家机构的消费者信息泄露,将会引发金融领域的信息安全问题,这些现象极可能造成金融消费者资金被盗取和一些欺诈行为出现,从而使金融消费者权益受到损害。

(二)数字技术的虚拟性对金融消费者的知情权和公平交易权提出挑战

数字普惠金融服务商通过数字化交易平台提供金融产品和服务,所有的金融活动、信息甄别以及资源匹配都是在互联网上进行的,经营空间和过程存在一定的虚拟性,因此,金融机构作为金融产品和服务的提供商,在金融交易过程中处于有利地位,更容易利用自身信息优势和技术优势谋求不正当利益,对信息的披露可能存在不全面、不真实、不规范的行为,产生信息不透明现象,进而影响信息披露的有效性。

同时,数字金融业务为数字货币和网络理念中的产品和服务,大多较为复杂,对金融消费者专业性有一定要求，而数字普惠金融主要服务群体的金融素养能力普遍偏低，在信息认知上容易产生模糊性，导致金融消费者与金融服务提供商之间存在信息不对称现象，产生逆向选择问题，金融消费者的知情权无法得到充分保障，公平交易权受到侵害。

为了获得利益，一些金融机构发布虚假标的，对自己的产品进行虚假宣传，过分强调高回报而不提示金融消费者可能面临的诸多风险，对金融消费者造成误导性宣传，而其对金融产品的描述是金融消费者购买产品的主要依据，从而导致金融消费者误投、错投金融产品。更有一些金融产品的提供者为了获得更多利益，进行不当劝诱甚至恶意劝诱的行为，进一步加重了信息不对称现象，引发严重的道德风险，侵犯金融消费者的合法权益。

（三）第三方支付对金融消费者的资金安全权提出挑战

由表 5-1 数据可知，截至 2018 年 12 月，金融消费者参与度最高的移动互联网金融业务是网上支付，其用户规模超过 6 亿，使用率高达 72.5%，其中网上银行的用户量超过 4.1 亿，互联网理财的消费者规模略居其后，但上升趋势仍较为强劲，半年增长率为 17.5%。总体来说，由于我国网民参与互联网金融交易的数量多，且处于不断上涨的过程中，如果其资金安全问题不能得到妥善解决，不仅会侵害金融消费者的财产安全权，严重的还会诱发整个金融体系的动荡。然而，非面对面的第三方支付容易让金融消费者的交易资金处于高危状态[①]。

应用	2018.12		2017.12		年增长率
	用户规模（万）	消费者使用率	用户规模（万）	消费者使用率	
网上支付	60040	72.5%	53110	68.8%	13.0%
网上银行	41980	50.7%	39911	51.7%	5.2%
互联网理财	15138	18.3%	12881	16.7%	17.5%

表 5-1　2017.12—2018.12 中国网民互联网金融应用的使用率

（1）支付系统安全堪忧。犯罪分子经常通过安装非法软件、植入病毒和非法入侵支付系统等方式来窃取金融消费者的各种财产，当在线购买商品、支付款项、后续评价、清算接收时，金融消费者都有可能面临欺诈陷阱。在技术风险防范方面，处于国内领先地位的余额宝整体风险也还有十万分之一。

（2）资金保管的安全风险。金融消费者用于交易的资金通常存放在第三方金融服务机构管理的账户中，他们虽然没有权利处理这些资产，但是在某段时间内使用这些资金进行高风险投资或是私自挪用，以获取非法利润，在技术上仍然是可行的，一旦遇损，金融商户就会出现资金断层，面临严重的流动性危机，难以返还金融消费者账户资金，金融消费者的账户资金将面临严重威胁。

---

① 邢琳, 杜兴涛, 高淑珍. 普惠金融背景下互联网金融消费者权益保护研究 [J]. 法制与社会, 2018(31): 77-78.

（3）数字支付具有线上交易的非面对面属性，犯罪分子通过群发短信、集中频繁拨打电话，对金融消费者进行电信诈骗，或是通过骗取金融消费者的身份证号、银行卡号、短信验证码等一些必要账户信息，很方便修改账户密码，盗取账户资金。

（4）为了欺骗投资者的资金，注册 P2P 和其他互联网金融平台，一些别有用心的金融机构在目的得逞后跑路，或事件败露后，再注册一家新的互联网金融平台继续从事欺诈金融消费者的活动。网贷之家官网显示，截止 2019 年 2 月，累计网贷平台有 6555 家，各种问题平台累计 2696 家，达到 41%，其中跑路的网贷平台累计有 1224 家，有九成以上都是上线运营时间不足一年。网络借贷平台的崩溃给金融消费者带来了巨大的经济损失，甚至发生血本无归和跳楼自杀的悲剧现象。

第二节　加强数字普惠金融发展中消费者保护的政策建议

一、健全金融消费者权益保护法律法规

在保护金融消费者权益的现行法规和指导原则的基础上，结合我国数字普惠金融发展的特殊性和金融消费者的个性特点，制定专门的《金融消费者权益保护法》，让金融消费者发生金融纠纷时有法可依。可以借鉴国外的先进经验，从法律层面规定"金融消费者"的概念及内涵，明确金融消费者在知情权、信息安全权等方面和一般消费者不同的地方，帮助金融消费者树立"对自己负责，对他人负责"的理念。详细规定金融机构在提供金融产品和服务、信息披露和制定合同条款等方面的义务，营造公平透明的金融交易环境。同时，对金融监管机构进行角色定位，加大惩处力度，严防监管失位情况的发生。此外，要针对数字普惠金融产品和服务、数字普惠金融服务提供商做出特殊说明，并进行特别规定。重点关注金融消费者信息安全和个人隐私保护方面的立法，比如制定《数字金融隐私权法》《移动互联网络信息安全管理法》，对金融消费者的信息数据安全权进行系统完整的规定，加强金融消费者对自身信息和隐私安全的重视。明确金融机构对金融消费者数据的获取、收集、分析、保管渠道的科学性与合法化，严禁对信息的过度采集和挖掘，限定对金融消费者信息的使用广度和深度，禁止为了商业利益向无关第三方泄露或贩卖在金融交易平台收集的数据信息。通过立法规范数字普惠金融行业发展，更好地维护金融消费者合法权益，为数字普惠金融发展提供健康绿色的生态环境。

二、加强普惠金融行业自律建设

构建完善的数字普惠金融行业自律机制，有利于净化金融业发展环境，引导金融机构树立维护金融消费者合法权益的意识，进而实现普惠金融的目标。可以在现有互联网金融

协会的基础上，积极号召数字普惠金融发展速度快、规模大、效果好的金融机构共同设立专门负责数字普惠金融行业发展的部门，成立数字普惠金融行业协会，明确数字普惠金融的业务性质，颁布行业自律公约，采取自律措施，监督金融机构实行遵循，充分发挥政府监管后备军的管控职能。

针对数字普惠金融发展的特殊性，强化金融机构的信息披露和风险防范机制，要求金融机构在官方网站公布与机构运营、产品发布有关的信息，充分保证金融消费者的知情权，数字普惠金融行业协会对其实时监督检查，确认信息的真实有效性。同时，行业协会与金融机构建立联合的电子单据系统，对金融机构的数字交易平台数据和信息进行第三方保管与监督，并保证电子单据的真实性和有效性，在发生金融纠纷时，为金融消费者提供便捷的取证渠道，更好地维护金融消费者的合法权益，构建健康良好的金融生态系统。

三、加强普惠金融服务商自身建设

数字技术在普惠金融领域的应用给金融服务提供商的自身建设提出了更高的要求。一方面，对数字普惠金融行业从业人员要高标准、严要求，提高他们的准入门槛，注重对其思想道德修养的考察，并对现有从业人员进行人生观、价值观的培养和考核，使其保持较高的思想水平和道德素质，不经金融消费者同意，不得把交易数据和信息泄露给无关第三者。把金融消费者权益保护作为金融机构经营理念的重要组成部分，贯彻到企业文化建设的全过程，在金融交易过程中，从业人员要主动对金融消费者进行产品和服务的真实、客观性说明，维护其知情权；对金融消费者在数字交易平台上产生的各种数据进行适度分析，不进行过度采集和挖掘，防止因黑客攻击和木马病毒造成的信息泄露给金融消费者造成巨大损失。

另一方面，数字普惠金融服务商要保证提供的金融产品和服务的有效供给，以匹配金融消费者日益多元化的金融需求。设计便于金融消费者使用的界面和程序，利用互动语言回复系统（IVR）降低键盘发生输入错误的频率，给识字较少的金融消费者提供方便；推广数字认证、电子签名等安全认证体系，以及生物信息识别等技术，降低金融消费者对移动设备的依赖风险；对一些复杂的金融产品和服务设置"冷静期"，让金融消费者在"冷静期"内进一步观察和体验其购买的产品和服务，如果发现与金融机构描述不符的地方，或是风险收益不适合自身需求时，以较低的成本或无成本地撤销交易，把金融需求不匹配造成合法权益受侵害的风险控制在萌芽阶段。

四、提高普惠金融消费者自身素养

（1）加强金融知识和数字技术的教育与普及宣传工作

数字普惠金融发展兼具金融和数字网络技术的双重特点，这就对金融消费者的金融知识和数字技术基础知识提出了更高的要求。因此，要充分发挥社会各界力量，建立内外联动的金融消费者教育长效机制，提高消费者金融知识水平，培育负责任的数字普惠金融消费者。

政府要发挥资源整合作用，重点关注中小微弱群体的金融产品和服务需求，根据数字普惠金融发展的特性，开展关于金融知识和数字技术基础知识的教育培训项目，尤其是被排斥在金融系统以外群体的项目，向金融消费者宣传国家对于数字普惠金融发展的政策支持，帮助他们正确理解数字普惠金融的理念，了解可以提供的金融产品和服务、以及实现自身金融需求的途径，掌握基本的数字技术，缩小数字鸿沟。同时，还要利用金融消费者保护基金，提供公益性的数字普惠金融顾问，为金融消费者提供线上线下相结合的"一站式"咨询服务。

媒体充分发挥宣传作用，利用每年的3·15消费者维权日和"金融知识普及月"等活动契机，通过广播电视、报纸杂志、手机新闻等与金融消费者日常生活密切相关的渠道，运用公益广告等形式，多渠道、多方式地进行数字普惠金融知识的长期普及。同时，利用微博、微信等公众平台，定期发布和数字普惠金融相关的新闻和最新政策，加大对数字普惠金融的宣传力度。

金融消费者要明确自己在金融市场交易活动中应有的权益和责任，主动学习金融知识，提高数字技能，理性选择合法合规的数字普惠金融提供商和满足自身金融需求的产品和服务，严格遵守金融市场交易规则，对自己负责，对金融服务提供商负责。

（2）培养金融消费者自我风险防范意识

由于互联网络和移动数字技术的虚拟性，进一步加大了金融消费者的潜在风险，要对金融消费者进行金融风险的宣传教育活动，让其充分认识到自己所面临的信息和资金安全等方面的风险，提高辨别风险和欺诈陷阱的能力，明白事前风险防范要胜过事后维权。金融消费者要培养"收益自享、风险自担"的理念，在进行金融交易之前，通过金融机构的风险测评来了解自己的风险偏好，理智选择自己风险承受能力范围内的金融产品和服务，形成健康的金融消费行为，尽可能地降低发生金融风险的可能性。

（3）健全金融素养评估反馈机制

目前我国对金融消费者金融素养的评估仅限于人民银行关于金融素养的问卷调查，在数字普惠金融快速发展的趋势下，很难充分反映金融消费者掌握金融知识和数字技术的程度。充分利用互联网平台，对金融消费者的金融知识进行测评，对数字技术技能的运用实时监测，运用大数据进行量化分析，评估金融消费者的金融素养能力，实行动态管理机制，及时对监测结果进行反馈，不断提升金融消费者的金融素养，进一步优化金融决策过程。

第六章 新形势下我国发展普惠金融的政策

第一节 优化普惠金融体系发展的原则

普惠金融发展路径的设计原则具体有整体性原则、可持续性原则、教育先导原则、稳步推进原则以及理论实践相结合原则五大原则。

五大原则具体内容如下。

一、整体性原则

普惠金融要真正得到长足发展，绝不可能由正规金融机构、普通民众（包括小微企业）和政府其中单独一方的力量就能够得以实现，甚至三方中缺少任何一方也无法实现。这是因为正规金融机构和普通民众构成了市场供求的主体，而政府的相关决策与制度设计则是普惠金融供求双方经济决策的基本参考约束。如果正规金融机构缺乏足够的意愿和诚意，则普惠金融实践活动不可能有任何实质性的进展。民众和小微企业主缺乏先进的金融理念和足够的金融知识，则其始终会处于相对被动的地位，不可能参与，更遑论配合正规金融机构开展足够深度的金融创新，因此普惠金融发展也势必受到极大的局限。在普惠金融体系当中，正规金融机构、普通民众（包括小微企业）和政府三者的地位并不平等，政府角色处于中心地位，政府是相关理念的引导者、制度的设计者和金融普惠教育的推广者。由此，缺少了政府积极推动，仅凭市场主体自身力量的推动，普惠金融理念也就仅仅会停留在理念层面。因为缺少外部力量的介入，金融市场不可能有任何根本性的演进。总之，普惠金融的推动与开展离不开正规金融机构、普通民众（包括小微企业）和政府三者中的任何一方，必须坚持整体性原则。

二、可持续性原则

引入普惠金融理念，推动普惠金融实践就是要利用普惠金融对传统正规金融体系乃至整个金融体系进行彻底改造，使改造之后的金融体系能够满足普通社会民众，尤其是低收入群体和小微企业对金融服务的需求如果不能达到这样的目的，则可以说普惠金融的引入是不成功的。而且在理想状态，我们期望普惠金融对金融体系的影响应该是持续的和深远的，而不是搞运动式或蜻蜓点水式的形象活动。应该说普惠金融只要被引人和推广就一定会对金融市场产生重大的影响，因此关键是要使得普惠金融的开展具有可持续性。只有这样才能够充分发挥普惠金融的影响，使尽量多的民众和小微企业从中获得最大利益。那如何使普惠金融具有可持续性就成为一个重要的课题。这个课题的实质我们可以换另外一种提法，就是如何让金融市场上的普惠金融交易双方能够出于自身利益考量来从事普惠金融的实践活动。要想达到这样的结果，从经济学方法论角度分析，只有改变内在理性认知和外在制度约束两个方面才能实现。简略来说，在中长期内改变金融企业内在理性认知需要通过间接利他主义理性观来引导普惠金融交易双方；在长期内通过引导和建立良好的金融企业伦理道德，形成金融企业全新的理性价值判断；而由政府制定合宜的制度约束以及提供有效的经济约束来改变普惠金融双方的外在决策约束。

三、教育先导原则

普惠金融实践活动要得到深入发展，本身离不开普惠金融交易双方的积极参与与协同配合，而这又需要具备两个方面的要素。一方面是正规金融机构的热情参与与普通民众（包括小微企业）的高效参与。如何要正规金融机构热情参与到普惠金融的实践活动中，在上面可持续性原则中已经分析，这里不必赘述，但有一点是需要肯定的，即需要政府积极引导和修正正规金融机构的理性认知。另一方面是普通民众和小微企业主如何高效参与到普惠金融中。这本身就需要普通民众和小微企业主具备较为先进的金融理念和完善的现代金融知识，可以说这些知识储备是他们能够真正深入参与到普惠金融实践活动的基本前提：相关知识储备获得确实需要普通民众具备较高的主观能动性，只有他们真正认识到了这些知识储备的重要性，才愿意支付金钱和精力来获取这些知识。而这就同样需要政府持久和有效地开展金融普惠教育：一方面营造热烈的氛围，让民众认识到现代金融理念与知识的重要性；另一方面为普通民众提供公益及半公益性质的金融专业知识培训。这种类似的培训非常有必要．因为完全靠民众自动自发地学习，可能由于金融学知识进入门槛较高导致他们自学效果较差．比如只能理解片面或不系统的知识点，遇到有难度的金融知识则无法理解，也就更谈不上具体的应用，因此，政府应该尝试提供一篮子的金融普惠知识培训项目，充分利用网络、公益机构、公益课堂、半公益性质专题讲座等形式来满足民众对现代金融知识多种多样的需求。

四、稳步推进原则

普惠金融发展在具体落实时，一定要注重遵循稳步推进的原则，不能脱离现实条件的约束，否则就有遭受挫折的可能普惠金融之所以坚持稳步推进原则，由几个方面原因所决定：一是金融民主发展可以分为扩张式金融民主与深化式金融民主两个阶段，而当前普惠金融的主要理念属于扩张式金融民主，因此普惠金融也要按照这两个阶段的划分而逐步推进；二是任何社会经济现象的发展状态通常都会表现出后的状态要受到前状态的影响，即两个不同的分阶段之间绝非相互独立而是表现出紧密的相关关系，借用新制度经济学的语言讲即路径依赖。路径依赖是客观存在的，具体到普惠金融发展进程来讲，物质基础和知识储备都是不可忽视的重要客观存在要实现普惠金融的持续、快速和健康发展，绝对不能忽略之前金融市场供求双方知识经验的储备和金融基础设施的存量情况。只有在充分了解并客观评估和运用相关存量的前提下，政府才可以制定出高效的制度约束与经济激励举措切实推动普惠金融的持续发展。

五、理论实践相结合原则

普惠金融的提出与推动，在人类经济和金融发展进程中从未有过，属于开创性的事件，很多棘手且重大的问题势必会出现在普惠金融实践活动中。并不能因为普惠金融是一种新鲜事物，我们在推动相关实践活动时就可以以此为借口来搪塞失误乃至是严重错误。我们完全有能力，也应该有信心在坚持理论与实践相结合的原则前提下，有力地推进普惠金融的发展。坚持理论与实践相结合的原则具体表现在以下两个方面：一方面，在间接功利主义指导下，普惠金融业务供给双方的相互关联性的研究，借助间接功利主义思想的指导，对普惠金融交易双方的互利共存关系进行清楚的探讨与量化，对于提升金融机构特别是正规金融机构积极投入普惠金融实践业务活动有重大意义。因为，间接功利主义的思想和分析方法将会极大地摧毁新古典金融研究范式中完全理性假设，并重新构建起一种全新的盈利分析函数。这将在很大限度上改变正规金融机构的预期收益，从而在一定意义上改变整个金融市场的运行状态；另一方面，普惠金融实践活动在具体开展时，一定会出现某些代表性的问题和事件，从这些实践素材中提炼理论问题，即从个体到普遍，从具体到抽象，很有可能不断提纯出众多的理论课题及相关结论。在此基础上，不断探讨政府的角色定位和政策设计，从实践中来，再回归到实践中去，这种循环往复的理论与实践相结合非常有理论意义和现实意义。

第二节　增强普惠金融服务的供给能力

从供给层面，加强普惠金融一方面要增加以弱势领域为服务目标的金融机构类型和数量；另一方面要从存量入手提高供给能力，鼓励现有金融机构业务创新和产品改善，实现业务下沉，承担更多社会责任。同时要进一步对民间资本开放，促进金融业的全面竞争。

一、完善普惠金融组织机构体系

（一）增设政策性金融机构

在普惠金融体系中，作为三元供给之一的政策性金融机构比其在传统金融体系中的地位更为重要，尤其是在以政策性力量为主导时普惠金融体系萌芽阶段，政策性金融机构起着不可替代的作用。从 20 世纪 30 年代开始，欧美发达国家开始建立政策性银行和非银行政策性金融机构（如政策性保险和担保公司），目前已有一套成熟的国际经验可资借鉴。

我国现有三家政策性银行，分别是国家开发银行、中国农业发展银行和中国进出口银行。在成立之初，国家开发银行的主要职责是保障国家基础设施、基础产业、支柱产业（即"两基一支"）所需的中长期资金；农业发展银行主要负责粮棉油收储资金的供应和管理；进出口银行则主要是为资本性货物出口、企业对外承包工程和境外投资提供金融支持。三家政策性银行也都有针对国民经济中相应的薄弱环节的政策性业务：国家开发银行除了服务于国家战略和宏观调控，也为"三农中小企业、医疗卫生等社会发展瓶颈领域提供资金。，农业发展银行作为农业政策性银行，是国家信贷支农的重要载体，其"三农"贷款包括政策性贷款、准政策性贷款和商业性贷款三类。进出口银行则侧重支持外贸型中小企

从 1994 年成立迄今二十多年，三家政策性银行在业务和功能上都发生了巨大的变化，经历了从政策性业务为主到兼营政策性业务和商业性业务、从代理制到全面自营的转变，无一例外地游走在政策性业务和商业性业务的边缘。2015 年 3 月，国务院批复一家政策性银行改革方案，要求国家开发银行坚持开发性金融定位，服务于国家发展战略，发挥在重点领域、薄弱环节、关键时期的功能和作用，利用国家信用支持，实行市场运作，保本微利。而中国农业发展银行和中国进出口银行要坚持以政策性金融为主体，合理界定业务范围，对政策性业务和自营业务进行分账管理、分类核算。可见，政策性银行改革总的趋势是回归到政策性金融的定位。

即便如此，我国现有的政策性金融机构仍不能充分满足普惠金融体系构建的需要。其理由如下：其一，政策性金融机构种类不齐全，并未完全覆盖弱势领域的政策金融需求。现有政策性银行的成立背景主要是为国有专业银行的商业化改革铺路，承接其政策性业务，尽管也有扶助国民经济薄弱环节的考虑，但除了农业发展银行明确针对"三农"，其他两家均没有明确的指向，且农发行是以支持农业产业化经营、农业农村基础设施建设和生态农业建设为重点。显然，现有的政策性金融体系对弱势领域的支持严重不足。其二，如前所述，三家政策性银行均过度从事商业性业务，使一些突出的政策性金融需求无法得到满足。其三，国家开发银行和农业发展银行的主要业务都不针对个人或企业，对农户和农村企业的政策金融业务过去主要是通过农业银行和农村信用社进行的。在农业银行实行商业化经营，特别是从农村大量裁撤分支机构之后，其在农村的政策性业务没有有效地替代。

由此，现有政策性银行对于普惠金融体系的支持是远远不够的。解决的办法是，一方

面加强现有政策性金融机构的功能，落实改革目标，以法律法规的形式明确政策性银行推动普惠金融的责任，界定业务范围，特别要提高农业发展银行在农村地区的政策性功能，扭转其商业化倾向；另一方面需新增必要的政策性金融机构，在目前各种相关建议中（如科技发展银行、区域发展银行等），我们认为下列政策性机构应放在优先位置。

1. 全国性的中小微企业政策性银行

建立国家中小企业政策性银行的呼吁由来已久，尽管有充分的理论依据与成熟的国际经验可资借鉴，但自 1994 年三家政策性银行设立至今二十余年，政策性金融总体呈现退缩的局面。中小企业政策性银行迟迟不见推出，各部门、地方中小微企业金融支持政策频出但效果不明确，中小微企业融资整体上还是依赖商业银行，融资难、融资贵的问题非常突出。由于客观条件的限制，商业银行对中小企业，特别是小微企业缺乏贷款积极性，因此中小微企业政策性银行建立势在必行。

中小微企业政策性银行应由政府发起，财政出资，可通过发行政府担保债券筹集资金，专门为符合政策支持条件的中小微企业提供低于同类商业贷款利率的贷款，贷款条件相对宽松，贷款手续更为简便，且在期限和宽限期上给予企业更大的灵活性。中小微企业政策性银行的作用不仅在于直接补充商业性资金对中小微企业的投入不足，而且在行业指向、客户选择方面产生溢出效应，增强商业银行向中小微企业信贷投放的信心，发挥政策性金融的引导作用。鉴于现有政策性银行存在的问题，新的中小微企业政策性银行在设计之初，就需要明确其政策目标和功能、界定业务范围及资金来源、确定风险补偿机制、业绩评价标准以及监管问题，这些问题最终都要以专门法律的形式给予明确规范。

2. 省级政策性再担保公司

目前国内融资担保行业正面临调整，以期着力解决行业存在的规模小、实力弱、风险高、经营不规范的问题。在中央政府的督导下，各地方正陆续建立或改造政策性担保机构，地方性政策性融资担保公司的数量、资本规模和业务占比都有所提高，推动了整个融资担保体系的规模化、规范化发展。政策性融资担保公司属于国资或国有控股企业，不以盈利为目标，控制担保费率，扩大对中小微企业和创业企业担保的覆盖面。

政策性融资担保要做大做强，真正成为行业的主体和中小微企业融资的有力后盾，一方面需要地方政府改变对政策性担保公司的考核方式，放松利润指标考核，以担保功能考核替代；另一方面，必须建立有效的风险分担机制。目前，政策性担保机构的注册资本金、风险拨备金等主要来源于当地政府。因为资本金扩充、风险金补偿不到位，政策性担保机构往往只能偏重于风险规避，无力担负应有的政策性功能，且存在担保程序烦琐、担保费率高等问题，尤其是县级政策性担保机构业务量偏小、功能偏弱，有些甚至处于停滞状态，与中小微企业的实际需要有很大的差距。

从担保行业特点和目前我国国情看，设立省级政策性再担保公司是较好的选择。省级政策性再担保公司由省财政出资，或由中央财政提供部分支持，采取"一省一家"的方式，为各市县政策性担保公司、商业性担保公司的中小微企业担保业务提供再担保。同时可将目前中央各部委和地方政府有关中小企业的政策性补贴（如财政贴息、专项扶持资金、政府奖励等）集中，为省级政策性再担保公司的政策性亏损提供风险补偿，这样可以减少县级政策性担保公司对县级财政的依赖，且有助于提高各类财政补贴资金的综合绩效。强有力的省级再担保公司的出现，不仅能增强市县担保公司抗风险能力，提高担保公司与银行的议价能力，改变银担风险承担，比例不合理的状况；也有利于改变各地担保行业群龙无首、各自为政的状况，加强市县级担保公司之间的协作沟通及信息共享，促进行业标准和规范的形成，加强行业自律，提升行业整体素质。

（二）合理发展地方性中小金融机构

构建普惠金融体系的目标之一是针对弱势地区、弱势企业、弱势群体的需求特点，增加相应的供给主体及服务，以减少供求不匹配造成的结构性失衡，缓解传统金融体系对弱势领域的金融排斥问题。

众所周知，全国性的大中型商业银行一直是我国金融体系的主力军，但这些机构的规模优势与基层市场规模小、地域分散等特性不相符合，难以形成对弱势领域的良好覆盖。理论上，地方性中小型金融机构如城商行、社区银行、农商行、村镇银行等更适合在基层地区从事金融业务，能更好地融入当地社群，发挥小银行特有的灵活机动及"软信息"优势，将金融服务的地域范围延伸到城市乡村的各个角落。以农村为例，近十年以来，政府逐步开放农村金融市场，鼓励发展村镇银行、贷款公司和农村资金互助社等新型农村金融机构，引导民间资本参与农村金融体系重建。经过这一阶段的发展，我国农村金融机构数量 5 和类型有了显著的增加，农村基本金融服务覆盖面明显提高。数据显示，从 2009 年 10 月开始启动偏远农村地区基础金融服务全覆盖工作以来，全国金融机构空白乡镇从 2945 个减少到 1570 个（截至 2014 年年底）；实现乡镇金融机构和乡镇基础金融服务双覆盖的省份（含计划单列市）从 9 个增加到 25 个。

可见，地方性中小金融机构在普惠金融中能够发挥重要作用但是，地方性中小金融机构通常规模小、实力弱，且在有限地域从事有限范围的商业活动，加上业务集中于小客户、农村地区，其面临的风险不容忽视。从监管角度而言，地方性中小金融机构数量多、地域分散、情况千差万别，监管的难度很大。不难理解，监管部门会有意识控制中小金融机构和民营金融机构的发展速度。在政策支持不到位、社会信用环境不理想、机构自身创新能力有限的情况下，出于降低风险和改善盈利的实际考虑，城市中小金融机构会千方百计"傍大款"，农村金融机构则尽量驻扎在县域中心地区，导致小微企业在中小金融机构也难获得金融支持，农村商业银行、农村合作银行缺乏村镇网点，新型农村金融机构则多数聚集在农村发达地区。总而言之，虽然金融机构数量有了很大提高，但弱势领域所获得的金融服务水平和服务质量却不尽如人意。因此，有学者提出，与其继续扩大机构增量，不如将重点放在存量盘活上，充分发挥现有金融机构的功能。

由此看来，推动民间资本进入普惠金融领域，需要处理好存量和增量、发展和监管之间的关系。一方面，为了满足我国居民和企业日益增长且多样化的金融需求，解决各种类型的金融排斥问题，地方性中小金融机构发展的空间，特别是在金融服务空白或薄弱地区，政府需要增设中小型民营银行或非银行金融机构，大力鼓励社会资本进驻，适度放松准入条件。非银行金融机构甚至包括典当行。典当行是合法经营的机构，其利率较高，但在其他渠道不畅的情况下，能提供补充性的小额抵押贷款。各级政府部门应加强对老少边穷地区中小型金融机构的财税支持和贷款利率补贴，降低新设机构的运作成本，增强其盈利能力。另一方面，要根据经济社会需要和政府监管能力，适度控制新增中小金融机构的总量和增速，重视盘活存量，合理布局，着重提升现有中小金融机构支农、支小的服务功能。在后文中，我们会从机构运作、行业支持体系和宏观政策及监管等方面对这个问题进行多角度分析。

（三）大力推动农村合作金融发展

将民间金融正规化是普惠金融体系构建过程中的重要内容，其最有效的途径是发展合作金融。但目前，在我国普惠金融三元供给体系中，合作性金融是最薄弱的环节，与商业性金融发展水平相去甚远，这导致整体上我国弱势领域的金融服务高度依赖商业性金融机构。问题是，商业性金融无法完全覆盖弱势领域的需求在不少偏远、落后农村地区即便有金融机构，也往往"独此一家，别无分店"，缺乏同业竞争，金融服务能力和质量很难提升；更何况多数商业银行虽然开进县域吸收当地存款，但投放资金不足，弱势领域所获得的份额仍然有限，资金供求矛盾依然突出。

合作性金融机构是由特定社区或区域内居民或企业发起成立的互助合作式金融组织，成员同时又是股东，资金主要来源于成员缴纳的股金和盈利的积累，资金运用也主要针对成员，以相互信任为纽带，依靠地缘优势获取成员信息，减少信息的不对称性，将金融风险控制在一定范围之内。合作性金融机构不以盈利为目的，其目标主要是满足其成员的金融需求，体现互助互济的特征。在世界范围内，合作金融的发展已有150多年的历史，其独特的风险控制机制曾经启发了小额信贷的先行者，并在此基础上发展出一套行之有效的小额信贷技术。此钟，合作金融机构扎根乡土，贴近客户，经营成本相对较低，对弱势领域服务具有广泛的适应性。

我国在农信社改革和商业化经营之后，农村合作金融体系出现断层，需要进行大规模重建，否则必然会滋生大量的非正规金融。但由于我国缺乏合作制度的传统，加上缺乏配套政策，合作金融的发展一直比较曲折缓慢。

2014年，中央一号文件明确提出了要"发展农村新型合作金融组织"，预示着未来合作金融将加速发展。各有关方面应总结农信社发展合作金融的经验教训，跟踪研究新型合作金融组织的发展动态，保障合作金融各项原则的落实，促进全国合作金融体系的尽早形成。根据一些国家（如日本、德国）合作金融的成功经验，成熟的合作金融体系应该是全局性、多层级的，类似我国的农村信用社。但是，鉴于目前农信社在农村金融中依然牢固的重要地位，如果在农信社体系之外再一套合作金融体系，其与农信社的关系如何处理，是政策面临的一个难题。

二、加强传统金融机构在普惠金融体系中的作用

商业性大中邀金融机构向弱势领域提供服务存在不适应性，大中型金融机构的组织结构和业务模式决定了其在大中型企业、大中型项目贷款上的比较优势，按市场原则，大中型金融机构有理由充分利用规模效应，着力为大中型企业服务。但在现实中，越来越多的大中型金融机构正在开拓县域金融和中小微企业市场，这中间除了政府的要求和导向、企业社会责任意识的觉醒，某些特定的金融业务如国内外转账、政府委托贷款项目等对大中型银行也有较大的吸引力。伴随着市场竞争、技术进步和金融创新的加强，新的商业模式出现，大中型金融机构开拓市场的意愿、承担风险的态度和创新的能力逐步加强，为中小微客户服务的积极性有所提高，使其在普惠金融体系构建中的作用不断加强。

大中型金融机构参与普惠金融业务，携其资金、技术、管理、人才优势，对中小金融机构会造成强劲的竞争，迫使中小金融机构为生存而战。另外，大中型金融机构与中小金融机构之间存在广泛的合作空间，完全可以实行错位经营，达到双赢的结果。具体而言，大中型金融机构参与普惠金融服务在目标和方式上与中小金融机构都存在差异。大中型金融机构的目标是为广大人群提供普遍的、非歧视的服务，提高对所有群体的包容性，由此可以享受不同业务之间交叉补贴的优势（以利润丰厚义务补偿利润较薄的义务），而不是只针对弱势群体开展业务。

在参与的方式上，大银行的经营中心下移。其不利的方面是国有商业银行在县域的网点已大大收缩，股份制商业银行大部分在县域没有机构，与客户距离较远，信息不对称更严重，需要相应简化层级结构、下放贷款决策权、降低交易成本。更重要的是，大中型金融机构不一定要在具体业务上与中小机构争抢市场，一方面可以发挥技术优势，将基础金融服务向下延伸，包括布放机具，解决农村和偏远地区取现和转账结算难题，向中小金融机构提供有关信用管理、风险控制、信息技术方面的援助，帮助它们加人银行网络和公共平台等。另一方面，应专注于为中小型金融机构提供批发业务，包括对中小金融机构进行非资产抵押贷款、股权投资和担保以及支持中小金融机构进行资产证券化，打开普惠金融的资金渠道，特别是商业性资金的渠道，以形成源头活水，使普惠金融能逐步获取债务性、股权性融资、投资基金等各种来源，参与金融资源配置，保证可持续发展。此外，大型商业银行还可以加强与扶贫性的非政府组织合作，通过向非政府组织捐赠、提供技术和智力支援，在拓展普惠金融深度方面做出贡献。非政府组织的优势在于它们是社会目标驱动型组织，以服务"弱者中的弱者"为宗旨，可以深入金融排斥最严重、商业性金融最缺乏的地区，提供普惠金融服务，同时推动教育、健康、商业培训等社会性目标的实现。

三、创新普惠金融业务运作模式

对于从事普惠金融业务的金融机构而言，与小的交易规模相伴随的，是较高的单位营运成本，这个问题是无法回避的。高成本加上信息不对称导致的高风险，限制了金融机构提供小额服务，特别是小额贷款的能力。解决的办法，除了提高服务的价格（包括利息和费用），关键在于改变传统的业务运作模式，通过各类创新活动降低对弱势领域提供金融服务的成本和风险。在新的技术条件和政策背景下，越来越多的商业性金融机构可以通过产品、服务、管理及其他合作创新方式来解决普惠金融的传统难题，将过去由于成本和风险不能服务的对象纳入服务范围。

（一）业务模式创新

提供普惠金融服务的机构要突破传统经营理念和方法的束缚，创造新的业务模式和新型伙伴关系，以控制风险、降低成本。在过去，小额信贷创造了以小组贷款方式降低风险的方法，但时过境迁，一些研究发现，小组贷款存在一定的缺陷，例如依靠每周开会和社会压力的方式，明显增加了机构和客户的成本。可见，小组贷款模式并不是唯一可行的方式，一些新的业务模式正不断被创造出来。

1. 供应链金融

供应链金融对普惠金融的价值在于，以商业信用补充银行信用，将中小微企业纳入银行信用范围。在供应链上，大的核心企业从自身产品制造和分销的需求出发，集合大量上下游企业（包括中小微企业），形成稳定可靠的业务关系。通过加入供应链，中小微企业可以获得较为稳定的订单和收入，可以利用销售过程中的未到期票据进行贴现，或由大企业先行向中小微企业提供商业信用，然后将应收款打包卖给金融机构。这种方式利用了大企业所掌握的客户信息，免去了银行甄别客户的负担，满足了中小微客户资金需求。供应链金融不仅适合制造业，也适用于农业产业链（公司＋农户）、消费品零售链（商圈贷款）等业态，可将对单一农户、商户授信，变为对农业合作社、商圈店铺集体授信，有利于扩大贷款规模，降低每单位贷款的成本，且利用社会网络对借款人进行事后监督，以防止道德风险。

2. 银保模式

普惠金融服务是多样化的服务，例如保险公司可以和银行特别是地方中小银行建立伙伴关系。地方性银行风险比较集中，比如集中发放农业信贷，一旦遇到自然灾害，可能导致违约率大幅度上升，因此地方性银行与保险业扩展应该可以找到结合点保险公司利用银行广泛的服务渠道销售小额保险产品，银行利用保险公司的专业技术开发适合弱势群体的银保产品，双方实现优势互补，共同降低风险和管理成本。在现实中，一些银行保险产品受到消费者反感，其实不是这个渠道本身有问题，而是产品的适用性和销售中的信息披露存在问题。保险公司和银行合作，不仅分享对方的销售渠道和行业经验，分担风险和管理，而且对普惠金融发展具有很大促进作用。

（二）产品创新

普惠金融的产品和服务要避免简单沿用传统的、适合发达地区和高端客户的产品，而要提供适合弱势领域需求的多种金融产品，包括更有针对性的储蓄产品、更加灵活的还款方式等除了信贷产品。小额保险是降低弱势群体风险，促进金融包容的极有潜力的产品，但目前发展还非常有限。例如，人寿保险和信贷保险结合的产品，通过缴纳少量保险费（可用贷款支付），投保人可以获得伤残、丧葬费赔偿，剩余的贷款本息由保险公司代偿，银行也减少了违约风险，因此是对各方都有利的保险品种。又比如，天气指数保险产品，与传统农作物保险不同，其支付不是以实际损失为依据，而是依据可衡量的天气指数（如降水量），在规定的时间如果出现极端天气（如降雨过少或过多），投保人可获得赔偿天气和农作物收成关系密切，天气指数保险对收成有较好的保障作用，同时对保险公司而言，因为支付是由指数决定的，无须核定投保人实际损失，因而节省了挨家挨户定损的人力和成本，也减轻了其中蕴藏的道德风险问题。除了天气指数，农产品价格指数保险产品也具有同样的特征和功效

对于这样一些有利于弱势群体、有发展潜力的产品，我们要认真进行市场分析、产品设计 . 定价和成本核算，做到简单实用，易于理解，便于销售，获得客户信任，通过扩大销售规模降低成本。

（三）服务渠道创新

现代信息技术为降低金融服务成本，特别是理性的解决金融排斥问题提供了有力的工具。在偏远落后地区，地理性排斥仍是金融排斥的主要原因。政府应该进一步采取措施延伸金融服务，全面消除金融"空白区"。可以根据不同情况选择物理网点和机具布放等方式，在不适宜设物理网点的区域进行机具布放，同时要配备终端设备管理员，加强使用宣传和设备维护另外，随着个人电脑、智能手机向偏远地区及贫困人口的普及，诸如网上银行、手机银行等建立在现代通信技术基础上的金融服务，无须开设实体分支机构，银行可以通过购买或租用方式，大大降低金融服务送达客户的成本，从而为弱势群体提供更为便捷、收费更低廉的金融服务，特别是在人口稀疏的边远地区，效果尤为明显。此外，一些先进的身份认证手段，如指纹、虹膜识别等技术的使用，也有利于金融机构降低成本和风险。

在物理网点方面，除了标准化营业网点，政府可以采取"代理银行"的方式在超市、杂货店、收购点、彩票投注站等处设立简易金融服务点或服务站，提供开户、存取款、转账、缴费等基本的账户服务。金融机构要重视合作伙伴选择，明确设立投资及收益分成比例，除了给予相应的软件支持，还应加强对代理员（代办员）规范化的宣传、选拔、签约、培训和监管。此外，银行也可以派人定期去边远地区、农民工集中的企业和社区提供流动

金融服务，如流动银行、汽车银行、船上银行等，为他们提供存取款、支付等基本业务。

（四）抵押方式创新

抵押是银行解决弱势群体和小微企业信息不对称的传统方式。适当的抵押和担保可以加快贷款审批速度、降低贷款成本。银行抵押贷款传统上使用土地、房屋等不动产为抵押物，而不愿意接受动产抵押。但对弱势群体而言，要么缺少不动产，要么执行抵押权非常困难；在中小微企业的资本存量中，大部分是机器设备、应收账款等动产，不动产抵押的要求与其实际情况不相符合。

近年来，动产抵押和多种权利质押发展很快，如针对农户的农房财产权抵押、林权抵押、农地经营权抵押等"三权"抵押以及承包土地的附着物、活物抵押等。针对小微企业的动产抵押，科技型企业的知识产权质押、股权质押，创意产业的作品版权、播映权质押等，也都有一些成功的案例。但是，上述新型抵押方式都具有一些缺点和问题，特别是在产权确权、评估、登记、交易方面的配套体系不够健全，大范围推广尚存在很多挑战，需要各地结合自身情况学习借鉴，同时金融机构和相关政府部门共同努力创造条件，尽可能扩大抵（质）押品的范围。

（五）管理机制创新

在金融机构的内部管理中，要针对弱势领域金融服务加强风险控制，开发贷前审查、贷款监控、风险预警系统，通过标准化和批量化运作降低单位服务成本；完善信息和数据库系统，提高信息质量，可针对无信用记录、无抵押担保人群，引进适合的信用评级或评分系统，作为贷款审查的辅助工具完善对员工考核和激励机制，激发普惠金融一线员工的工作热情，鼓励创新，实现责、权、利三者的高度统一。

四、支持互联网金融发展

近年来，互联网金融的发展为实现普惠金融提供了一条新的途径，其对现有金融体系的影响目前尚难以预测。从本质上看，互联网金融是普惠金融，具有低成本和高覆盖的特点。低成本是指互联网企业无须建立物理性的网点，因而可节省建设费用；利用计算机网络处理信息，可以降低信息成本及客户搜寻成本。高覆盖是指互联网突破时空限制，高效便捷，金融服务更直接，客户基础更广泛。低成本和高覆盖有利于降低金融服务的门槛，解决金融排斥问题。

互联网金融发展的一个趋势是互联网企业直接参与金融业务。互联网不仅可以成为弱势群体进入商品市场的途径（比如开一家淘宝店），而且有可能进一步成为他们获得金融服务的途径。从发展趋势上看，互联网企业的作用已不限于为顾客提供便捷的支付结算服务（事实上，像阿里巴巴这样的互联网企业，已经成为中国支付体系的重要组成部分），而且正在渗入到更多的金融领域，比如小额信贷业务。互联网企业或以其为主组建的金融机构，利用在信息上的独特优势，可能会创造出新的小额贷款商业模式，从根本上解决小额贷款高风险、高成本的问题。

互联网金融的主要客户群体是工薪阶层以及小微企业，因其需求具有小规模、高风险特点，通常很难从传统的金融机构获得贷款支持或理财服务。众所周知，银行贷款发放的关键是进行事前的客户筛选和事后的贷款监控，以解决银行与客户之间信息不对称问题。毫无疑问，传礁金融中介在信息汇聚和处理方面有巨大的优势，但是小额贷款客户信用审查及贷款监控所涉及的高成本，可能使传统银行不愿面对小额贷款者；另一个原因是，一些弱势群体（包括小微企业）本来就主动或被动地被排斥或部分排斥在金融体系之外，在传统金融机构缺少相应的信息记录。按照现有的评估模型，金融机构无法取得相应的数据来支持其贷款决策。相比之下，互联网平台在日常管理过程中就已掌握了海量的客户信息，如网上支付情况、发货记录、用户评价等。这些信息是传统银行所不具备的，互联网企业或其主导的金融机构借助大数据、云计算等技术优势，可以开发新的信用评估模型、创造新的贷款管理方法，在极短的时间进行客户评价。另外，互联网企业掌握客户的资金流情况，如在互联网企业终端支付的交易和收款流水记录，因而可以较低成本进行贷款使用和还款来源的监控。

但值得关注的是，一方面网络交易的不确定性很大，互联网金融公司业务庞杂、关联交易非常复杂，其信用风险、操作风险和技术安全管理等都没有现成的经验，缺少客户基础信用信息，风险控制能力不强；另一方面投资者对收益存在不合理预期，市场存在很多概念炒作和非理性投资行为，加上目前互联网金融仍处于法律边缘地带，监管不到位。一旦出现大量坏账，平台倒闭，无疑会加大金融市场的动荡和系统性风险。金融危机之后，全球对影子银行监管讨论尚未有定论，与互联网金融相关的法律和监管问题尚需进行艰难探索。

第三节　充分发挥市场机制的作用

由于长期以来中国金融主管部门对农村金融市场实行严格的市场准入管制，农村金融市场事实上形成了以农村信用社为主的正规金融机构的垄断市场。农村信用社的垄断主要是一种行政性的垄断，即国家政策强制性安排的产物。特别是在 1998 年国有银行改革以来，国家为了弥补四大国有银行退出农村金融市场留下的真空，扶持和强制性的要求农村信用社成为服务"三农"的主力军，使农村信用社在没有竞争对手的情况下在农村金融市场形成了垄断地位。虽然 2007 年开始的新型农村金融机构增量改革在一定限度上增加了农村金融市场的竞争性，但农村信用社仍凭借其地理和信息优势，在农村金融市场处于相对的垄断地位。

一、培育农村金融市场竞争机制的必要性

农村金融市场的垄断，抑制了农村金融市场竞争机制，无法满足农村日益发展的多层次、多样化的融资需求，加剧了农村金融供需的失衡。因此，打破我国农村金融市场垄断，增强农村金融市场竞争成为农村普惠金融发展的必然要求。许多文献也研究了增强农村金融市场竞争程度对增加农村金融服务可得性的影响。外国学者通过对1993—2000年间拉丁美洲11个国家银行业的竞争情况进行分析后发现，引入外部竞争者可以显著地增强金融市场的竞争性，增加包括农村地区的企业信贷的可得性。王修华等基于中国微观调查数据比较了样本乡镇在设立新型农村金融机构前后农户信贷排斥的可能性，发现农户不受排斥的可能性增加3.93%，认为放宽农村金融市场准入有利于缓解农村信贷约束。张兵等（2015）利用2006—2010年农村固定观察点的数据，分析了新型农村金融机构增量改革的效果，发现降低农村金融市场准入门槛对缓解中西部地区农户的信贷约束具有显著的正面影响。缓解农村信贷约束是我国农村普惠金融发展的核心目的之一。为此，培养农村金融市场公平有序的竞争机制成为我国农村普惠金融改革的必然要求。

二、放宽农村金融市场准入的增量改革及问题

2007年开始的新型农村金融机构的增量改革，在一定限度上增加了农村金融市场的竞争性，打破了农村信用社的垄断地位。但村镇银行发起人制度等条件的限制使新型农村金融机构仍然是传统正规金融机构的数量和地域延伸，中同农村金融市场中最具活力的民间资本仍没有获得同等的市场准入条件。2013年11月召开的中国共产党十八届三中全会提出要"扩大金融业对内对外开放，在加强监管前提下，允许具备条件的民间资本依法发起设立中小型银行等金融机构。"这意味着民间资本进入金融业，由民间资本单独发起设立自担风险的民营银行等金融机构已没有了政策障碍。此后，民营银行的设立进人了实质操作阶段。至2015年6月，首批试点的5家民营银行全部开业。同月，银监会公布了《关于促进民营银行发展的指导意见》，首次对民间资本进银行业的准入条件做出了规定。这些准入条件包括资本、股东、拟设银行和机制四方的要求，明确了民营资本进入银行业的具体"门槛"。可以预计的是，随着民营银行设立条件的明确，我国民营银行数量将不断增加，并进入农村金融市场，和传统的农村金融机构展开竞争。

随着农村金融市场增量改革的推进，村镇银行等新型农村金融机构的数量将继续增加。但未来发展潜力更大的应是新设立的民营银行。虽然从理论上讲，不断发展的民营银行进人农村金融市场，有利于增加农村金融供给，并增强农村金融市场的竞争性，缓解农村信贷约束。但在现实中，民营银行服务"三农"仍面临诸多问题。

一是民营银行的"理性经济人"定位，民营资本之所以积极申请设立民营银行，是因为在近年来宏观经济增速放缓的情况下，国内银行业的利润却持续高速增长因此，民间资

本在许多产业产能过剩，利润下降的情况下，希望进入银行业获得高额利润。然而，民营银行的逐利性使其不会优先考虑进入农村普惠金融市场，尤其是优先服务于农村贫困农户和中小微企业。

二是在农村金融市场，民营银行在同传统农村金融机构竞争中存在劣势。以农村信用社为代表的传统农村金融机构在农村金融市场实力雄厚，网点众多，认可度和市场占有率高，处于相对垄断地位。项在未来相当长一段时间内，民营银行无论是在规模、实力，还是在认可度和市场占有率等方面都会同传统农村金融机构的竞争中处于劣势。

三是民营银行成立初期所面临的生存和发展问题。传统国有金融机构的高额利润得益于其在国内金融市场的相对垄断地位、庞大的规模和稳定的利差。而新成立的民营银行毫无垄断和规模优势可言，利率市场化改革的推进，竞争的加剧必然会带来银行利差的收窄。民营银行经营初期将是区域性经营，在同传统国有金融机构的竞争中必然处于劣势民营银行的低认可度使其面临吸储的困难，在资本充足率、存贷比等监管指标上面临较大压力。另外，成立初期的民营银行在风险控制的人员、架构上都需要一个积累的过程。这些因素都使得生存和发展成为民营银行在成立初期首先面临的问题。

三、放宽农村金融市场准入增量改革的措施

民营银行的发展与壮大是培养农村普惠金融市场竞争机制的必然要求然而，民营银行在成立后首先要解决生存问题，在市场立足和发展壮大之后，才能不断增强自己的市场竞争力。

民营银行作为承担风险的市场经营主体，首先要解决自己的生存和发展问题。民营银行在传统的国有银行经营领域中没有任何优势。因此，民营银行必须寻求差异化、特色化发展，充分发挥出自己的比较优势，才能在市场中争得一席之地。为此，银监会在2015年发布的《关于促进民营银行发展的指导意见》中特别提出，鼓励民营银行探索创新"大存小贷""个存小贷"等差异化、、特色化经营模式，提高与细分市场金融需求的匹配程度。例如，在目标客户定位上，区域性经营的民营银行可借鉴西方社区银行的经营经验，把当地家庭、中小企业视为主要的服务对象，开展个性化服务和关系型信贷业务。另外，民营银行应注重在服务创新、服务效率和服务质量上充分挖掘自身优势，走特色化经营之路。

政府应在促进民营银行在农村金融市场的发展方面发挥更好的作用。一是对设立在并服务于农村地区的民营银行实行差别性的市场准入标准。可以通过降低最低资本金要求等差别性的市场准入标准吸引更多的小规模民营银行进入农村金融市场，这对于构建多层次的农村金融机构具有重要的作用。二是对设立在并服务于农村地区的民营银行实行相应的扶持政策。政府应通过法定存款准备金率、财政补贴、税收等方面的优惠政策支持民营银行在农村地区的生存和发展，增加农村普惠金融服务供给。三是加强对农村地区的民营银行的监管。民营银行规模较小，抗风险能力弱，有必要加强监管.以维护农村金融市场稳定。

四、推进农村利率市场化改革，发挥价格机制作用

长期以来，金融主管部门对金融业实行严格的价格管制，其中就包括对利率的管制。改革开放后，随着中国金融市场化改革的推进，金融主管部门对利率的管制逐步放松，并于 1996 年开启了利率市场化改革的进程。经过多年的渐进性改革，利率市场化已推进至最后阶段。2015 年 10 月，中国人民银行决定对商业银行和农村合作金融机构等不再设置存款利率浮动上限。这标志着中国历时 20 年的利率市场化改革取得历史性突破。但是，取消对利率浮动的行政限制，并不意味着央行不再对利率进行管理，只是利率调控会更加倚重市场化的货币政策工具和传导机制。从这个角度讲，利率市场化改革将进入新的阶段。

（一）农村利率市场化改革的必要性

利率市场化是在市场经济中，利率水平及其结构由经济主体自主决定的过程。其实质上是一个逐步发挥市场机制在利率决定中的作用，进而实现资金流向和配置不断优化的过程。而利率管制则人为限制了价格机制在金融信贷市场作用的发挥，导致借贷双方利息收益与利息成本的扭曲，造成信贷配给的问题，降低社会资源的配置效率。自 1996 年启动利率市场化改革，农村金融市场的利率市场化改革也不断推进。事实上，在改革的进程中，农村金融机构经常为利率市场化改革提供局部经验。2002 年，我国即开始实行农村信用社利率市场化改革的试点，探讨改革路径和效果。许多文献也研究了利率市场化改革对增加农村金融服务可得性和市场率的影响。黄金老（2001），易纲（2009）等认为利率市场化改革会扩大金融机构＆主定价权，缓解信贷配给现象，优化金融资源配置。张孝岩等（2010）利用 1978-2008 年我国农村经济数据，评估了利率市场化的效果，发现利率市场化水平的提高直接影响了农村地区的贷款、投资和储蓄的增长。中国利率市场化改革的核心是要建立健全与市场相适应的利率形成和调控机制，提高央行调控市场利率的有效性。农村利率市场化改革是中国金融市场化改革的不可或缺的部分，下一步就是在完全取消利率管制后，形成真正发挥作用的市场化的基准利率，以达到优化农村普惠金融资源配置的目的。

（二）农村利率市场化改革：利率管制取消只是起点

农村利率市场化改革是为了增加农村金融有效供给，缓解农村金融信贷配给，而利率市场化改革能不能自动达到这一目的？ MisatiRNetal（2012），DaboZ（2012）相关的研究表明利率市场化并不会自动达成这种结果。其效果还受到经济环境、金融市场结构、金融机构市场势力、产权制度以及金融监管等多种因素的影响，而其中又以市场结构和金融机构的市场势力的影响最为显著。Balmacedaetal（2014）也认为金融市场结构对利率市场化结果的影响是至关重要的，完全竞争的市场会使利率降低，信贷可得性增加，而垄断性市场则结果相反。黄惠春等（2015）通过对中国局部地区利率市场化效果的分析认为，利率

市场化对农村金融市场效率影响取决于农村金融市场的竞争程度。竞争性较强的农村金融市场不会有效率的损失，而垄断性强的市场效率会下降。因此，多元化和竞争性的农村金融市场是实现利率市场化的重要前提条件。从相关的研究来看，利率市场化改革并不会自动增加农村金融市场效率和信贷可得性，市场化利率的形成和发挥作用还受到诸多因素的制约。这些因素中影响最大的是中国农村金融市场仍普遍存在的竞争性不足的问题。放松农村金融市场准入，建立农村金融机构市场化退出机制，培育竞争性的农村金融市场成为利率市场化改革必要的基础和制度性安排。随着农村金融市场竞争性的增加，渐进的利率市场化改革也会逐步发挥其应有作用。

五、优化金融机构市场退出途径，完善市场化退出机制

市场机制是市场竞争配置资源的方式，竞争机制是市场机制的核心构成要素之一。市场竞争机制必然表现为优胜劣汰机制，通过适当、合理的优胜劣汰机制淘汰落后企业，留下成功企业，激励市场主体不断创新和进步，成为社会进步的有力杠杆。因此，一个富有效率的竞争市场，必须具备完善的市场化退出机制，淘汰部分经营不善、效率低下的企业，保证市场机制运行的效率。完善的市场化退出机制也是构建竞争性的农村普惠金融市场不可或缺的制度保障。尤其是随着我国农村普惠金融市场准入的放宽，越来越多的中小型银行进入农村普惠金融市场，竞争不断加剧，部分经营不善的银行不可避免会面临破产倒闭的困境。完善的市场化退出机制对于提高农村普惠金融资源配置效率，保障农村普惠金融市场的安全和维持秩序稳定具有重要的意义。

（一）中国金融机构市场退出面临的问题

从我国的金融机构市场退出实践来看，主要存在以下一些问题。

一是政府主导的非市场化退出存在诸多弊端。首先，托管并购的方式使原有金融机构的风险发生转移而不是化解，不利于金融系统的稳定。政府承担金融机构市场退出成本增加了财政负担，随着民营银行的发展，这种方式也难以为继并且不利于公平竞争。其次，政府主导的非市场化退出违背了"权利与责任对等、收益与风险对等"的原则，经营者几乎不承担责任和损失，这不利于金融机构的竞争和风险意识的培养，加剧了银行机构的道德风险及"示范效应"。

二是存款保险制度的缺乏。自 1993 年国务院首次提出要建立存款保险基金以来，存款保险制度一直未能建立和付诸实施。在酝酿 22 年后，国务院才于 2015 年 3 月公布《存款保险条例（国务院令第 660 号）》，并于 2015 年 5 月 1 日起施行。存款保险制度有利于保护存款人的利益，提高社会公众对银行体系的信心，有效提高金融体系的稳定性，维持正常的金融秩序，并有利于中小规模银行发展，促进银行业适度竞争。而此前存款保险制度的缺乏，使金融机构市场化退出机制无法建立。

三是金融机构市场化退出的法律机制不健全。目前，我国关于金融机构市场化退出的

法律规定仅散见于《商业银行法》《公司法》《企业破产法》《证券法》等法律和《防范和处置金融机构支付风险暂行办法》《金融机构撤销条例》等有关的办法和规定，尚没有专门关于金融机构市场化退出的法律法规。

（二）中国金融机构市场化退出机制的完善思路

完善的金融机构市场化退出机制是深化金融市场改革，完善金融市场体系的必然要求，针对以往中国金融机构市场退出所面临的缺陷，可从以下几方面进行机制完善的探讨。

1. 中国金融机构市场退出应从政府主导退出向市场化退出转变

如何处理好政府与市场关系，是完善金融机构市场化退出机制的关键。政府主导的金融机构市场退出机制无法兼顾金融安全与金融效果，随着我国持续的金融市场深化改革和金融资产规模的增长，政府主导、救助和承担金融机构市场退出成本也难以为继，不符合我国金融市场改革的方向。因此，金融机构市场退出应从政府主导向市场化、法制化转变。在这个过程中，政府应转变职能，更好地发挥作用。一是政府监管机构应加强对金融机构和金融市场的有效监管，同时建立以资本充足率为基础的快速风险识别和预警系统，形成有效的银行业风险预制。二是设计和建设金融体系自主的风险处置与隔离机制，即没有政府救助前提下的高风险金融机构处置与退出机制安排，实现金融体系正常的新陈代谢，求得金融安全与金融效率的平衡。

2. 加快建立和完善相关法律法规，以保障市场退出的规范化和有序性

我国金融机构市场化退出的法律机制不健全，尚没有专门关于金融机构市场化退出的法律法规，在一般法的框架之下难以解决金融机构市场退出的法律问题。因此，政府应根据我国银行业市场发展的实际情况，专门制定金融机构市场化退出的法律法规，详细明确规定金融机构退出市场的具体条款，对金融机构市场化退出的方法、方式、程序等方面予以规范，并注重这些规定的实际可操作性。同时，相关的法律法规要对金融机构市场退出的法律责任追究做出相应的规定，以打击金融犯罪，防范金融机构经营和市场退出中的道德风险。

3. 发挥存款保险制度的积极作用

2015年3月，《存款保险条例（国务院令第660号）》公布并于2015年5月1日起施行。存款保险制度是建立有效的金融机构市场化退出机制所必需的配套制度。然而，我国的存款保险制度刚刚建立，要想发挥存款保险制度的积极作用还需要解决一些问题。一是调整存款保险制度与法定存款准备金制度的关系。法定存款准备金制度在很大意义上发挥了存款保险的作用，在存款保险制度实施后提出了降低法定存款准备金的要求，但要注意由此带来的对货币政策实施的影响。二是协调存款保险管理机构与其他金融监管机构的关系。从西方等国家实施存款保险制度的经验看，存款保险管理机构应被赋予相应的金融监管职能，才能发挥积极的作用。在这种情况下，应妥善协调存款保险管理机构与银监会等其他

金融监管机构的关系，减少监管重叠。三是尽快明确和公开存款保险费率标准和对各个投保机构适用费率确定的具体办法。另外，存款保险费率由基准费率和风险差别费率构成。这就要求加强对金融机构的监管，掌握金融机构的真实风险状况。

第四节　大数据环境下个人征信体系的建设

我国对于个人征信的正式探索至今不到 20 年的时间，与西方国家 200 年左右的历史相比，我国个人征信体系的建立目前处于摸索的萌芽期。2017 年初央行召开全国社会信用体系建设视频会，陈雨露发表讲话，要求本年度加快推进社会信用体系建设。在这个会议上《国务院办公厅关于加强个人诚信体系建设的指导意见》和《关于全面加强电子商务领域诚信建设的指导意见》等改革性文件被要求落实。这被业内解读为央行将在中国征信信息管理上"有所作为"。因此，个人征信体系在我国金融业的发展中占据越来越重要的地位。但目前我国信用档案主要是基于社会公众的历史借贷情况、信用卡违约情况、银行交易流水、借贷用途、家庭背景等信息建立，条件单一且综合性低。随着共享经济在现代社会的大力发展，建立健全个人征信体系、实现个人信用信息社会共享，已经成为金融业基础设施建设以及全社会发展的迫切任务。大数据技术的起步、发展与逐步成熟，为个人征信体系的建设谋求了一条新的道路，给予了一种新的力量支持。它为信息收集记录提供了便利，将金融信用行为以客观数据信息进行反应，为信息分析提供了多维保障。建立一个全面、高效的个人征信体系，一定程度上扩大全社会的信贷规模，提高资金使用的质量和效率，进行个人征信业供给侧改革，使我国个人征信体系的供给符合共享经济发展下的社会需求，成为拉动内需的原动力，促进我国经济蓬勃发展。

一、理论支持

（一）信息不对称理论

我国征信体系不透明，存在信息不对称的漏洞。在进行借贷业务时，贷方常是信息匮乏一方，贷方对借方的借款动机、信用情况、还款能力没有非常精准的了解，此时对于贷方来讲承担违约风险的可能性就更大，这极易引发道德风险。从贷方的角度出发，一般来说金融机构都是以盈利为目的的，贷方因为盈利动机追求高利率，而一般愿意接受高利率的借方，往往是高风险的，这极易导致逆向选择。虽然信息不对称的发生难以完全消除和避免，但是可以通过合理手段将信息不对称的危害性尽量降低。因此，笔者建议在个人征信数据库建立过程中，融入大数据技术，拓展信息来源的渠道，增加数据分析的维度，提高信用信息报告的质量，保证借贷双方利益。

（二）社会资本理论与公共物品理论

个人信用具有社会资本的不可转让性和公共物品性。个人信用作为一种公共物品，只有参与社会活动的交易中才能显其效用。随着社会的发展，人们愈发重视精神文化家园的建设，对信用的重视程度日益飙升，守信激励、失信惩戒的思想深入人心，越来越多的个人提高了信用意识。珍爱信用记录，享受幸福人生的现代信用文化正在形成。大数据征信正可以附和这一时代潮流，将信用量化等级，提高征信效率，促进社会各方面发展。

（三）交易价格理论

如果没有一个基于全社会的个人征信海量数据库，受信方需要对自己的信用证明文件进行整合，后提交给授信方，这个过程增加了受信方的时间成本。授信方接到受信方的信用证明，需要花费时间、人力、物力成本进行考证。整个过程烦琐，降低了金融机构办理业务的效率。如果受信方面对不同的金融机构，需要向不同的金融机构提供信用证明材料，不同的金融机构要对信用证明材料做同样的审核，重复工作过多。综上，基于大数据环境建立个人征信体系，实现全社会的信用信息共享，可以提高整个征信过程的效率，大量节约时间、人力、物力成本。

二、对中国大数据个人征信体系的研究——以阿里金融为例

阿里巴巴金融（以下简称阿里金融）隶属于阿里集团，是以"以小为美，信用等于财富"为理念的小额信贷机构。芝麻信用是阿里金融旗下独立的信用评级机构，是我国首家大数据个人征信机构。它运用阿里平台积累的客户数据，深度挖掘各类客户信息，利用大数据技术将客户信息进行整合，将关于公众的各种信息联系、交织在一起，通过数据信息为每位客户进行评分，建立每位客户的信用评级。通过对它的现状分析，可以了解我国大数据个人体系建设的进程。

在经济发展新常态下，运用传统征信体系，不仅成本较高，而且已经无法高效地整合和分析信用信息。阿里金融具有敏锐的市场察觉性，它发现大数据个人征信是日后个人征信体系建立的发展趋势。阿里集团在它的发展壮大过程中，不断开拓业务，业务涉及各种领域，积累了庞大的客户资源，客户资源就是丰富的信息数据，这为阿里金融建立个人征信数据库提供了十分有力的资源。阿里金融旗下的芝麻信用可以对已经收集的客户信用信息进行深度挖掘，利用大数据模型计算、分析、处理信用信息数据。芝麻信用作为我国大数据个人征信产品，在发展初期就展现了自己的显著优势。因为阿里金融涉足领域宽泛，收集信息具有多元化的特征。芝麻信用突破传统的个人征信数据，以互联网为主要渠道，将个人信用信息从信贷业务开始渗透到生活的各个领域，包括消费者的消费明细、支付手段、诚信状况、违约记录、现金流量，不仅丰富了信息来源，更加真实，贴近生活，使平

台得出的信用结论更准确，而且发挥了互联网大数据征信更新速度快、信息传播面广、获取成本低的优势，具有保障性、及时性、灵活性等特点。芝麻信用用具体数据来量化评析个人信用等级。芝麻信用分是其通过大数据技术，分析阿里集团掌握的消费者信息，综合得出个人的还款能力和违约可能，从而对不同评分的客户提供不同程度的服务。芝麻信用分的评价标准是建立"FICO 信用分"基础上，进行中国特色创新得来的，它的评分标准更加符合中国实际发展，主要评分范围是 350～950 分，分数越高，个人信用状况越好。与此同时，由于我国人口基数众多，极容易在大数据技术的指引下形成海量数据库，阿里金融抓住新机遇，首先涉足大数据个人征信行业，占据广阔的市场份额，通过建立信用模型分析开启个人征信的新时代。

但目前来看，芝麻信用的发展也存在了许多问题。从数据来源看，芝麻信用忽视了信贷业务和信用卡违约记录，没有很好地与中国人民银行征信中心进行合作，对于分析个人与金融机构交易产生的信用记录上比较欠缺，关乎公众生活信用和金融信用的两大重要信用信息没有做到很好地融合。从认可度看，由于芝麻信用是我国第一家大数据个人征信机构，社会认可度还不是很高，它容易被年轻人所接受，但对于中老年人群体来说，接受程度普遍较低；从自身机制看，由于芝麻信用采用评分制度，目前已经存在通过各种手段进行刷分的现象，这大大提高了个人信贷违约风险，芝麻信用分的可靠性在一定程度上大大减弱。

三、我国大数据个人征信体系建立过程中遇到的问题

（一）法律体制不完善

大数据在给个人征信带来便利的同时，也存在隐患。目前我国关于征信的法律数量少，条例也并不完善，立法机构的层级不高，上传下达的执行效力不强。已有法律对大数据技术的涉足没有进行明确规定。个人征信法律体系供给侧明显不适应互联网金融时代下大数据体系的需求侧。因此要严格立法避免个人征信的漏洞，以法律的手段切实保障大数据征信体系中个人的合法权益。法律体制不完善在我国大数据个人征信发展迅速的今天已经成为阻碍其前进的一大障碍。

（二）社会认同度低，惩治方法不足

我国人口众多，文化水平差异大。有些文化程度较低的公民甚至不知道个人征信记录和个人信用信息建立。对于信用卡逾期的惩罚，也不足以激起公民守信的公德心。这严重阻碍了大数据下个人征信体系的发展。毕竟科学技术已经让个人征信体系越来越成熟，如果只是因为社会的不关注导致此行业发展的停滞，非常可惜。对于新兴的芝麻信用这一大数据个人征信体系来说，体系内部只有对于信用评分高的客户的奖励措施，而对于信用评级低的客户的惩罚措施不完善且力度不大，这使得个人信用违约的成本大大降低，不利于

我国个人征信体系建设的发展。

（三）大数据技术支持不足，大数据人才稀缺

大数据个人征信体系对于传统征信业最大的突破在于利用技术高效的处理信用信息。然而，我国对于大数据技术的发展还处于初级阶段，会出现对数据分析不到位、缺乏数据挖掘技术力量、各数据块协调不佳、易受攻击致全线瘫痪等问题。利用大数据技术建立个人征信体系，在发展初期要求信贷人员与数据库开发人员进行深刻交流，数据库开发人员需要从信贷人员处了解市场需求，了解应该通过技术解决的问题；信贷员需要从数据库开发人员处学习大数据库的利用和维护。在后期的发展中，信贷从业人员将逐步发展成那些既具有征信从业经验和征信知识，又对信息反应灵敏，同时具备大数据技术的时代新人才。麦肯锡全球机构预测，2018 年将出现 14 ~ 18 万个数据家空缺。某些西方国家的高校已经开始开设培养数据专才的课程，但显然，这种跨领域的培养人才并非易事，打造专业、高效、灵活的大数据分析团队更非一日之功。

第五节　以法律制度保障普惠金融体系的顺利运行

一、立法保障普惠金融有效运行

普惠金融促进制度的构建，这是从一个观念性的政府倾斜到试图建立一种有效的完整的法律制度的过程，我们可以尝试着在宪法中建立关于发展权的宪法性规定。这种发展权可界定为：国家有义务通过法律的构建满足贫困主体获得平等金融服务并谋求发展的权利。

我国目前虽然对新式的金融组织形式进行了一定的规范，如对村镇银行、小额贷款公司、农村资金互助社等都有相应的暂行规定或指导意见，但从法律渊源的效力层次看，位阶都很低，有一些规定基本没有法律效力（如对小额贷款公司的指导意见），法律层次低，导致其法律强制执行力很弱，权威性差所以，当务之急，应该清理现有行政规章和政策规定，并予以完善，提升其立法层次。对于以前制定的规章不适应现实需要的及时进行修订。

二、在宪法中明确规范弱势群体的经济发展权

发展权最早是由塞内加尔法学家凯巴·姆巴耶在斯特拉堡国际人权研究院演讲时率先提出的。他指出，发展权是每一个个体理应享有的权利，每个人都享有让自己生活的更好的权利。这之后，发展权的内涵不断丰富，目前其已经成为和生存权、自由权并列的重要人权之一。1986 年的联合国会议中正式通过了《发展权利宣言》。该宣言系统地阐述了发展权的内涵，即发展权是一项不可剥夺的人权，每个人和所有各国人民均有权参与、享受

经济、社会、文化和政治发展，所有人权和基本自由都获得充分实现。其核心是要求这样一种发展机会的均等。其实质是对弱势群体的一种倾斜，因为发展权对于弱势群体而言更有意义。在一定意义上，发展权更是弱势群体的一种权利缺失的弥补。

发展权的内涵丰富，范围广泛。其包含的不仅有政治权利，还有经济权利以及文化权利等多方面的权利享有，但是在所有这些权利类型中，经济权利无疑是基础和核心。经济权利的享有与否以及内容的丰富与否，直接决定了其他权利享有的程度高低。又因为现代经济和金融的紧密关系，因此弱势群体的金融发展权的提出也是迫在眉睫。

欠发达地区金融与经济发展之间有密切的关系 / 选择适宜的金融供给模式，充分发挥金融的资金支持作用，对欠发达地区的经济增长具有重要的理论和现实意义。金融的供给，在发展中国家特别是欠发达地区，具备一定意义的公共性。所谓公共性，是指金融服务的提供应该是普惠性的、包容性的，应该针对所有有金融服务需求的人，而不只是有选择地提供。

我国宪法第 33 条第 3 款规定"国家尊重和保障人权"，如果我们认可弱势经济主体有权利获得金融支持，也就是发展的权利，那么这种发展权就应该被放到广义的人权范畴里。我国宪法上"人权"的规定也应该包括弱势经济主体发展权在内。目前，我国只在《宪法》第 45 条中规定：我国公民在年老、疾病或者丧失劳动能力的情况下，有从国家和社会获得物质帮助的权利。但显然该条款只涉及了部分特殊群体有获得福利援助的权利，并没有将社会上一般的贫困者纳入国家福利援助的范围。

实际上，我国政府包括国家领导人都对于弱势群体的扶持给予了极大的重视。邓小平同志就说过，我们的经济发展不能忽视穷人，小康社会就是所有人民都有权获得发展的一个健康发展的社会，共同富裕是社会主义国家的本质„在 2010 年的两会记者招待会上，温总理更是包含温情的提出，我们的经济工作和社会发展都要关注穷人。与此同时 i# 们对于国际社会中消除贫困的活动也积极参与，比如积极参与制定一些旨在消除贫困、促进发展的国际人权文书等。

而且建立弱势群体发展权也是对联合国倡导的普惠性金融理念的实质性呼应。鉴于从孟加拉开端的小额信贷试验在解决贫困问题方面的突出作用，因此通过这种方式来解决贫困日益受到世界关注。1997 年世界小额信贷峰会召开，会议确定的目标就是解决 1 亿最穷家庭能够获得小额信贷，2005 年"联合国"小额信贷会议召开，会议正式确立了普惠金融体系的提法，显然从国际社会上看，对于经济弱势群体的金融支持已经从单纯的信贷需求的满足逐步过渡到构建一个惠及社会弱势群体的金融体系、普惠性金融体系理念强调的就是赋予经济弱势群体一种与其他客户平等享受现代金融服务的机会和权利，只有每个人都有机会参与经济的发展，才能实现社会的共同富裕如果我们将贫困主体获得平等的金融服务视为其应该得到的一种发展权，那么就有必要将其纳入宪法基本权利和义务模式中进行考察。从这个角度而言，发展权就成为贫困主体一项重要的宪法性权利，即针对国家享有的发展请求权，对国家而言，则负有对公民提供普惠性金融服务的义务。在这样一种模式里，请求权主体就是贫困主体，义务主体就应该是国家，而非其他组织或个人。而这种发展权的实现有赖于民主和法律制度。这种保障还意味着在权利受到来自国家的侵害时必须给予充分的救济，因为没有救济的权利就好像没有牙齿的老虎。一项权利被确认为宪法权利或者法律权利，不仅仅意味着这项权利是正当的，而且意味着这项权利必须得到法律程序和制度的保护，在该权利受到侵害时予以积极救济，并使这项权利获得最终实现。

弱势经济主体获得金融服务的发展权是其针对国家享有的一种权利，因此其实现有赖于国家义务的履行。传统上，宪法学家将基本权利分为政治权利、人身权利和经济社会权利。在这种分类体系中，发展权应该被视为经济社会权利的一种，但传统意义上的宪法理论认为这种权利只是一种纲领性和宣示性的权利，既不能强制实施也不具有可诉性，因此相对应的国家义务也是模糊不清的。那么国家对于弱势经济主体的金融发展权是否负有义务进行积极的实现以及建立相应制度予以保障抑或仅仅是负有消极的不加干涉的义务，这些都是我们应该积极予以分辨和回答的问题。

按照德国宪法理论，宪法上的基本权利具有双重性质，一种是"主观权利"，另一种是"客观权利"。这种主观性主要体现在个人为实现其利益可以主张国家为或者不为特定行为的一种权利。从个人得以主张的角度看，基本权利可以被称为"主观权利"。而从其客观性看，则指的是国家所确立的一种客观价值秩序或价值体系。也就是说国家的立法机关、行政机关以及司法机关都应该接受其指示与衡量。在国家一切公权力主体都必须遵守的意义上，基本权利又被视为一种客观法。根据这一原理，基本权利有两个方面的属性，一个方面是其拥有防御的功能，即可以要求国家负有不得侵犯和干涉的义务；第二个方面的属性应该是拥有受益的功能，即国家可以采取积极行动使得这种基本权利获得实现。

一般认为，宪法规定的公民的基本权利只具有纲领性和宣示性过于抽象。一般公民不能直接根据宪法要求国家为一定行为，往往需要借助立法机关在具体的立法中明确国家给付的具体内容后，公民才可以依据法律规定要求国家积极行为。基本权利作为客观法，主要要求国家权力机关必须遵守一种"客观价值秩序"。这种客观价值秩序要求国家立法机关在制定法律、建构各种制度时，遵循该秩序所确立的价值指导，并以这些价值作为衡量其行为的标准，同样行政机关和司法机关在执行法律和适用法律的过程中也应该严格遵循这种价值的指导，并把这种价值作为衡量其行为的标准。

除了在宪法上确立普惠金融发展权，我们还可以将弱势经济主体获得金融服务的权利视为一种经济法上的权利。首先，在现代社会，如果弱势经济主体获得金融服务的权利和其生存和发展权利结合起来，特别是作为实现社会正义的工具来看待，我们就应该将其作为人权来看待，那么国家就负有保证其实现的义务和责任。而且根据我们前文分析的，欠发达地区的金融支持更是具有一定公共产品的性质，这也决定了国家主动干预和提供的责任。又因为这种权利更多地强调国家有意识地诱导金融资源的配置，特别是要培养经济弱势群体的一种自力更生的能力，所以其主要通过商业化运作方式来推行，这也说明这种权利的设置是典型的一种经济法上的权利。国家调节因素及其法律表现形式的经济法规范是不可或缺的如果单纯依靠市场机制，经济弱势群体就会被金融冷落和边缘，那么必然导致这部分群体不能获得经济增长的重要资本支持。同时我们也要看到国家直接信贷补贴和财政支持的财力的有限性和效果的一般性，从而合理界定国家的义务与责任。

有权利才有救济，没有救济，权利就像空中楼阁而救济的方式首推司法救济，如果因为具体法律里规定了弱势群体有获得金融服务的权利，那么权利人的权利受到侵害当然可以依据具体法律获得救济；如果具体法律里没有规定，那么权利人可否依据宪法提起相关诉讼，也即弱势群体金融发展权的可诉性问题。可诉性（justiciability）一词的基本含义是：对于一项纠纷或者规范，人们可以向司法机关提起相应诉讼，以获得司法机关进行裁判的基本属性。在西方国家因为法治的健全和发达，基本权利的可诉性问题是一个深入人心而且不言而喻的问题，而且由于建立了一套完整的违宪审查制度和权利救济制度，因此这些国家的权利救济已经很成熟了。一项权利要获得充分的保护和救济，首先必须要获得宪法和法律的认可。如果一项权利仅仅停留在道德权利的层面上而没有转化为宪法性权利或者法律上的具体权利，那么其权利对应的义务主体就会因为缺少强制力而怠于行使此权利，而权利主体因为权利受到侵犯也无法向国家机关特别是司法机关寻求救济。因此，弱势经济主体如果想获得充分的救济和保护，就必须要得到宪法和法律上的确认。

三、制定普惠金融促进制度的专门立法

经济学家诺斯对于制度的作用曾经有过精辟的论述，诺斯说过：制度就是一个社会的游戏规则，制度的构建可以决定人们之间的相互关系，使人们对于相互之间的行为更易于理解和预见，并有效地抑制可能出现的违规操作或者机会主义。

法学界已经形成一种学术共识，法律的根本作用就是保障个人的自由和权利，限制政府的权力。在不公成为最大的社会问题的时候，我们就更需要理性地追求正义的法律精神的指导和约束。忽视了正客，缺少正义支撑的规则，本身不仅无助于自由，而且极有可能损及自由制度本身制度经济学认为，一项好的制度可以促成社会合作，从而减少经济成本，提高效率，这里的制度主要指的就是法律制度国外很多国家针对经济弱势群体难以获得金融服务和扶持的现状，都制定了相关法律对此进行规范和引导。比如，孟加拉制定了《乡村银行法》，印尼制定有《小额信贷法》，印度也有《小额信贷促进法》予以规范和引导。美国在十九世纪二十年代制定了《统一小额信贷法》，此后台了一系列相关的法律，主要有《诚实信贷法》《信贷机会平等法》《社区再投资法案》《农业贷款法》《农业信贷法》等。日本制定了《日本开发银行法》，印度有《农业中间信贷和开发公司法案》。这些法律制度对于促进各国小额信贷项目的顺利开展特别是普惠金融促进制度的顺利实施都发挥了积极有效的作用。这一点已经被国际社会的小额信贷实践者清醒地认识到了。乡村银行的创始人——孟加拉国经济学家穆罕默德·尤努斯教授早在 2003 年就撰文《对创造小额信贷银行的法律框架的一些建议》强调了小额信贷法律框架的建立问题至关重要这个法律

框架包括小额信贷机构的市场准入机制、经营机制、监管框架以及退出机制我国《立法法》第8条明确规定：如果涉及基本经济制度以及财政、税收等方面的基本制度应该以基本法律的面目出现。近几年，随着我国市场经济的发展以及金融行业的发展，我们针对金融行业进行了基本立法，主要有《中国人民银行法》《商业银行法》《银行业监督管理法》等，但是专门的关于小额信贷以及普惠金融的相关立法还没有出台。

在我国，变法一向滞后于变革，几乎每一项变革，都是先有变革的既成事实，然后才随之而来变法的产生。政府更多地习惯于以政策的方式推广一些实验项目，而非一开始即以法律的形式。在普惠金融体系的构建过程中也是如此，中央连续在2004—2008年期间的中央金融工作会议中提出了农村金融改革创新的指导方针，2005年由人民银行开始进行小额贷款公司试点，2007年由银监会进行村镇银行的试点，邮政储蓄银行也开始兴办小额贷款业务。诺贝尔经济学奖得主詹姆斯·布坎南晚年倡导立宪经济说，这种学说和哈耶克的市场和法律理论有异曲同工之妙，其实质都是认为规则是内生于市场的。在斯密看来，经济学其本质就是政治经济学，市场的本质就是规则体系的构建。因为，市场并不是一个无所依托的完全自足的资源配置机制，将市场理解成完全可以自足的有效配置资源的机制，显然过于技术化。

为了普惠金融事业能够更加健康发展，我们还应该建立普惠金融促进制度的纲领性立法。目前，我国因为缺少权威部门的总体指导思想，所以各单行指导意见及暂行规定等显得既零乱又缺少权威性，如果制定普惠金融促进法的时机尚不成熟，也应该由国家权威部门制定一部纲要性质的文件，对普惠金融促进制度的基本含义、基本原则、指导思想等基本性内容予以明确规范，以此让全社会对普惠金融的基本理念有个较清晰的认识，从而能够更好地指导实践。

我国目前虽然对新式的金融组织形式进行了一定的规范，如在村镇银行、小额贷款公司、农村资金互助社等都有相应的暂行规定或指导意见，但按照法律渊源的效力层次看，位阶都很低，有一些规定基本没有法律效力（如对小额贷款公司的指导意见），因为法律层次低，所以导致其法律强制执行力很弱，权威性差。所以，当务之急，政府应该清理现有行政规章和政策规定，进一步予以完善，提升其立法层次，对于以前制定的规章不适应现有需要的及时进行修订。

具体举措可以如下。

（一）建立我国《县域金融促进法》

针对信贷歧视，可以效法经过西方国家验证过的经验建立我们自己的《县域金融促进法》等。比如，针对现在的村镇银行，我们要始终坚持普惠的理念，引导村镇银行确立市场定位和服务对象，要对其设计和制定具有一定的"涉农"信贷业务指标考核办法和评价体系，保证一定比例的信贷资金流人农村，如对于村镇银行在申请跨区域经营、开设分支结构等事项时，要求对其支农业务进行一定的考核，以此决定是否给予其审批另外，我们可以采用其所服务乡镇的居民代表的社区意见，并将村镇银行服务所在村镇以及完成涉农业务的事项进行公示，通过社会声誉要求其主动履行一定的社会责任，以此真正体现村镇银行服务三农的特点。

（二）制定《农村信用合作社法》

这主要体现在如何完善现有的农村信用合作社体制上首先，我国应该制定专门的《农村信用合作社法》来进行有效和严格的规范和管理。2006 年，我们通过了《农民专业合作社法》但却将农村信用合作社排除在外，所以我国目前对于农信社的基本法律是缺失的。立法的缺失在一定限度上制约着农信社的发展。为了更好发挥农信社的金融支持作用，我们除了要制定专门的法律，还要在《农村信用合作社法》中明确其实现普惠金融目的的基本条款，以期使农信社真正发挥在农村经济中的金融支柱作用。要在法律上真正建立起民主管理体制，我们应该积极吸收农民入股入社，加大合作化的规模和实力，加强社员监督机制，以更好地服务于农村经济的发展。

（三）制定《小额贷款公司法》

立法中要明确小额贷款公司的非银行金融机构属性。我们知道金融的本性就是资金的融通活动，其以特殊的商品即货币完成资金供需双方的融通。一般而言，金融机构可以按照一定的标准分为银行类金融机构和非银行类金融机构两大类。前者以商业银行为代表，主要以吸收存款，发放贷款以及从事中介业务为主。而非银行金融机构往往不能吸收公众存款，从事的是货币性以及带有信用性资产业务，如金融租赁公司、财务公司等。按此衡量标准，小额贷款公司主要经营货币放贷业务，这应该是传统金融业务的一种，而且小额贷款公司这种只贷不存的经营模式与开放型财务公司极为相似（在我国，财务公司又称金融公司，是指提供信贷及理财等金融服务的非银行金融机构）。因此，我们建议通过立法将小额贷款公司的属性明确为非银行金融机构。

四、建立普惠金融激励性税收制度

在经济发展不均衡、资源有限的情况下，因为市场机制不健全，金融机构配置资源的作用就很有限，这时政府政策，尤其是鼓励国家期望某些领域和产业以及群体优先发展的优惠政策，就应该是首选。这里的优惠政策主要包括税收政策。目前，在我国同样是从事小额信贷项目的金融机构，因为其身份和地位的不同，可以享受的税收优惠是不同的，比如我国目前对商业银行从事针对农村的小额信贷项目可以享受到营业税的减免，对于农村信用社配合其几次改革，对其给予了多次的税收减免政策。但是对于同样从事小额信贷项目的小额贷款信贷机构却无这方面的优惠政策，这无疑使本身受制于资金瓶颈的小额信贷机构特别是小额贷款公司因为税收成本的增加而更加步履维艰。因此，政府应该摒弃身份差异，只要相关机构从事了小额信贷项目，就应该对其实行鼓励性的税收优惠政策，以此降低其经营成本。

金融资本除了逐利本性，金融资金来源的社会性也决定了金融机构必须以安全效益为经营的首要原则，因此资金向收益高的地区流动也是经济规律使然。因而，要让商业金融机构进入弱势经济群体及其所在区域，必须考虑要给以经济利益上的补偿。例如可以考虑，对商业金融机构包括社会资本投资的小额贷款公司等各类贷款零售机构，新增可用资金一定比例投向涉农领域，小企业的就可以给予减征营业税、所得税的税收优惠有学者建议可以对那些将贷款资金的 80% 投向贫困地区农户及涉农小企业的金融机构或贷款机构，可以由农业开发银行或农业银行提供批发资金，并由财政给予贴息，没有达到比例的可以建议这些金融机构购买办理农村业务的金融机构的债券。这种用于扶持农"的债券应该由农发行发行，所筹资金专门批发给农村金融机构发放农业贷款，债券利率可以比市场上的低一些，以此要求金融企业承担一些具体的社会责任。

2009 年至 2013 年，中国在税收政策方面对于小额信贷是给予优惠政策的，比如金融机构从事农户贷款 5 万元以下的，对于其利息收入减免营业税，对于其计征应纳税所得税按 90% 收取。

另外，要实行一视同仁的税收政策优惠。目前有些地方政府已经做出了比较好的表率比如，内蒙古自治区不仅积极开办小额贷款公司的试点，而且积极推行税收优惠政策，内财税〔2009〕646 号文件，内蒙古自治区财政厅、国税局、地税局关于新设金融法人机构企业所得税优惠政策的通知中明确规定：为了加快自治区金融业发展，增强地方性金融机构发展实力，依据《中华人民共和国企业所得税法》，自治区人民政府 2009 年第 4 次常务会议研究决定，自 2009 年 1 月 1 日起，在自治区新设立的金融法人机构（包括地方股份制商业银行、城市商业银行、农村商业银行、农村合作银行、农村信用社、村镇银行、小额贷款公司、信用担保公司和其他金融法人机构），自注册登记之日起 5 年内免征所得税地方分享部分。

五、合理运用多样化的金融工具进行管理

优化商业银行对小微企业贷款的管理，通过提前进行续贷审批、设立循环贷款、实行年度审核制度等措施减少企业高息"过既"融资。鼓励商业银行开展基于风险评估的续贷业务，对达到标准的企业直接进行滚动融资，优化审贷程序，缩短审贷时间。对小微企业贷款实施差别化监管，大力发展相关保险产品，支持小微企业、个体工商户、城乡居民等主体获得短期小额贷款。积极探索农业保险保单质押贷款，开展"保险＋信贷"合作，促进更多保险资金直接投向实体经济。进一步完善小微企业融资担保政策，加大财政支持力度。大力发展政府支持的担保机构，引导其提高小微企业担保业务规模，合理确定担保费用。

进一步完善金融机构公司治理，通过提高内部资金转移定价能力、优化资金配置等措施，遏制变相高息揽储等非理性竞争行为，规范市场定价竞争秩序。进一步丰富银行业融

资渠道，加强银行同业批发性融资管理，提高银行融资多元化程度和资金来源稳定性。大力推进信贷资产证券化，盘活存量，加快资金周转速度。尽快出台规范发展互联网金融的相关指导意见和配套管理办法，促进公平竞争。进一步打击非法集资活动，维护良好的金融市场秩序。

六、营造普惠金融创新的配套政策环境

综合运用多种货币 . 政策工具，拓宽涉农信贷资金来源。鼓励有条件的地方安排一定的再贷款额度，专门用于支持银行业金融机构开展普惠金融产品和服务方式创新业务；适当调剂再贴现规模，专门用于支持开展普惠金融产品和服务方式创新的银行业金融机构办理涉农企业商业汇票再贴现。

做好农村地区支付结算工作，提高农村支付结算服务水平。充分发挥农村信用社在农村支付结算服务中的主导作用。加快推进农村地区支付服务基础设施建设，逐步扩展和延伸支付清算网络在农村地区的辐射范围。大力推广非现金工具支付，减少农村地区现金使用。继续加强和完善支付结算业务代理制，促进城乡支付结算服务的互补发展。

发挥财政性资金对金融资源的杠杆拉动作用。在有条件的试点地区，鼓励地方政府通过增加财政贴息资金、增加担保公司和再担保公司资本金注资或设立风险补偿基金等多种方式，建立涉农贷款风险补偿制度。建立和完善考核制度及奖励机制，鼓励县域内各金融机构法人和各金融机构的分支机构将新增存款主要留在当地使用。

七、普惠金融体系保障机制的构建

（一）建立有效监管原则

对普惠金融的监管应该和对商业银行的监管是不同的。综观全球，凡是普惠金融得到较好发展的国度，其共同点都是具备清晰的法律监管框架和完善的法律制度。总体而言，普惠金融的监管框架要符合下列几个基本原则。

第一，社会性目标原则。现代社会金融行业不仅要注意经济效益，还要注意社会效益，目前我国《银行业监督管理法》把维护金融稳定、保障公众利益特别是存款人利益放在首位，而没有将普惠金融即金融服务的可获得性放到监管原则这个高度，因此建议在金融监管领域明确这一点。政府应该将金融服务可获得性以及消除贫困作为金融监管的目标之一。

第二，灵活性原则。监管框架的设计要符合微型金融机构本身的特点，其服务对象多是弱势群体，文化层次一般也较低，因此应该将贷款合约文件尽量简化 . 而且对于其监管手段不能采取和正规金融机构一样刚性的强硬的监管手段。

第三，激励兼容的原则。监管框架的设计必须有利于调动机构、投资者、捐赠人各方面主体的积极性，激励他们能够投入到这个为穷人服务的领域中去，而不是通过法律框架

去遏制这种投入，监管当局必须在保证运行良好的金融机构的可持续发展和规避系统性风险之间做一个平衡。其可以参考相关的国外立法，如美国的《社区再投资法》就明确规定，各社区的存款机构有义务为吸收存款的本社区提供金融服务。为顺利实施该法律，《社区再投资法》建立了两项重要措施：一是有效的公示制度，监管机构有权力定期将各金融机构在本地区的满足社区金融服务的记录公之于众；二是监管机构将各金融机构对本地区金融回报的比例和成绩作为其开办分行、收购以及办理存款保险等事宜时的一个批准与否的重要考核指标。

第四，监管成本的收益衡量原则。监管者在设计监管制度时一定要注意成本和收益的衡量，监管者也存在监管失效的问题，特别是对于微型金融而言，往往占据的监管资源会达到25%—50%，但获得的监管收益却往往不成正比。因此，对于规模较小的微型金融而言，特别是不吸收公众存款的小额贷款公司，监管就不适宜是过分的和过细的监管，而应该是适度的和非审慎性的监管。否则，如果监管框架设计得过于烦琐，对于监管主体而言，超越了其监管能力，就会出现监管不到位以及不力的情况；对于被监管主体而言，监管如果过于烦琐和严苛，就会直接导致其干脆漠视监管，使监管形同虚设或者最终归于失败。

第五，适应性原则。因为金融机构的多样化，监管也不能整齐划一，政府应该根据各金融机构主体的实际情况，做区别性监管，只有这样才能因地制宜，有的放矢。

第六，基于风险的自我监管原则。该原则是指政府应该激励微型金融机构努力完成自我监管，应要求其在努力规避自身风险的基础上完成风险管理：自律性监管永远比外在监管更贴近其真实情况，也会更富有效率。

（二）明确监管主体，完善差异化监管政策

按照我国《银行业监督管理法》第二条的规定，银监会主要负责对银行业金融机构实行监管，包括商业银行、农村信用合作社等，非银行金融机构包括财务公司、金融租赁公司等也受到银监会的监管。根据相关规定，银监会的主要职能有两条：一是维护金融秩序稳定；二是保护存款人利益。但同时银监会应该对小额信贷机构的发展给予关注并积极促进，而不能袖手旁观，要积极引导民间金融浮出水面并合法化和阳光化。在此基础上，银监会应被确认为我国小额贷款公司的唯一法定监管主体，主要理由如下。第一，目前非银行金融机构的唯一和法定监管机关为银监会。根据《银行业监督管理法》第二条规定，银行业金融机构及其业务活动的监督管理由银监会负责，同时在我国境内设立的金融资产管理公司、财务公司等以及经银监会批准设立的其他金融机构的监督管理工作也由银监会负责。而且该法第十九条进一步明确要求，任何单位和组织从事银行业金融机构的业务活动或设立相关组织都必、须经过银监会的审批因此，银监会作为小额贷款公司的法定监管机关并无法律上的障碍，应该是顺理成章之事。第二，法律赋予了银监会多项监管手段和措施3比如，有权对被监管对象进行检查、询问、查询、复制等多项权力，特别是目前金融监管职责不仅是一种合规监管，更强调一种风险管理，基于此将银监会明确为监管机构，

能够从根本上推动小额贷款公司这种新型的金融机构在我国更好、更快地发展

充分借鉴国际监管标准，紧密结合贫困地区实际，不断完善农村金融监管制度，改进监管手段和方法，促进农村金融市场稳健发展。适当放宽贫困地区现行存贷比监管标准，对于符合条件的贫困地区金融机构发行金融债券募集资金发放的涉农、小微企业贷款以及运用再贷款再贴现资金发放的贷款，纳入存贷比考核。根据贫困地区金融机构贷款的风险、成本和核销等具体情况，对不良贷款比率实行差异化考核，适当提高贫困地区金融机构不良贷款率的容忍度，提高破产法的执行效率，在有效保护股东利益的前提下，提高金融机构不良贷款核销效率。在计算资本充足率时，按照《商业银行资本管理办法（试行）》（中国银行业监督管理委员会令 2012 年第 1 号发布）的规定，对于符合规定的涉农贷款和小微企业贷款适用 75% 的风险权重。而使用内部评级法的银行，对于符合规定的涉农贷款和小微企业贷款可以划入零售贷款风险暴露计算其风险加权资产。

（三）加大各类政策支持力度，引导信资走向倾斜

进一步加大对贫困地区支农再贷款支持力度，合理确定支农再贷款期限，促进贫困地区金融机构扩大涉农贷款投放范围，力争贫困地区支农再贷款额度占所在省（自治区、直辖市）的比重高于上年同期水平。对贫困地区县内一定比例存款用于当地贷款考核达标的、贷款投向主要用于"三农"等符合一定条件的金融机构，其新增支农再贷款额度，可在现行优惠支农再贷款利率上再降 1 个百分点。合理设置差别准备金动态调整公式相关参数，支持贫困地区法人金融机构增加信贷投放。继续完善再贴现业务管理，支持贫困地区农村企业尤其是农村中小企业获得融资。

加强金融政策与财政政策协调配合，有效整合各类财政资金，促进形成多元化、多层次、多渠道的投融资体系，充分发挥财政政策对金融业务的支持和引导作用推动落实农户贷款税收优惠、涉农贷款增量奖励、农村金融机构定向费用补贴等政策，降低贫困地区金融机构经营成本，调动金融机构布点展业的积极性支持有条件的地方多渠道筹集资金，设立扶贫贷款风险补偿基金和担保基金，建立健全风险分散和补偿机制，有效分担贫困地区金融风险。鼓励和引导有实力的融资性担保机构通过再担保、联合担保以及担保与保险相结合等多种形式，积极提供扶贫开发融资担保。

积极引导小额担保贷款、扶贫贴息贷款、国家助学贷款等向贫困地区倾斜。进一步完善民族贸易和民族特需商品贷款管理制度，继续对民族贸易和民族特需商品生产贷款实行优惠利率。各金融机构要在坚持商业可持续和风险可控的原则下，根据贫困地区需求适时调整信贷结构和投放节奏。全国性银行机构要加大系统内信贷资源调剂力度，从授信审查、资金调度、绩效考核等方面对贫困地区给予优先支持，将信贷资源向贫困地区适当倾斜。贫困地区当地地方法人金融机构要多渠道筹集资本，增加信贷投放能力，在满足宏观审慎要求和确保稳健经营的前提下加大对贫困地区企业和农户的信贷支持力度。

（四）强化文化性金融产品监管，加强金融信息共享

互联网金融监管已被纳入银监会银行业普惠金融工作部监管，而近年来交叉性金融业务迅速增长，针对部分新型金融业态和新型金融工具，银监会需要协调监管政策和措施．建立风险研判的评估制度，以促进其健康发展。随着互联网、电子商务、电子交易等技术飞速发展，互联网与金融业的相互融合和渗透日益深化。互联网金融作为一种新的金融模式，横跨多个行业和市场，交易对象广泛。拍拍贷等 P2P 网贷平台、天弘基金与支付宝合作推出的"余额宝"、阿里巴巴等电商企业设立小额贷款公司等都是典型例子。这对金融监管、金融消费者保护和宏观调控提出了新的要求，需要协调相关部门统一认识，明确政策导向、监管规则和监管责任。

加强信息共享机制建设是发挥普惠金融监管作用的重要抓手。相关部门要明确信息采集范围，统一采集标准，实现数据信息共享的规范化和常态化，建立覆盖全面、标准统一、信息共享的金融业综合统计体系。这一体系的建立，将极大地增强对整个金融体系的监测、分析能力，为预测、判断、评估和防控金融风险，维护金融体系稳定提供"顺风耳""千里眼"。

参考文献

[1] 贝多广，莫秀根．超越普惠金融 [M]．北京：中国金融出版社，2018．

[2] 高彦彬．中国普惠金融的架构、缺陷与对策 [M]．哈尔滨：黑龙江人民出版社，2016．

[3] 巩艳红．文化差异与普惠金融发展 [M]．北京：知识产权出版社，2018．

[4] 焦瑾璞，陈瑾．建立中国普惠金融体系 提供全民享受现代金融服务的机会和途径 [M]．北京：中国金融出版社，2009．

[5] 焦瑾璞，王爱俭．普惠金融 基本原理与中国实践 [M]．北京：中国金融出版社，2015．

[6] 茆俊强，田琦，张禄堂．聚焦普惠金融 小额贷款公司转型发展之路 [M]．北京：首都经济贸易大学出版社，2018．

[7] 穆争社．农村普惠金融供给侧结构性改革 [M]．北京：中国金融出版社，2018．

[8] 普惠金融全球合作伙伴．数字普惠金融的原则、方法与政策指引 [M]．沈阳：东北财经大学出版社，2018．

[9] 世界银行，中国人民银行．全球视野下的中国普惠金融 实践、经济与挑战 [M]．北京：中国金融出版社，2018．

[10] 孙国茂，安强身．普惠金融组织与普惠金融发展研究 来自山东省的经验与案例 [M]．北京：中国金融出版社，2017．

[11] 吴少新等．基于普惠金融体系的中国村镇银行绩效研究 [M]．长江出版传媒；湖北人民出版社，2012．

[12] 杨咸月，杨何灿．普惠金融发展之路 从排斥走向包容 [M]．上海：上海交通大学出版社，2018．

[13] 虞斌．中国农村居民家庭资产财富效应研究 普惠金融视角 [M]．南京：东南大学出版社，2016．

[14] 张瑞怀．贵州普惠金融指数研究报告 [M]．北京：中国金融出版社，2018．

[15] 张晓凤．普惠金融 金融深化改革进程中的中国实践 [M]．上海：上海交通大学出版社，2018．

[16] 中国银行保险监督管理委员会．中国普惠金融发展报告 [M]．北京：中国金融出版社，2018．

[17] 周高雄．普惠金融创新实践 [M]．北京：中国金融出版社，2018．